全世界无产者，联合起来！

邓小平文集

（一九四九——一九七四年）

下卷

人民出版社

目　　录

量力而行，重点把生产秩序调整好*

（一九五九年一月六日）

建设材料严重不足，这是个大问题，在各方面都出现了。工业出乱子，可能把整个国家计划搞垮。这牵连一系列的问题，钢影响机械，机械影响一系列问题。

企业管理现在确实很乱，要调整，要恢复过去好的制度。没有制度的要建立制度，一行一业地搞，总之不能不要制度。工厂还是党委领导下的厂长负责制。由上而下、由下而上的民主集中制，是党的八大〔1〕肯定的，这是一个完整的制度。“两参一改三结合”〔2〕是基本方法，还有其他方法。

今年任务是量力而行，重点是把生产秩序调整好。

注　释

〔1〕八大，即一九五六年九月十五日至二十七日在北京举行的中国共产党第八次全国代表大会。

〔2〕“两参一改三结合”，两参，指干部参加生产劳动，工人群众参加企业管理；一改，指改革企业中不合理的规章制度，建立和健全合理的规章制度；三结合，指企业领导干部、技术或管理人员和工人相结合。

---

* 这是邓小平主持中共中央书记处会议讨论基本建设和一九五九年计划问题时讲话的要点。

要保证重点学校的教学质量*

（一九五九年一月八日）

对教育的成绩要有足够估计，现在总的是在调整前提下巩固。

教育部门有些要求中央管的事情，中央该管的要管，要提出几条来说明中央管什么。现在的形势，可能是要求中央管的过多。中央只管必须管的、关键性的。哪些是必须集中的，要商量一下。中央宣传部、国务院第二办公室、教育部该管的必须管起来，承担起来，不要推。学制、课程、制度要管。中小学应该有全国统一的课本。权力下放是前提，但权力下放并不是不要集中。

要认真解决重点学校问题。两条腿走路的方针应该肯定，要贯彻执行，但这不妨碍建设一些重点学校。大、中、小学都要有重点学校，提高文化、科学水平主要靠它们，要抓好。中央、省都要抓一部分重点学校，必须保证教学质量。这就牵扯基建、设备、招生的保证。基本建设投资、教授分配，统统分散怎么行？要照顾重点，在不削弱重点的前提下照顾一般。清华、北大等学校的教学质量只准提高，不准降低。条件不具备，不准再多招学生。几十所全国重点院

* 这是邓小平主持中共中央书记处会议讨论教育工作时讲话的要点。

校恢复统考，保证好学生招进好学校。今年招生要保证重点学校有十五万人。对这些学校，包括教学秩序、学科也要好好抓，但对它们不要苛求。

劳力要用到最得益处的地方*

（一九五九年一月九日）

农业主要是个劳力安排问题，这一环不抓好，其他都会落空。农村工作轻重缓急要排队，劳力的使用要非常合理。现在还有些主观，单打一，劳力浪费了。应有大兵团作战，但不要什么都搞大兵团作战，结果把责任制搞掉了。农业会议对劳力安排问题要好好议一议。可放长线搞的事一定要放掉一些。工业也是这个问题，包括重工业、钢铁生产都要搞得适当。没有好多搞头的，地方不要去搞，不肯下来的要下命令要它下来。总之，劳力要用到最得益处的地方。劳力使用首先要确保计划，今年劳力使用不能像去年那样紧。这要有决心。今年劳力中浮肿病不少，一定要实行八小时劳动，最忙十二小时，否则要出大乱子。要适当估计到体质减弱的情况，估计到出勤率大大降低、工效也大大降低的情况。

对春荒问题，要再三讲，要引起足够重视，宁肯估计得严重一点。现在并不是没办法，问题是要及早注意，及时调剂。要一个个公社、一个个生产队查清，现在还有不敢讲的。要一面节约，一面调运粮食。春荒再不注意，问题更大。看来，有些同志，包括省委的同志还没有认识这一

---

* 这是邓小平主持中共中央书记处会议讨论农业问题时讲话的一部分。

问题。

关于农业方针，我同意富春[1]的意见。有些不能多搞的，不要硬层层加码。实际上今年城乡供应问题很大，秋收后要大抓日用品生产。城市增加一千万人的工资，也要增加商品供应。因此，轻工业与公社多种经营都要加强。公社多种经营既要保证农村供应，也要保证城市供应。商业部要掌握，首先是保证城市供应。现在宁可削减重工业与基建，也要搞轻工业建设。农村劳力要调一部分搞这方面的生产。

注　释

〔1〕富春，即李富春，当时任中共中央政治局委员、中央书记处书记，国务院副总理兼国家计划委员会主任。

关于工会工作*

（一九五九年一月二十三日）

工会不可能有独立的路线、方针，哪个部门都不可能有独立的路线、方针。工会更多的是从工会角度反映工人生活福利方面的问题，这还要继续做，因为厂长是代表行政、国家的，应当有人反映工人的生活福利，但是要提到党委，由党委串起来讨论解决，这些是不能改变的。党是工人阶级的先锋队。

对工会上下级关系还是实行双重领导，以同级党委领导为主。适当时机要修改工会法。企业劳保福利和文教费用占百分之十二点五，将来要改的。劳保福利应扩大，搞成社会保险。工会经费的使用，暂不改变，将来通盘考虑，主要解决职工集体福利，特别是住宅问题，用得好，可以解决大问题。

---

* 这是邓小平主持中共中央书记处会议听取中华全国总工会党组第四次扩大会议情况汇报时讲话的一部分。

贯彻全国一盘棋方针*

（一九五九年一月二十六日）

这次会议，主要解决年度计划问题、当前生产和市场的安排问题，涉及工业、农业、商业、劳动力、公社、交通运输等问题。

今天我讲的具体问题比较少，主要是先把问题摆出来。

（一）要坚决保证武昌会议[1]决定的四个主要指标。

武昌会议初步拟定的各项指标，除了钢、煤、粮、棉这四个主要指标以外，其他各项指标都有调整。武昌会议时许多指标是按三千万吨钢安排的，现在按两千万吨钢安排，很多指标可以调整下来。降低指标是要有决心的。中央各部门要忍得痛，地方也要忍得痛，要舍得，不大舍得不行。今年不论确定基建指标，还是生产指标，都应该以确保完成今年年度计划为主，又以确保完成四个主要指标为主。当然，同时要适当地照顾到明年。只要把今年的关过好了，实际上明年就有保证了。无论基本建设、生产，凡是不急切的或者影响不大的，坚决压下来，坚决不搞。工业、农业、商业，各方面都有这个问题。还是这句话：轻重缓急要排队。

所谓不利的方面，主要是我们对问题摸得不大准，因此

---

* 这是邓小平在省市自治区党委第一书记会议上报告的要点。

安排不完全适当。从武昌会议到现在，安排有相当大的变化，也说明这个问题，总是一步一步看稳的。另外，基建项目过大，同时下来得也不够坚决，舍不得。结果引起了连锁反应，就搞紧张了。

今年的任务是繁重的，同志们从新提的计划就看得到。例如基本建设投资还是三百六十亿元，基建数目并没有比武昌会议减一个，只是调整了。任务是很繁重的，但是，只要我们对基建和生产安排得适当，调整得适当，继续鼓干劲，搞群众运动，搞技术革命，是能够完成和超额完成的。

（二）一切问题的关键是要贯彻一盘棋的方针。

所谓一盘棋，就是全国要统一安排基建，全国统一安排主要产品的生产，统一安排原材料和两个部类（一个生产，一个生活）的主要物资分配。

武昌会议以后，对一盘棋的方针一般是贯彻得好的。中央各部门的同志，所有省市的同志，都注意到了这个问题。但是各省、市、自治区也还有那么一些地区，有那么一些部门，中央也有那么一些部门，或者是一个部门有那么一些部分，对这一点还没有完全想通。比如基建，都还想多搞一点，大的缩小，时间拖长一点。物资调拨也还不是一盘棋，或者照顾全局不够。这个问题，不但是在全国范围内有，在一个省的范围内，在一个专区的范围内也不小，在一个县、一个公社内也有很多的问题，就是调不大动，只顾那个小的范围。在生产安排、任务分配、材料使用方面，也有照顾全局不够的问题，都有一些东拉西扯的现象，有些东西调不动，或者调得不及时，结果互相牵扯，影响不小。铁、煤、日用品，市场所需要的各方面的东西，都有这个问题。问题很明白，如果不能贯彻一盘棋的方针，今年的任务很可能有完不成的危险；如果贯彻了一盘棋的方针，这个计划是可以保证完成的。总之，有个大局，有个小局，小局完全不照顾不行，但是大局稳不住，小局也肯定稳不住。

除统一安排外，还有个“让路”问题，这也是个大局和局部的关系问题。

今年的计划要尽可能做到按比例发展。但是，一切都面面照顾到，一万个行业都照顾到，每一种都不缺，办不到，不可能。还会有缺门，还会有些东西不足，还得有意识丢掉一些次要的，才能保证主要的。地区之间、部门之间、行业之间都有这个问题，要让有条件的地方先上去，其他地方要让一点路。今年要保证钢和粮、棉的数目，不是那么容易的，宁肯看困难一点。为了保证钢、粮，该让路的必须让路。

实行一盘棋的方针，好多事情中央部门必须抓起来，而且要抓得紧，现在抓得不紧，还有畏首畏尾的现象。这个责任主要是中央各部门。中央不抓，哪个来抓呢？因为这是个全局问题，一个省、一个市不可能完成这个任务。一个省、一个市，甚至一个专区范围内，也有个一盘棋的问题，也同样适用这个原则。看来，至少在两三年内或者更长一点时间，就是讲一盘棋，统一多一点。当然，这也会出些毛病，但是总比各行其是、一盘散沙好一些，解决问题快一些。现在解决问题比前一个时期稍微好一点，但还不算灵便，还相当迟钝。许多事情单单由政治局、书记处抓还不行，来不及，具体问题要有专门的人负责。应该解决的问题就赶快解决。许多问题，耽误上十天就要发生影响。

（三）关于基本建设问题。

关于基本建设，这次在武昌会议议定的方案基础上又有所调整。现在新提出来的方案一千五百八十一项是今年施工的，不是今年完全建成的。这是个重要的问题。从武昌会议定的一千六百三十九项减到一千五百八十一项，数目看起来没有减多少，但是内容变了，用三百六十亿元投资就可以保证。如果按武昌会议的方案，各省市大体上有四百多项没有列入现在的计划，要下马。但是现在的计划还是一个了不起的非常宏伟的大跃进计划，四百多项的下马是为了多快好省的下马，是为了搞得更快。

要保证这个基建，首先，要保证一千四百万吨钢材。没有一千四百万吨钢材，就不能列那么多项目，什么都吹了。其次，中央也好，地方也好，中央各部门也好，大家要一条心、一个口径，全力保证国家计划项目按期完成，尽快投入生产。哪一个能先投入生产，见效快，就把力量用到哪一方面。除了分配各地方自己使用的材料，不能动用国家计划项目的材料。不但分配到各地、各单位的材料不能随便动用，还有市场供应用于基建的这一部分打杂的材料也不能随便动用。

（四）关于生产问题。

主要讲生产和基建的关系。当生产和基建发生矛盾时，应该首先保证生产。基建项目实际上比原来的计划有相当大的缩小。切不可将分配到生产的原材料转用到基本建设上去。如果两边打架，宁肯先把材料放在生产上，生产上去再说。有了生产，基建才有办法。

生产本身也要排队。钢就有个过三关的问题。所谓三关，就是：钢的本身有个两头，一个采矿，一个轧钢，这是一个关；煤是第二关，主要是洗煤、炼焦问题；运输是第三关，长途运输要变短途运输。过了这三关，钢才有保证。生铁问题，关键也是煤的问题。现在的方法是减少产量，确保质量，保证炼钢的需要。煤有个生产和调运的问题，特别是有个洗煤的问题。化工生产问题突出。化工产品工业用它，农业用它，人民生活用它，紧张得不得了。所以，这次投资，增加了小型的项目。

生产要狠抓薄弱环节。工矿企业要加强经营管理、经济核算和责任制。规章制度只能废除那些必须废除的，不能统统否定，有的废除了之后要新建，没有规章制度不行。大生产应着眼于搞技术革命，不是搞人海战术。

（五）关于市场问题。

市场问题实际上主要是轻工业和农村产品的问题。当然，也还有重工业的原材料问题。但是最基本的还是两项：一个粮食，一个棉花。这两项稳住了，就不会大乱。

首先是粮食。城市、农村都要注意粮食。注意就没有问题，不注意就会有问题。现在出现的情况是，大米库存现在比去年同期减少五十亿斤。粮食问题忽略不得。

第二是棉花。棉花也是忽略不得的。武昌会议是按照六千七百万担棉花的产量，定的收购指标是五千五百五十万担。国家拿不到最低限度的五千万担，就保证不了已经宣布的每人二十四尺布。所以，一定要保证收购五千五百五十万担棉花。适应这个需要，现在计划里边对纺织基本建设的投资增加了。这方面也不是没有问题，还要抓。

第三是出口。出口，包括对香港出口，总的情况是好的。这里的关键问题是个农村供应问题，主要是油、粮供应问题。国营农场是个相当大的力量。国营农场就搞出口和供应城市。我看这个方针正确。

概括起来，就是农村口粮不可增加得太猛。要挤出一点，供应城市和出口。

（六）关于劳动力问题。

前面讲了，现在薪给人员是三千四百四十万人。劳动力，不管城市也好，农村也好，安排要适当。要把劳动力放到得益大、见效快的地方。今年的劳动力的方针是，除了必须增加的一百万到一百二十万人以外，不能再从社会上招收。劳动力问题要严格管起来。

（七）关于农业和公社问题。

粮棉生产任务是很艰巨的，其他作物特别是油料作物和麻在农业生产中也是很重要的问题。去年有一亿亩面积成灾，这是不得了的事。具体表现在，原来是百分之十四到十五的生产队有缺粮问题，现在是百分之十八点二的生产队有缺粮问题。要足够估计到这个问题，不能忽略。

农业生产里面还有很多问题，如生产责任制问题、劳动力安排问题、多种经济问题等。积肥运动也是很急迫的一个问题，要抓。最近中央特别强调，要抓积肥运动，准备用中央和国务院的名义在报上公布指示。

关于公社，总的情况是整社开始见效了。看起来，公社的关键还在于生产，就是多种经营，增加收入。生产搞好，收入增加了，就稳如泰山。公社的财务管理和经济核算要加强，要有点制度。

要认真地尽快解决具体问题。务虚是必要的，不务虚，思想统一不起来不行，但只务虚是不行的。我们书记处谈了一下，三个月不务虚，只务实，好好地抓一抓，认真地解决具体问题。各地方也希望我们帮助解决具体问题。宣传要鼓干劲，但要实事求是，力戒浮夸。去年在宣传方面确实有不实事求是的浮夸现象。

注　释

〔1〕武昌会议，这里指一九五八年十一月二十一日至二十七日在武昌举行的中共中央政治局扩大会议。

完成计划要抓措施鼓干劲*

（一九五九年二月一日）

对去年成绩的估计，大家是一致的，成绩是很大的。当然有缺点。缺点有两种：一种是不可避免的，另一种是对一些问题没有引起注意。不要忽略这方面，要好好把这方面的经验总结一下，很有用处。

要正视批评，不怕批评，有益的批评应该接受。一个人买不到东西，埋怨一下，你说不正确？合作社里，干部态度不好，群众批评一下，应该说是正确的。就是一部分富裕中农，对我们的有些批评也是对的。当然，他心里不舒畅是肯定的。要使他舒畅，办法就是一定要让他的日子过得确实比过去好。这一点，有些地方去年还没有办到。最终要办到这一条。但不能采取粗暴的办法，只有好好做工作。副食品不足，赶快搞副食品；工作不好，赶快把工作搞好；干部态度不好，赶快改正，进行自我批评。总之，不管怎么样，批评总是有益处的。不要形成一种不敢提出意见的情况，提意见总比不提好。不管哪种批评，提出来可以了解情况，了解动向。

今年的计划定下来了，下一次会议就不讨论计划了。大

---

* 这是邓小平在省市自治区党委第一书记会议上总结讲话的一部分。

家就是要干。无论如何要下个决心，各方面好好调整，工作搞踏实一点，抓得紧一点，实现这个指标。经过今年的基本建设，明年就有保证了，后年更有保证。明年再努力一年，不但工业方面的制造能力有希望，农业机械化也有希望了。农业机械化，明年开始总要搞一点。所以，我们的计划，是要努力才能完成的，是积极的，是一个好计划。要抓措施、鼓干劲。还是老口号：十分指标，十二分措施，二十四分干劲。

鼓干劲要做具体工作，特别是要抓紧宣传工作。要不断地总结和介绍经验，把所有好东西都整理起来，巩固起来。宣传鼓动，要做非常扎实的工作。

工业方面，要实现这个计划，各方面要安排好。基建，要根据轻重缓急来安排，先搞一批投入生产，一批一批搞比较快。搞五个项目，都投入不了生产，不如先搞三个，后搞两个。还是先把现有的潜力充分发挥出来，这些东西一搞起来，下半年就有指望了，这是靠得住的。质量要抓，如果不注意质量，可能就在这个问题上受影响。钢轧出来不能用，造出的东西不能用，要回炉，就耽误时间。

这里要重复说一说的就是，要保证农业。这次会议注意了这个问题。农业无非是加强排灌机械、联合收割机、农药、化肥的生产和使用。国内化肥生产不多。请地方同志尽可能少进口别的，挤一点外汇出来，多买点化肥。我看这是一个出路。至于其他，如农药可以自己多生产。

这个计划的实现，要各方面鼓干劲，搞热潮，搞群众运动。搞群众运动的方法值得研究。有些方法，如搞大兵团作战，搞人海战术，浪费人力，是不好的。要注意讲究节约。

全国一盘棋，这一点大家认识是一致的。这次大家讲得很好，不但中央同各省市要一盘棋，各省市内部也要一盘棋，公社、企业也要讲一盘棋。中央各部门也要强调这个问题。总之，就是这个计划，所有积极性都要用在这上面。讲集中统一，是中央和省市一块的集中统一，是共同努力，把思想统一起来。中央各部门、三委〔1〕，都要负起责任来。全国一盘棋，地方的机动性是少一点，但是不等于永远少。将来机械制造能力多了，有富余能力了，地方的机动性会一步一步多起来。

要注意市场。中央和地方领导同志都要注意市场供应，包括轻工产品和副食品。这是关系到人民生活的问题。人民心情舒畅不舒畅、干劲足不足，社会主义有没有优越性，都与此有关。对不利于市场管理的那些现象，要采取一些积极办法制止。

注　释

〔1〕三委，这里指国家计划委员会、国家经济委员会和国家基本建设委员会。

要鼓足干劲，也要谦逊踏实*

（一九五九年二月二十日）

一

因为去年大跃进，有一些人，包括我们党内的一部分人，有点飘飘然，觉得差不多了。但真正冷静地来看一下，农业还没有翻身，工业也没有翻身。总的说来，科学技术、工农业水平，我们还是落后的。照毛主席的话，还要加上个“很”字，还是很落后的。我们国家“一穷二白”的形势，还没有基本解决，当然有所改变，但是还没有基本改变。离根本改变还差得远，还需要十五年或者更多一点时间，才能真正把我国建成一个工业强国。所以我们要干的事情还很多。拿农业来说，农业生产最高水平的国家还是美国。美国一个农业人口供养城市七个半人，粮食还有剩余。我国现在是五亿多人口搞农业。毛主席说，这就是个落后的表现。不改变这个局面是不行的。至少要基本上实现农业机械化、电气化。要达到一半人口搞农业，一半人口搞工业和其他，然后再使搞农业的人更少，搞工业、交通运输、科学技术的人更多。

---

* 这是邓小平在中共上海市委工业会议上讲话的节录。

我们要打好下一个基础，第一步应该设想最少要生产五千万吨以上的钢。有了五千万吨钢，我国农业才可能实现机械化，把农村劳动力腾出来搞工业和其他事业。但是就是解决了这个问题，也还只是第一步，离农业继续实现技术改造还远得很。农业如此，工业如此，其他方面也一样，所以我们不能翘尾巴。

我们对成绩要有足够的估计，但是同时也不能言过其实，迷惑自己。少讲一点，多做一点，这是一个好办法。去年下半年就是讲得太多了，有点言过其实。真正摆在我们面前、要我们认识到的实际情况是什么呢？就是我们还是“一穷二白”，经济上还很落后，工业、农业都没有过关，科学技术更没有过关。所以要继续苦战，苦战三年以后恐怕还要苦战。至少第二个五年计划还是要苦战。到有了五千万吨（我们希望超过五千万吨）钢，是不是就不要苦战了呢？恐怕也还是要有苦战的精神。

二

谈一谈鼓足干劲和谦逊踏实的问题。

（一）干劲必须鼓足。“劲可鼓不可泄”，这是毛主席的话。打破迷信，解放思想，提倡敢想敢说敢做，这个精神要永远贯彻下去。不能因为反对浮夸，就认为可以不要破除迷信了，不要解放思想了，就不敢想、不敢说、不敢做了。浮夸本身就不符合科学。破除迷信，本身就是要提倡科学。所以一定要打破迷信，解放思想，敢想敢说敢做。上海去年合理化建议、创造发明有几十万件，当然有大有小。上海几十万件，全国不知道有多少件，今年少了，那就不好了。所以还是要发动群众，大家想办法。不论是技术人员、干部提出来的，还是工人提出来的，一切合理的建议，都应该抱着热忱的态度去支持。特别是在开始的时候，建议的根据总不会是那么充分的，对于这种建议也要支持。对有充分根据的建议，也要经过试验。试验有成功也有失败，不要怕失败。过去习惯于在研究室里一个人、两个人、几个人搞，现在是几百人、几千人、几万人搞。当然，研究室还是要的，少数人在房屋里搞试验的办法是不能丢掉的，再加上广大群众来搞试验，这个力量就了不得了。不要因为有那么一点浮夸，有那些少数的、个别的、不确当的宣传，就把这一条丢掉了。丢掉了这一条会把我们自己的手捆起来，把我们的嘴巴封起来，把我们的脑袋僵化起来，是要犯大错误的。

去年一段时间不拼命搞是不行的，今年就应该比较有节奏地劳动了。所谓有节奏，就是不要把加班加点变成经常的、主要的做法。这方面要改进一下。市委提得好，主要的应抓技术革命、技术革新、改良工具，不要指望提高劳动强度。我们将来总是要一步步地减少劳动时间的。今天的加班加点，为的是将来缩短劳动时间。搞红旗运动是个好办法，基本经验还是鼓干劲、鼓热情、评比、学先进、比先进、赶先进这一套办法。去年那一套完整的办法要用上来，经验要总结，不过有的要改进。

（二）调动一切力量来实现全年的任务。全国如此，上海如此，一个部门如此，一个单位也如此，都要调动一切力量来建设社会主义。把一切力量都调动起来，这是八大[1]的总口号。

我们要提倡敢想敢说敢做，我们应该欢迎每个人提出自己的想法看法。有些事情他说做不到，也不要随便给人家戴上“算账派”、“观潮派”的帽子。“算账派”是有的，我们要意识到，但不要给一切善意提出意见的人轻易戴上帽子。对一切善意的批评，我们要接受、要考虑，即使这种批评有不恰当的地方，也要接受和考虑。“算账派”和敌视我们的人，他们提的意见对我们也有益处，至少可以使我们发现问题，引起注意。你说不行，我就行，我就更加努力拼命干，争取超额。还有一些批评是合理的，譬如副食品供应紧张，他吃不到，他就批评。你就叫他“观潮派”？那不行！你只能说明原因，是我们工作上的一个缺点。这不是很好吗？我们不怕批评。有缺点就承认、就改进，这样获益就很大。不要把本来是有缺点的，说成是没有缺点，这是不能服人的。一九五八年有一点缺点，一九五九年也还是会有缺点的。这就是毛主席告诉我们的辩证法。有缺点就应该承认。缺点是消极的，讲清楚了，吸取了教训，变消极为积极，这也是财富。

（三）全国一盘棋和发挥积极性。不能把全局和部分对立起来。实现国家的计划要有最高的积极性，各行各业、各地区都如此。在保证实现国家计划的范围内，可以充分发挥自己的能动性。积极性是有充分发挥余地的，但要服从全国一盘棋。如果今年全国二千万吨或多于二千万吨钢产量指标完不成，一千四百万吨钢材产量指标完不成，那就要影响全局。各地为国家加工、供给全国的设备供应不上，也要影响全局。首先要把全国的计划搞好，牺牲全局来照顾部分要犯大错误。

（四）实事求是问题。总的来说各方面都很好，但是有缺点。例如有的同志想一亩田搞十万斤、二十万斤。去年在重庆看到一亩田下种一千斤，肯定是不行的，以后就再也不下那么多了。许多试验一次搞不成，十次搞不成，只要鼓劲，总会搞些名堂出来。但是公开宣传就要谨慎。在竞赛中有作假的，也有言过其实的浮夸现象。去年下半年宣传工作有点浮夸，有不少是言过其实的。有一些事情本来做得不错，但是擦上了一层厚厚的粉，不光外国人，连我们本国人也不相信。这样的例子在报纸、刊物、电影中都有。例如，上海搞出了活性染料，英国专门派人到广州商品展览会去看，看的结果，第一句是承认我们搞成了活性染料，第二句是还没有超过英国。恐怕这个结论是符合实际的。这一点很值得注意。有的外国朋友对翻译说，中国人过去是很谦逊的，现在似乎变了。这有点道理。有些同志对于社会主义兄弟国家，对于亚非国家，去年的态度相当冷淡，很不尊重，轻视人家。我们只有一千零七十万吨钢，其中还有许多土钢，尾巴就翘得那么高，可见我们这个国家有产生大国沙文主义的基础。毛主席每年都讲这个问题。最近中央指示中又讲了，实际上大国沙文主义是资产阶级情绪、资产阶级思想的表现，想搞漂亮一点反而丑化了自己，迷惑了自己，不利于人民。我们不要自卑，也不要盛气凌人，要永远保持谦虚美德。毛主席在八大会议上讲，虚心使人进步，骄傲使人落后。我们要永远记住这个教导。

（五）要破也要立。“两参一改”[2]就是破与立。去年破得很好，没有这一破不可能出现这么多的好东西。缺点就是有些合理的、不应该破的也破了，有些地方生产秩序还有些混乱，没有完全恢复起来。上海比较好一些。只破不立是不对的。原来破了而没有立的，要立个新的；过去繁琐的，立一个简要的；破了不合理的，要立一个合理的。要依靠群众，领导和群众结合起来，又破又立。规章制度是必要的，做任何事情没有一个规矩是不行的。越是大生产，越要注意这个问题。重要环节的改动，要经过试验，不要轻易废除。特别是一些技术上的问题，操作规程，技术规范，没有把握随便乱动，对生产不利。不是说不可以动，有些是可以动的，但要经过试验。

（六）一切要党委统一领导。这是我们党很好的传统、很好的制度。在党委集中统一领导下，发挥各方面的力量，发挥行政的、工会的、共青团的各种组织的力量。我们企业的领导制度，是党委统一领导下的民主集中制，是高度民主与高度集中的结合，是自上而下和自下而上的结合。党委领导的原则，还是那三十二个字，即“大权独揽，小权分散。党委决定，各方去办。办也有决，不离原则。工作检查，党委有责”。这个领导原则，完全适用于各个企业。在党委内部，当厂长的也好，负责工会的也好，是工作分工。它本身是民主与集中相结合的制度，大家在各个不同的岗位上都要发挥作用。在党委领导下，还有厂长负责制、职工代表大会、群众监督，等等。八大规定的这些基本制度还是适用的。去年又多了一个“两参”，又发展了一个“三结合”〔3〕。这些都是很好的，是成套的领导制度。党委是大权独揽。大权独揽，还要有个小权分散，小权分散对于集中统一领导是有利的。党委要真正掌握大权，重大的问题党委要直接出面，向全体讲话、宣布。党委决定了的事，要由行政、工会、共青团等各种组织去执行，要发挥每一个机构的作用，发挥一切人的力量。因此，领导的关键问题是发扬民主。发扬了民主，就能够充分发挥人的能动性。党政要分开。有的地方提出党政合一，这不好，这会使党委陷于日常事务之中，不利于党委讨论决定大事。上海的工人同志提出："你把任务、困难通通向我们讲，讲了以后共同想办法。"这个要求是合理的。一个领导如果这一点都不接受，那这个领导不是好领导。应该向工人交底，应该动员大家想办法，克服一切困难，完成任务。这样做事情就搞得快了，干劲就会鼓得足足的。

注　释

〔1〕八大，见本卷第1页注〔1〕。

〔2〕"两参一改"，见本卷第1页注〔2〕。

〔3〕"三结合"，见本卷第1页注〔2〕。

坚持党委领导下的厂长负责制*

（一九五九年二月二十五日）

文件要以搞生产为中心。搞群众运动也是为了搞好生产。

文件中对经常大搞群众运动问题说得不够。文件开门见山就要说这一点，要从理论上加以说明，要从总路线来说这个问题。

厂长负责制不能误解为一切都是厂长管，而是党委领导下的分工负责制，厂长也是分工的一种。关键问题是现代化的生产需要集中统一指挥，所以要实行厂长负责制。八大[1]是从这点出发定出党委领导下的厂长负责制的。在日常生产管理和指挥方面由厂长负责。无人负责不行。农业生产也是如此。企业党委对大政方针不能居于超然地位，但对具体业务保持超然地位为好。现在许多地方党委一切上前线，什么事都直接管。

在党委领导下，日常生产是由厂长指挥好，这问题要说明白。生活问题厂长也得管。要把“三十二字诀”[2]在企业中的运用解释清楚。什么性质的问题党委要管、要大权独揽

* 这是邓小平主持中共中央书记处会议讨论《关于现代化工业企业领导制度和领导方法的决议（草案）》时讲话的要点。

呢？比如生产计划、重大问题、薄弱环节、分配问题等，党委要不要管？

现代企业要统一指挥，这点要肯定。企业生产天天要下命令，这与农业不同。现在看来，对党委领导下的厂长负责制说得不够明确，须进一步加以解释，主要是日常生产、行政管理谁负责要说清楚。不能让人把党委领导下的厂长负责制，误解为是党委领导下的一长制。

对规章制度的说法，要再斟酌，说得更恰当一点。由肯定破转到强调立，还是概括地讲，说明破了还要立。总之，还是要有规章制度。

注　释

〔1〕八大，见本卷第1页注〔1〕。

〔2〕“三十二字诀”，指一九五八年一月毛泽东在《工作方法六十条（草案）》中正式提出的三十二个字的领导原则，即“大权独揽，小权分散。党委决定，各方去办。办也有决，不离原则。工作检查，党委有责”。

把共青团的活动放在党委的统一规划下*

（一九五九年三月七日）

共青团既然存在，就有事情干，而且干不完。哪会有干得完的事情呢？只有干得不够好的事情。党是这样，共青团是这样，工会也是这样。

共青团犯一千条错误都没有关系，但是有一条错误不能犯，就是脱离党的轨道。只要不犯这一条错误，哪怕犯了一千条错误，也是十个指头中一个指头的问题，而犯了这一条错误，那就不是一个指头的问题了，至少也要算三个指头。所谓党的领导，就是同级党委的领导。在共青团的历史上有过这方面的经验教训，共青团要犯原则性的错误，就是这一条。当然不是说你们现在已经犯了多么严重的错误，而是说有了一点苗头，打个招呼，赶快提起注意，这样问题就解决了。如果不加注意，让它发展起来，问题的性质就不同了。

对团的三中全会[1]认识不足，或叫错觉，或叫了解不够，觉得没有事情好干了，根本问题是对同级党委领导的认识问题。这个问题何止是共青团的问题，工会如此，政府也如此。没有同级党委的统一安排，劲就使不上，或者使得不

---

* 这是邓小平接见出席共青团三届四中全会全体成员时讲话的要点。

够，或者有时碰对头了，但总会有不对头的。过去有时碰对头了，觉得还不错，因而少数同志觉得还是垂直领导有味道，现在这样没有味道。以同级党委领导为主，团中央的号召还能不能行得通呢？如果正确，就行得通，就会得到支持。团中央的工作经过党中央点头，会更好做，听团中央话的人会更多一点。我看同级党委也会听的，这样就会更大地发挥积极性。共青团的主动性还应表现在提倡议、提意见上。这些倡议、意见请同级党委审查批准后，下级党委就听了。这样做，就增加了主动性，增加了活动范围，减少了阻力，运用更加自如。所以，加强同级党委的领导不会限制共青团的积极性和主动性。可以想一想，如果你没有得到党委的同意，自己另外干了，那么党委就不支持你。你也可以干一干，有时干的也对得上口径，但是遇到不对口径的时候，党委讲一句不要干了，那么你干的事情就都吹了。

共青团要争取党委的领导。党委有时确实忙得很，正因为忙，就容易忽略你们，因此要请他们去注意。你们要把自己的活动放在党委的统一规划下。

总之，以同级党委领导为主，共青团能更好地发挥积极性和主动性。如果得到了党的支持，那么团的作为的伸展就更自如了。

注　释

〔1〕团的三中全会，这里指一九五八年六月二日至八月十三日在北京举行的中国共产主义青年团第三届中央委员会第三次全体会议。

维护祖国的团结和统一*

（一九五九年三月十四日）

西藏工委：

望以谭冠三[1]同志的名义对达赖[2]来的两信答复如下：

您十一日、十二日两信均敬悉。西藏一部分上层有力分子所进行的叛国行动，已经发展到不能容忍的地步，这些人勾结外国人实行反动叛国的活动，为时已久。中央过去一向宽大为怀，责成西藏地方政府认真处理，而西藏地方政府则一贯采取阳奉阴违的态度，实际上帮助了他们的活动，以致发展到现在这样严重的局面。现在中央仍然希望西藏地方政府改变错误态度，立即负起责任，平息叛乱，严惩叛国分子。否则，中央只有自己出面来维护祖国的团结和统一。

您来信中说，对于“以保护我的安全为名而制造的严重离间中央与地方关系的事件，我正尽一切可能设法处理”。对于您的这种正确态度，我们甚为欢迎。

对于您现在的处境和安全，我们甚为关怀。如果您认为需要脱离现在被叛国分子劫持的危险境地，而且又有可能的话，我们热忱地欢迎您和您的随行人员到军区来住一个短期，我们愿对您的安全负完全的责任。究竟如何措置为好，

---

* 这是邓小平为中共中央起草的电报。

完全听候您的决定。

中　央
三月十四日

注　释

〔1〕谭冠三，当时任中共西藏工委副书记、中央人民政府驻西藏代理代表、中国人民解放军西藏军区政治委员。

〔2〕达赖，指达赖喇嘛·丹增嘉措，当时任全国人大常委会副委员长、西藏自治区筹备委员会主任委员。一九五九年三月西藏上层反动集团发动武装叛乱时出逃印度。

不要说中国什么都好*

（一九五九年五月五日）

不要说中国什么都好。中国的发展速度不落后，但整个经济、文化发展水平还是落后的。讲经济水平，中国比你们落后一百年，比整个欧洲落后一百年。不过，这种状况可以改变。十五年、二十年或二十多年可能有所改变，但绝不是三五年就有很大的改变。如农业，六亿多人口要五亿多人搞饭吃，这就是很大的问题。这个问题不解决，我们的落后面貌就始终是存在的。不实现农业机械化，就不能说改变了落后面貌。中国的社会制度不落后，是先进的。但这个制度是新的，还有缺点，还有一系列问题要解决。这是一般事物的规律。人民公社是新生的，几个月就完备，不犯错误，不出毛病，这是不可理解、不可想象的。真正把公社制度巩固下来，还是要实现机械化，要有进步的物质基础。很显然，农业工厂化的远景，是要建立在机械化基础上的。我们国家大搞机械化，不是那么容易的事情，要花好多年。

---

* 这是邓小平会见匈牙利青年代表团时谈话的一部分。

贯彻总路线的一套方法还在试验*

（一九五九年五月五日）

我们党制定了一条多快好省的总路线。多一点，快一点，好一点，省一点，这不会错。鼓足干劲，力争上游，这也不会错。问题在于怎样解决经常出现的矛盾。贯彻总路线，我们提出了要工农并举、轻重并举、大中小并举、中央地方并举、土洋并举。这套方法，我们还在试验。从这两年的情况看，这套方法是比较好的，但并不是没有问题。每一个并举里，经常有矛盾。使它完备，还要经过若干年。我们的做法是，一年总结几次，好的就发展，错的就纠正。几个并举，是针对我们国家提出的。有了这个大的方向，就有解决问题的方法，就有主导思想了，遇到不同意见，也就能比较容易地统一全国人民的思想，首先是统一全党的思想。

我们不是没有缺点、没有问题。缺点、问题是大量的。我们的经验是，一切事物，最先进的、最好的，最落后的、最坏的，两头都是小的。中间最大，只看到好的一头，没看到坏的那一头，不全面。看点坏的东西，可能得益更大。

---

* 这是邓小平会见匈牙利青年代表团时谈话的一部分。

缺点永远有，到了共产主义社会也还会有，大跃进也有大量的缺点。在某一个问题上，外国人可能看得比较清楚，但总体上说，还是本国人了解得更清楚。

关于北京市的市场供应问题*

（一九五九年五月二十三日）

毛主席批转的北京市简报[1]，实际上不只是北京的问题。现在要统一看法。今年人心紧张，我们也累。工业生产计划大致已定，主要问题是督促检查，计划已放宽，取得了自由，现在解放出来了。精神解放了，取得主动，免得天天紧张得很。吃穿问题，基本上是农业问题，现在书记处和中央财经小组要注意这一方面。劳力、运输安排，要照顾农业。这一脚踩不稳，天下大乱。农业上不来，出口、大城市供应不能保证，人心不安。北京市应该力求自己解决蔬菜供应问题，然后逐步解决猪、鸡、鸭供应，粮食可以多从外地调一些。从长远看，要搞养殖基地。

注　释

〔1〕一九五九年五月二十一日，毛泽东对中共北京市委办公厅五月十九日第四十一期简报登载的《目前市场的一些情况》做出批示："小平同志：此件请阅，请书记处召集北京市委，对市场供应问题，讨论一次，如何？"当日，邓小平即批示中共中央书记处候补书记、中央办公厅主任杨尚昆阅转中

---

* 这是邓小平主持中共中央书记处会议研究北京市市场供应问题时讲话的要点。

央政治局委员、中央书记处书记、北京市委第一书记彭真：“此事请告市委研究一下。”北京市委办公厅的材料反映，目前蔬菜上市量和品种都不能满足需要，购买蔬菜排队情况严重；糕点、中药、日用百货等方面，也都品种不全，货源紧张。

人民生活问题必须解决*

（一九五九年五月二十八日）

日用生活必需品是关系六亿人民的生活问题，比一千八百万吨钢还重要。思想上应从一千八百万吨钢中解放出来，注意力放在全局上，要注意整个国民经济。

中央下了决心，退到可靠的阵地。钢、煤、粮、棉四大指标都要下调。在落实的基础上，积极增产。原来那种做法，只会上不去，最后还得下来。毛主席说，“巧妇难为无米之炊”，没有材料，只有下来，理所当然，没有议头。

现在的问题是，究竟一千八百万吨钢完不成事情大，还是国计民生和市场问题大？市场和出口的影响，是根本问题，比一千八百万吨钢问题大得多。人民生活问题必须解决。没有出口就没有进口，不挤出东西来出口不行，不进口不行。现在是二十万吨橡胶进口合同不敢签订。没有橡胶，长春汽车厂要停产。没有汽车，许多运输机械都出不来。没有二十万吨橡胶不能过日子，但橡胶要大米换。

协作区的同志、省的同志要注意市场。粮食关还没有过，还有七、八、九三个月不好过。国庆节能在蔬菜方面安

---

* 这是邓小平主持中共中央书记处会议听取工业生产情况汇报时讲话的一部分。

排好一点就好了，鸡鸭看来难安排了，小摊上能有些面包卖就好了。

武昌会议、上海会议[1]始终钻在一千八百万吨钢中突不出来，问题越来越严重。一千八百万吨钢既然办不到，索性来个精神解放，搞多少，算多少，各地钢产量，能上多少，即多少，尽力争取。钢一千三百万吨有把握，一千四百万吨有希望，超过一点也有可能。凡是能多搞的，可以多搞些。

地方同志担心产生消极情绪。留有余地好。眼睛只看到一千八百万吨钢，就会把全局丢掉，包括丢掉人心。华东钢铁指标落实后能超额完成任务很好，但要注意全面。这样搞，人心舒畅，干劲更足。

轻工业的品种、质量是个大问题，要特别注意。养猪的粮食要列入计划。出口与供应城市的猪肉要解决。要扎扎实实地搞，用大半年的时间，恢复到去年八月以前公园小卖部和商店货架子上的状态。要按此安排，提出奋斗目标，努力去做。年底以前达不到这个要求，可以顺延，要求不要太高了。

关键在于各级领导不要纠缠在一千八百万吨钢里面，不要顾虑暂时不好看。安排得要恰当、扎实一点，年终来一个稳定的生活基础，对下一年有好处。

不只是钢的问题，还要看得更宽点。现在煤炭问题又出来了，挖肉补疮，寅吃卯粮。落实计划不是妨碍积极性，中央并不消极。在既定的条件下争取多搞，能超过的更好。轻工业也是如此。要迅速从压迫我们的几个指标下解放出来，把钢材分配下去，好安排生产。

解放思想，全面安排，解决工农、轻重关系。工农关系在劳动力上要更多注意农业；工农业发生矛盾时，工业要“让路”。我看解决了人民生活问题，饭吃饱，有油、菜、肉，生产起来劲头就大了。最近发一个节约的指示，把道理讲清楚，忍耐一下，等待争取农业丰收。

解放出来抓市场，实际上是农业问题，这个关很大。争取年底至迟明年改变过来，不改变不行。再加上把劳动力调整好，品种搞齐一点，养猪、打草帽辫等收入增加，农民也好过。食堂问题不解决不行。这些问题要和农民商量，抓一下。

计划落实后，中央工作重点转入农业和市场。

注 释

〔1〕武昌会议，见本卷第13页注〔1〕。上海会议，这里指一九五九年三月二十五日至四月一日在上海举行的中共中央政治局扩大会议。

这一时期造成党内最大损失的是浮夸风*

（一九五九年六月四日）

今后搞计划，一是不能过多依靠当年新增生产能力，二是防止基建项目多、战线长、进度慢。

水利工程上了马下不来。要么不上，要么搞到底，半途而废就造成大灾难。

钢不能再退了，再退就泄气，全党全民泄气。因为才讲过一千三百万吨，再退大家就没有底了。能想办法就一定力争。退要有止境。

煤还是要抓重点企业，永远抓重点。不到二百个重点企业，百分之八十的产量、质量都在那里。全国重点企业，放给省的，改为双重领导。一切定额、生产、品种、质量、劳动工资都归中央检查。政治工作地方管。要把局面稳下来，退够，再前进。不退够，不能前进。

全国的布局定了，第一抓市场，关键是农业，抓点东西出口，供应城市。先放点空气，如土钢不搞了，“小土群”〔1〕不列入计划。还是要抓重点，组织生产。

---

* 这是邓小平主持中共中央书记处会议听取并讨论《关于一九五九年工业生产、基本建设和运输指标的报告》时讲话的要点。

工业同农业不同，要充分估计这个特性。农业可以单干，规划单纯。工业一个项目搞不好，就会影响全局。计划留有余地，不能打得太满。要求“跳起来摘果子”的做法要改。上边留有余地，下边就能力争超额。现在是气没有鼓起来。

这一段提出的数字，主观片面性很大，各部门都有。前一段，苏联经验也不用了，相当浮夸。在建设方面，还是要承认自己没有经验，虚心一些好。这一时期造成党内最大损失的是浮夸风。包括我在内，说了些不恰当的话。当时确有那股空气，我们居然相信了，当然也有部分不信。我们领导上有责任，这也是经验问题。有了经验就好。归根结底是要虚心，实实在在研究问题。教训是深刻的。不要怨，这是很好的事，极有益处。这个问题值得普遍讲讲，要理直气壮地给群众讲。

注　释

〔1〕“小土群”，指一九五八年“大办钢铁”时提出的“小（小高炉）、土（土法炼钢）、群（群众运动）”方针。

搞科研不要前怕狼后怕虎*

（一九五九年十二月十一日）

科学研究，要突出目标，纳入规划，取得成果越快越好。但要准备失败，失败多次，花点冤枉钱，不要前怕狼后怕虎。一旦成功了，就可以带动一批科学技术前进。科研机构可以多几个点，不要太集中，可以在几个地方搞，大中小企业都可以设置。对科学技术成果要少报道，埋头干几年再说。

---

* 这是邓小平主持中共中央书记处会议讨论国家科委党组《关于一九五九年科学技术发展计划执行情况的初步总结和一九六〇年计划的报告》时的插话。

始终要抓农业*

（一九五九年十二月二十四日）

对于农业，我们有新提法，即以农业为基础。这个提法是否合乎马列主义？我们研究了，马克思、列宁都很重视农业。农业落后，工业就要受到拖累。农业发展，可以促进工业发展。农业每年增产百分之十就不容易，而食品、副食品、轻工业原料，都要靠农业。所以，农业是基础，始终要抓农业。

我们也提农业机械化，但技术问题未解决，特别是水田和密植。因为我们土地少，要靠高产。机械化能否高产，怎样用法，还未解决。但机械化不能减产。

---

* 这是邓小平会见朝鲜驻中国大使李永镐时谈话的一部分。

开展三反运动不要妨碍农业生产*

（一九六〇年四月七日）

吉林省委并告各省、市、自治区党委：

吉林省委四月二日关于部署“三反”[1]的请示报告阅悉，中央同意省委的意见，在省的及县的几级干部会议[2]后，首先集中力量抓春耕生产，而将农村人民公社的三反运动，推迟到春耕之后或挂锄期间去进行。中央认为，吉林省委的意见是值得重视的，今年在全国各省区争取一个很好的丰收，是十分重要的事情，其他各项工作都应注意到不要妨碍农业生产。因此各省、市、自治区党委都要像吉林省委那样，切实考虑一下进行农村三反运动的时间，力求把这个运动放在农忙的间隙去进行。如果目前春耕太忙，为了使干部能够集中精力，可以把运动推迟到农忙之后去进行，而在近几个月则只进行典型试验，积累经验。**如果有些地方已在进行“三反”，而又注意到并不妨碍生产或反而有利于生产的促进者，亦可以由你们决定，照样进行。**[3]

---

* 这是邓小平为中共中央起草的转发中共吉林省委《关于部署“三反”的请示报告》的通知。该通知于四月十一日发出。

吉林省委的报告附发给你们，请将你们考虑的结果报告中央。

中　央

一九六〇年四月七日

注　释

〔1〕“三反”，这里指一九六〇年在全国农村基层开展的反对贪污、反对浪费、反对官僚主义的斗争。

〔2〕黑体字是毛泽东改写的。邓小平手稿是“省的六级干部会议”。

〔3〕黑体字是毛泽东加写的。

保密工作要从严*

（一九六〇年五月五日）

我们现在有东西要保密，也一定要保住。不仅尖端的要保住，发明创造也要保住。现在刊物泄密很严重，主要是科学技术刊物。今后要负责人审稿。

保密委员会要搞个班子，搞十几个二十个政治可靠、懂得科学技术的干部，天天检查找岔子。要抓住几个典型例子，有的要开除党籍，有的要追究刑事责任。

今后保密工作要从严，每年搞两次保密检查。

关于对外资料的保密问题，三条原则：（一）人家的我们也要，为社会主义、共产主义，理直气壮地要。别人要我们的，也给，但只能走前门，不能走后门。（二）不要指望别人，要自力更生。（三）不论别人给的还是自己的都要保密。

---

* 这是邓小平主持中共中央书记处会议讨论通过中共中央批转公安部党组《关于开展保密检查运动加强保密工作问题的请示报告》的批语等文件时讲话的要点。

关于“二五”计划后三年补充计划的意见*

（一九六〇年五月、六月）

一

毛主席强调了两个问题，一是劳逸结合，二是劝大家慢一些，主要是水利工程。我们各部门工作要冷热结合。做计划第一要考虑发展快的问题，但还要照顾布局。布局不好，现在发展快，将来不会快，总有一天要挡事。要大搞人造纤维。棉花发展有限度，还要走人造纤维的道路。第二个五年计划重点放在这上面，可以搞到相当一千万担棉花的产量。外贸问题要写一段，方针是增加外贸产品生产。将来要逐步转到工业机器出口，第三个五年成为机器出口国家。现在就要研究出口产品的型号、样式等。现在的计划已经很大了，要注意是不是计划安排紧了，而不是指标定低了。

（一九六〇年五月十二日、十三日主持中共中央书记处会议讨论计划问题时讲话的节录）

* 这是邓小平五次讲话的节录。

二

三年补充计划，速度宁肯稍为慢些，也要把布局布好，留有余地。布局不只是战局问题[1]，还有长远发展的问题。

（一九六〇年五月二十五日主持中共中央书记处会议讨论将于上海召开中共中央政治局扩大会议有关问题时讲话的节录）

三

过去大家都讲老实话，工作做得不坏。从一九五八年开始，有些人不讲老实话。各项指标，按确有把握的再打九折。总的说，绝不是计划不够，而是是不是太满的问题。现在只以为形势好，有些阴暗面看不到。

（一九六〇年五月二十八日主持中共中央书记处会议讨论国家计委党组《关于发展国民经济第二个五年计划后三年补充计划建议的报告》等文件时讲话的节录）

四

报告中第一段要加上实事求是、克服工作中的缺点和群众路线两个内容。切不要以为贯彻群众路线中没有问题，以为发号施令就可以解决问题。节约、储蓄、安排生活是最大的群众性问题。

（一九六〇年五月三十日主持中共中央书记处会议原则通过国家计委党组《关于发展国民经济第二个五年计划后三年补充计划建议的报告》时讲话的节录）

五

这个后三年计划很值得研究。是打紧了多快好省，还是留有余地多快好省？现在看起来，中央有机动余地多快好省、地方也有机动余地多快好省。去年我们就说计划紧，今年还是说紧。大家回想一下，计划是我们共同制订的，当时都说要留有余地，但是，中央的计划还是打紧了，地方又层层加码。这一紧，势必安排得不顺畅，结果实际上搞少了，搞慢了，反映在钢和各种制造业的主要产品上面。所以，考虑后三年计划，我建议还是“右倾机会主义”好一点，留有余地才能多快好省。

计划一经确定就是全局。要从全局观点来解决问题，集中力量来解决问题，就不能完全考虑一时一地的利益。不必着眼于一个局部地区，要看远一点，看大一点，看全局。没有这一条，牵牵扯扯，事情要搞慢的。

（一九六〇年六月十日在各大区和省市自治区以及中央一些部门负责人参加的座谈会上讲话的节录）

注 释

〔1〕这里是从备战的角度讲的。

争取和平应该两条腿走路*

（一九六〇年五月十三日）

我们共同致力于争取世界持久和平，能够把战争推迟就好，推迟十年、二十年、三十年都行，推迟四十年更好。

争取和平应该两条腿走路。一方面是群众的斗争，包括社会主义阵营的力量的壮大和殖民地半殖民地人民反对殖民主义争取民族独立的运动。帝国主义国家人民的斗争，包括资产阶级和平主义者的斗争，也是和平运动中的力量。另一方面，我们也准备与帝国主义谈判，例如最高级首脑会议、裁军会议。有人说中国对这个不热心，我们怎么不热心？我们应该热心。但是同帝国主义打交道不是很容易的事，企图以谈判来迫使帝国主义下台那是办不到的。在一定条件下，迫使帝国主义做些妥协并不是完全不可能，朝鲜停战就是一例。帝国主义不到迫不得已的时候，是不会同意停战的。从我们这方面来说，停战也比较有利。这说明不是完全不可能同帝国主义达成协议，当然这些都是在帝国主义日子不好过的情况下取得的。有这种可能我们就应该争取。在朝鲜、日内瓦的谈判我们都参加了，中美大使级会谈[1]也进行快五年了，如能达成协议当然很好，如不能，也能达到揭露帝国

---

* 这是邓小平会见捷克斯洛伐克驻中国大使布希尼亚克时谈话的一部分。

主义的目的。这样就能孤立帝国主义，争取中间分子，教育人民、动员人民，扩大和平力量，这就是两条腿走路。

我们希望和平，但帝国主义要打怎么办？这不能由我们决定，我们诚心诚意地希望不打。帝国主义听不听我们的指示呢？我们不是它们的参谋长，它们的参谋长是垄断集团。我们的希望落空了怎么办？重要的是，不要使自己的人民丧失警惕性，仗不是怕打就打不起来的。斯大林在第二次世界大战初期犯了错误，就是因为丧失警惕性。我们的出发点是，只要帝国主义存在，就要提高警惕，这并没有坏处。人民都有精神准备，才是真正不可战胜的力量。

现在有一种论点说，核武器决定战争胜负。这不是马列主义的观点。决定战争胜负的是人民。我们对战争有了准备，相反地可以制止战争，因为帝国主义知道我们有物质上和精神上的准备，它是要小心的。

现在帝国主义要发动战争会是突然的。如不做好精神准备，战争一旦爆发，要临时准备就来不及，就必然会陷入混乱状态，那时人民也会埋怨我们为什么不早点告诉他们。人民不怕帝国主义，帝国主义才怕人民。

我们这一代经历过阶级斗争，也遭受过压迫、苦难和战争的考验。重要的是对青年一代的教育，使他们知道帝国主义还存在，世界上还有风暴，教育他们用阶级观点来分析国际问题。现在有两个口号，“没有战争的世界”、“没有武器的世界”。办到当然很好，不过在阶级社会中绝不可能办到。

注 释

〔1〕中美大使级会谈，一九五五年八月一日开始在日内瓦举行。由于美方阻挠，会谈经常遭到破坏和中断。金门炮击开始后，又继续进行。一九五八年九月，会谈改在华沙举行。迄至一九七〇年二月二十日，会谈一共举行了一百三十六次。由于美方坚持干涉中国内政的立场，会谈在和缓、消除台湾地区紧张局势问题上未取得进展，但保持了两国之间的外交接触。

工作要细，制度要严*

（一九六〇年五月二十五日）

庐山会议[1]后，关于一个指头问题有的得了教训，有的没有得到教训。这反映领导方法问题。雄心壮志是好的，但还要有细致的工作，粗枝大叶的风气不是小问题。粮食问题原因何在？肯定有相当大的虚报。工作不谨慎，多吃粮。浮肿同劳动强度有密切关系。工伤事故这样多，不要忽略有敌人破坏，但更主要的是管理制度问题。制度严不等于同群众路线相矛盾。

注　释

〔1〕庐山会议，这里指一九五九年七月二日至八月一日在庐山举行的中共中央政治局扩大会议和八月二日至十六日举行的中共八届八中全会。

---

* 这是邓小平主持中共中央书记处会议讨论将于上海召开中共中央政治局扩大会议有关问题时讲话的节录。

犯错误是因为没有把客观规律掌握好*

（一九六〇年五月二十七日）

公社所有制实际上是大集体所有制。我们的公社现在实行三级所有制，除了公社，还有很重要的一级，即生产队或管理区，这是基本核算单位。下面还有生产小队一级，是承包单位，包工包产。现在三级中，主要是中间一级。三级之间都有矛盾，公社同下面两级的矛盾是，公社总想多拿点归公社，我们现在还在防止这一点。公社干部总想多搞全民所有制，早些走到共产主义，因此他们搞“一平二调”〔1〕，把穷队富队拉平，影响了富队积极性。调母猪、好地归社有，调有利可取的小加工厂归社有。这样做不利，伤害群众的生产积极性。我们批判这种做法。所有制肯定要升级，但不能急，急了容易出毛病。公社的资产每年都要增加，这是进到全民所有制的基础，但不能操之过急过早，不能伤害群众的积极性。根本问题在于尽量发挥群众的生产积极性。基本核算单位对小队也有“一平二调”现象。小队也有穷富、好坏之分，平调也伤害小队的积极性。这些问题，采取正确的政

---

* 这是邓小平同越南劳动党中央政治局委员、中央书记处书记黎笋会谈时谈话的一部分。

策可以解决。

总路线应该由各国的党根据本国的情况来考虑和提出，只要能加速社会主义的发展就好。到底是快好还是慢好？现在看来，能快还是快点好。但是快也是有条件的，受客观规律限制的。不能说越慢就越合乎客观规律，有较快发展的客观规律，问题在于认识它。但人总是难以把客观规律一下子都完全认识得清清楚楚的，犯错误总是因为还没有把客观规律掌握好。

注　释

〔1〕“一平二调”，是一九五八年人民公社化运动中“共产风”的主要表现，即：在公社范围内实行贫富拉平、平均分配；县、社两级无偿调走生产队（包括社员个人）的某些财物。

关于社会主义时期的阶级斗争问题*

（一九六〇年五月二十七日）

矛盾无论什么时候都是存在着的。有人以为到了共产主义社会，矛盾就不存在了，这种见解不对。到共产主义社会，也要解决了矛盾才能发展前进。当然，那时候没有阶级矛盾了。然而，生产力与生产关系的矛盾、先进与落后的矛盾，仍然是存在的，那时仍然要依靠先进分子。无论什么时候，人们的思想总不会都是一致的、一模一样的。有人留恋旧的生产关系，有人要求改进生产关系，即使到共产主义社会也是这样。何况现在，还有国内和国际的阶级斗争。在国内即使阶级消灭了，也并不等于资产阶级的影响不存在了。从所有制上消灭资产阶级不难，但从政治上、思想上消灭资产阶级影响就不容易。资产阶级影响不但存在于社会上，并且也反映到党内来。国内阶级斗争解决了，国际的阶级斗争还存在。美国式的自由，还会有影响。有人就说美国自由，我们不自由、不民主。必须重视这个问题。在建设阶段，这种阶级斗争还是一种客观存在。

---

* 这是邓小平同越南劳动党中央政治局委员、中央书记处书记黎笋会谈时谈话的一部分。

斯大林讲过，社会主义越发展，阶级斗争就越尖锐。这种说法有片面性。社会主义越发展，无产阶级越壮大，资产阶级就越少。但如果不进行阶级分析，不按照马列主义的原则处理，资产阶级的影响还会扩大。资产阶级少了，并不等于没有资产阶级，没有资产阶级的影响，不能高枕无忧。总的来说，资产阶级的影响随着社会主义的发展，不断被削弱，敌人越来越少。所以，斯大林的话讲得不确切，不完全符合实际。但是阶级斗争是长期存在的，有时甚至是激烈的。

阶级斗争还有一个解决矛盾的方法问题。我们从各方面对资产阶级进行激烈的斗争，但仍然给他们享有选举权，仍然在生活上给他们以照顾，因此，阶级斗争总的趋势是逐渐减少。但无论如何，总有人反对我们，不满我们的制度。有风波的时候，他们就露出来蠢动，更明显地表现出他们的本来面目。我们现有的矛盾大部分是人民内部矛盾，生产关系与生产力的矛盾、先进与落后的矛盾等等。在劳动人民中，也有资产阶级思想的反映。用解决人民内部矛盾的办法来进行阶级斗争，这样有利于分化敌人、进行改造。

革命和建设都要贯彻群众路线*

（一九六〇年五月二十七日）

根据我们的经验，农村工作一定要走群众路线，这是不成问题的。工业方面能不能走群众路线呢？这个问题有争论。我们主张实行党委领导下的厂长负责制和走群众路线。有相当一部分人认为这样不行。他们说，苏联实行“一长制”，我们也非如此不可。这是方法问题。我们不能说苏联错，我们说的只是我们的经验。我们认为，在我国，一定要加强党的领导，走群众路线。搞技术革新、技术革命，包括搞改革、发明、创造，也要依靠群众，走群众路线，实行党的领导、技术人员和群众三结合。无论革命、建设，都要贯彻群众路线。这样，取得胜利要快得多，成绩要好得多。

革命不断前进，建设也不断前进。我们运用了列宁的理论，不断革命论与革命阶段论相结合。不断革命论是马克思主义的。我们的观点是，包括生产关系、上层建筑等等一系列问题如不及时解决，就会发生阻碍，虽然最后终须解决，但应有预见。思想指导必须在前一步看到后一步，前一阶段为后一阶段做准备。领导要看到下一步，照顾下一步，要一

---

* 这是邓小平同越南劳动党中央政治局委员、中央书记处书记黎笋会谈时谈话的一部分。

步步引导群众前进。这是我们的经验。我们认为，搞社会主义也要想到共产主义。而社会主义本身又分为几个阶段，要一个革命接一个革命，不断地前进。

搞建设不能凭热脑筋*

（一九六〇年六月十日）

老实说，主要当家的就是我们在座的，一切问题的决定，关键就是我们这些人。我们这些人搞得好一点，事情就搞得好一些。我们这些人有时注意得不够，影响是不小的。

总的来说，我们是做得好的，否则怎么解释发展这么快？这是个总的形势。但是，作为领导者，我们不应该忘记除了九个指头以外一个指头甚至少于一个指头的问题。领导者头脑要热，但是更要冷。我们热这方面是够的，但是冷这一点是不是还有一部分同志不够？最近一个时期出现的现象，少奇同志也讲了，不要小看。我完全同意少奇同志这样的讲法，如果我们不注意，哪怕不到一个指头，它可以发展到一个指头，甚至多于一个指头。到那个时候再来提醒，再来检讨，我们就要受损失。江苏有个县明明缺粮，省委答应调粮，可县委硬说不缺粮。硬着头皮，无非要保持它的荣誉。不只是县委，有一部分地委，是不是省里也有若干干部有这种心理状态？这种心理状态是要坏事的，有这种心理状态就不可能实事求是。我们一定要估计到，有这样一部分同

* 这是邓小平在各大区和省市自治区以及中央一些部门负责人参加的座谈会上讲话的要点。

志，相当程度地丧失了我们党的实事求是的优良传统。应当说，这个时期暴露得相当充分。

粮食少一点，只要意识到了，安排得好，日子可以过。以后如果遇到丰收，也要当穷日子过，宁肯一个人多留几十斤粮食放在那里。这是一条经验，这条经验不会过时。从中央起，需要我们把这个经验总结起来，对我们极有益处。

搞建设不能凭热脑筋，要充分照顾到客观规律。这一两年，毛主席总讲要冷热结合。要承认客观规律，违背规律就会受处罚。我们在这方面的意识不够，这方面的教训，我们应该足够吸取。

计划要留有余地*

（一九六〇年六月二十三日）

上海会议[1]解决了两个问题。一是进一步明确了以农业为基础的方针。要加快发展农业，因农业是短腿，市场紧张，主要是食品紧张。农业为基础是长期的问题。把农业搞好了，对战略布局有益。以农业为基础，今后至少五年是重点。千万不要以为我们国家不会出问题。群众好，也要我们工作做得好。二是着重讲留有余地，争取主动。第一个五年计划绝大多数是好的，因保留了三年的余地。共产风、浮夸风、命令风，现在还有，还要反。要留有余地，话说满了，只好检讨。在上海会议上，毛主席《十年总结》不拘于枝节，从思想方法上统一了大家的认识。这次毛主席讲他交心了，我们也要交心。一是好多问题没察觉，二是察觉了没解决。一直到这次计划，粮食六千亿斤，钢铁三千六百万至三千八百万吨，[2]明知有困难，还是提出了。

注　释

〔1〕上海会议，这里指一九六〇年六月八日至十八日在上海举行的中共中

* 这是邓小平在中共中央书记处会议上讲话要点的一部分。

央政治局扩大会议。

〔2〕这里指上海会议讨论的“二五”计划后三年补充计划中提出的到一九六二年粮食和钢铁要达到的指标。

关于成立中央局的说明*

（一九六〇年八月十日）

这次会议有个重要的决定，就是成立中央局。这个问题，跟少数同志交换意见比较久了，各省都谈了，大家完全赞成。过去取消中央局是必要的。那个时候，我们东西还不多，需要更集中。有了这么一段集中，对于我们党的思想很有好处。现在从战略上来考虑，从具体工作来考虑，为把工作做得更细，做得更好，成立中央局极有好处。从战略上来考虑，我们过去讲过的，就是形成能够独立解决问题的六块，打不烂。你打烂三块，还有三块；打烂四块，还有两块；打烂五块，还有一块嘛。六个区域中有的地方比较穷，富的地方要帮，大概一是东北，二是华东，还有华北也有这个帮的任务。一个是自己努力，一个是帮。把这个战略布局搞好，形成比较完整的经济体系，对提高各个地区的经济发展水平有好处，对人民生活也有直接好的影响。工业对农业是有直接影响的。确定成立中央局之后，我们现在就要开始布置具体工作了。中央要派一部分人下去，企业也要考虑下放一批。因为具体的工作，包括结合各地方具体实际的一些方针问题，中央局都应该担起责任来，更多地考虑。中央局

---

* 这是邓小平在中共中央工作会议上讲话的一部分。

的职权，同我们解放初那几年的中央局的职权完全是一样的，但是任务比那个时候繁重。那个时候主要是发动群众，完成民主改革，当然也有一部分社会主义改造的任务。现在主要就是经济建设任务。其他的任务，包括思想改造、政治斗争，这些都还在，加一个很大的具体的经济组织工作，这是很繁重的。中央局是党中央代表机关，中央将来就是同各中央局一起来进行工作。中央机构尽可能地缩小一点，工作也是尽可能地放到中央局去做。这是一个战略布局。

关于战略布局问题，我们在上海谈过，同在座的同志也谈过。只要有这几个问题解决了，我们这个国家腰杆就粗了。第一个问题，就是六个战略单位，形成这么一个体系。第二个问题，就是大中小结合，遍地开花，打不烂。第三个叫民兵，好处就是打不烂。原来只说这三个问题，在上海同毛主席谈，又加了一个，就是各个地区粮食能够自给。西北发展工业就发生粮食问题。华北现在也有这个问题，山西粮食不够，河北粮食不够，只靠“王爷”（内蒙古）那个地方也不行，那个地方现在工业已经发展，往外调粮食就少了。畜牧业要发展，也要粮食。东北也是粮食不够。现在只有“三个南”〔1〕情况还比较好一点，但是也不能说粮食够用。打起仗来的时候，还能从那里调运粮食呀？

我们这个战略布局不要忘记农业。解决农业问题是最费力、最难的，这次会议讨论得很充分，不是一年两年能够解决好的。对农业，中央要注意，中央局要注意，各省的同志更要注意这个问题。

最后，我还想谈一点，就是将来六个战略区形成后，地区之间的协作问题。在一个中央局范围内，协作可能比过去解决得好，因为中央局是个权力机关。但是也不是没有问题，无非就是四个字，叫轻重缓急。我总讲这个道理，不要那么急，大家一心一意，哪个搞得最快，哪个地方搞得最快，就先搞哪个。有了这一条，就会多快好省得更好。要不然，牵扯很大。无非是慢两年，慢两年是最现代化的，我还是劝各省的同志，将来还有大区的同志，把这个问题想通。全局问题解决了，局部问题就好解决了。慢一点不要紧。

注 释

〔1〕“三个南”，指中南、西南、华东地区。

平等协商是处理兄弟党关系的根本原则*

（一九六〇年十一月十四日）

在马克思列宁主义的基础上，用经过协商取得一致的方法来解决问题，必须肯定这是处理兄弟国家、兄弟党之间的关系的一个根本原则。大家知道，一九五七年的莫斯科会议[1]不仅提出了这个原则，而且那次会议本身就是兄弟党之间协商解决问题的好的范例。那次会议采用的是从容的、相互尊重的、真正的而不是形式上的平等协商的方法。正因为这样，会上的某些意见分歧不但没有导致分裂，而且顺利地达成了一致。今年六月的布加勒斯特会议[2]则提供了一个相反的极端恶劣的先例，那次会议采用的是根本违反协商原则的粗暴的方法。虽然苏共中央同志至今还不顾事实，硬要把布加勒斯特会议说成是加强团结的会议，但是只要我们不是看问题的形式（例如通过公报、决定成立二十六个党的文件起草委员会），而是看问题的实质（在会上和会后发动了全面攻击中国共产党的国际性运动），那么，就不能不承认这种说法是虚伪的。的确，历史对于这样的问题是会做出

* 这是邓小平在莫斯科举行的各国共产党和工人党代表会议第四次全体会议上第一次发言的一部分。

自己的判决的。为了团结的利益，我们认为，今后不应该重复布加勒斯特会议的错误，而应该永远坚持一九五七年莫斯科会议的正确的成功的经验。

平等的关系是真正实行协商方法的前提。各国共产党和工人党都应当互相尊重，都应当在共同有关的问题上寻求协议，严格遵守已经达成的协议，从而在共同的斗争中坚持团结，反对分裂。任何一个党都不应当把自己的意见强加于人，都不应当以“父子党”的态度对待兄弟党，都不应当干涉兄弟党的内部事务，都不容许在另一个兄弟党内制造分裂活动。如果不按照这些原则来处理兄弟党间的关系，那就必然破坏兄弟党间的平等关系，也就不可能有真正的团结。兄弟国家间的关系也是这样。

注　释

〔1〕莫斯科会议，这里指一九五七年十一月十四日至十六日在莫斯科举行的十二个社会主义国家的共产党和工人党代表会议、十六日至十九日举行的六十八个共产党和工人党代表会议。

〔2〕布加勒斯特会议，指一九六〇年六月二十四日至二十六日在罗马尼亚首都布加勒斯特举行的社会主义国家共产党和工人党代表会议。

在西藏的政策
要防“左”防急，要稳*

（一九六一年一月五日）

在西藏不要多出章程，多出点子。例如粮食统购统销的限度，要根据习惯、条件逐步来。要休养生息，改革后让农民生活天天向上。把内地办法搬去一半或三分之一都是不得了的。要接受内地的教训，粮食宁肯让每户存起来，提倡节约、备荒。征购粮食不能层层增加。

一个是粮食政策，一个是贸易政策。一切政策，一定要照顾习惯。手工业方面要兴办一些。粮食要少征购，让农户存粮自己交换，农区和牧区之间、农区之间搞点自由贸易，让他们有积极性。不能采取掠夺性政策，竭泽而渔。要帮助老百姓生产。机关也要搞生产。过去要求在西藏的专区和县的少数工作人员吃当地粮，因为粮食运不进去。拉萨部队至少三年要运粮进去，要作长期打算。牧区还应当用过去的办法，自己交换，自运粮食，让农户存粮备荒，那里有了荒年一点办法也没有。

总之，政策要让农民富起来。让农民家里有存粮，牛羊

---

* 这是邓小平主持中共中央书记处会议听取西藏工作问题汇报时谈话的主要部分。

多点，修点房子。不要公家“顺手牵羊”。这个政策恐怕不只三年五年，而是十年八年。这样安定下来。

农民富要放在一家一家上，不要放在一团一团上，包括牧区，要一家一家算。要让群众真正满意。合作社五年内不搞，让农户富起来。

工作中的问题大体上都解决了，打下了一个基础。现在要防“左”防急，要稳，不仅是社会政策，包括民主改革、经济政策、上层改造。现在不考虑社会主义改造。所有干部必须贯彻这个方针。

城市和交通要道我们要管。交通不搞好，支援是不行的。农业不搞好，工业是发展不起来的。短期内工业项目无论如何不要再加了，在这一点上积极性要压缩。靠内地运粮搞工业不可能。运人进去也不可能。

干部问题的核心是要选好干部，不要选只喜欢发号施令的干部。二杆子式的干部不行，一元钱买一张豹皮子的干部不行。要选朴素勤恳、坚决贯彻政策、民主作风好、群众观念好、真正给群众做好事的人。干部中要搞几条纪律。命令风、浮夸风也传到那里了。整风中发现有严重思想作风问题的干部要调回来。

民主要有形式。代表会议要搞起来，特别是基层。基层代表会很重要，根要扎正，使新起来的干部善于用民主形式，有民主作风。不要光是干部发号施令。不要兴点子，要防止命令风、瞎指挥风。搞实验要慢慢推广，不要一下子普及。

由李维汉〔1〕同志主持搞个指示，管他几年，第一步五年内不搞合作社。现在有的合作社，不好的去掉，好的放在那里，不再搞新的。要把经济政策、统战政策等包括在内，管他五年，以后不再开会讨论方针，只是检查就是了。稳定起来，对平叛也有好处。我最近看了《资治通鉴》，历史上遭到严重破坏后，真正搞起来两年就恢复了。瞎指挥破坏也快。

与班禅〔2〕合作要聚精会神，合作中要讲究方法。毛主席和周总理要会见班禅。自治区成立问题由毛主席正面和他谈比较好。成立迟或早各有好处。

自治区成立要议一下，筹委会增加副主任。调派专职党员干部和堪厅〔3〕撤销问题，可写个专门报告。班禅担任扎什伦布寺民主管理委员会主任还是名誉主任，由他自己决定。

达赖〔4〕问题，有国际斗争，要从容考虑。

处理宗教问题不要太急，寺庙要大中小结合。

平叛问题要解决，中心是政治。外逃人员有万人，边境、昌都、阿里长期会有空投。要搞政治，要靠群众，光靠军队东扑西扑不行。

注　释

〔1〕李维汉，当时任中共中央统战部部长、全国人大常委会副委员长、全国政协副主席。

〔2〕班禅，指班禅额尔德尼·确吉坚赞，当时任全国人大常委会副委员长、西藏自治区筹备委员会代理主任委员。

〔3〕堪厅，指班禅堪布会议厅委员会，原西藏班禅系统管理政教事务的机构。一九六一年七月国务院批准该委员会的申请，宣布结束。

〔4〕达赖，指达赖喇嘛·丹增嘉措，曾任全国人大常委会副委员长、西藏自治区筹备委员会主任委员。一九五九年三月西藏上层反动集团发动武装叛乱时出逃印度。

搞建设必须适合自己国家的情况*

（一九六一年一月十一日）

穷也是一种压迫，迫使我们要建设得快一点。如果经济不独立，国家再大也没有用。工业发展依赖农业的发展，这种情势迫使农业要快一点发展，工业发展也要快一些，就是想办法如何搞得多一点、快一点、好一点、省一点。我国的特点是人多，可以充分利用。我们并不认为这个方法可用于别的国家。

农业方面，三年来有两年大自然灾害，一九五九年和一九六〇年的灾害是历史上从未有过的。你们经过的黄河，曾经干枯到人可以徒步而过，这是从来没有的事。两年的灾荒，给我们造成的压力很大。所以，从今年起，宁肯降低工业发展水平，也必须把以发展农业为主的工作做好。

像我们这样的国家，必须解决农民问题。革命战争时期要解决农民问题，革命战争根本上是农民战争，只有动员农民参加战争，才能取得胜利。建设时期也要解决农民问题，如何使他们吃饱并且生活逐渐好起来，我们找到了人民公社这条道路。十多年来，我们搞了很多水利工程，仍感劳动力

* 这是邓小平会见南非共产党代表团时谈话的一部分。

不足，人再多也不够。我国人多地少，每人只有一点点土地，必须深耕细作，一块土地要花很多劳力，经常感到人力不足。搞农业机械化，得十年或者更多的时间，是很难的事。三年来，工业人口增加到四千万，粮食怎样办？这是一个问题。农村劳动力减少，要按比例，这主要是一个工农联盟的问题。在国民经济建设方面，我们同苏联相同的是，都是社会主义的性质，都要搞机械化；不同的是，苏联土地多，我们土地少。解决农业问题比搞工业困难。实现农业机械化以后，仍要深耕细作，拖拉机不能解决全部问题，还要解决水利、化肥等问题。

工业建设要以为农业生产服务为主，搞水利工程，搞机械化，搞化肥。从今年起，工业的发展方向要在现有的基础上进行调整、巩固、充实和提高。

关于建设问题。毛主席经常说，革命已经成功了，革命的路子走对了。但全党真正学会搞革命是在搞了二十四年以后，这集中表现在一九四五年我们党的第七次代表大会〔1〕，全党直到这个时候才学会掌握毛泽东思想。因此，这才能在一九四五年日本投降后，仅用三四年时间就取得了全国革命的胜利。建设问题，毛主席也说要二十年才能真正学会。要学会搞经济，并不比学会搞革命容易。如果马克思主义的普遍真理不同本国的实际情况相结合，任何国家的革命都是搞不成功的。建设也一样，必须适合自己国家的情况，也有运用和发展马克思列宁主义的问题。十一年来，我们尽管有一些成绩，但在这个过程中不可避免要犯一些错误，走一点弯路。当然，十多年来，我们并不是全在走弯路，一般说还是正确的，有一些东西还在摸索。不犯错误是不可能的，犯了错误就要纠正，这样就可以使小的错误不变成大的错误和严重的错误。

注　释

〔1〕党的第七次代表大会，即一九四五年四月二十三日至六月十一日在延安举行的中国共产党第七次全国代表大会。

搞社会主义一要群众满意二要发展生产力*

（一九六一年一月二十四日）

我们还很落后，全国解放才十一年，还有许多工作做得不够好。现在工业水平还很低，农业问题还未过关，解决这些问题大概需要二十年，现在可以说有了较好的基础。去年我们有了一千八百万吨钢，没有这一基础解决起来就要慢得多。但是我们的一千八百万吨钢和法国、英国、日本、苏联等国不同，品种不多。

我们想放低速度，解决质量问题，我们有个口号叫大跃进，以前大跃进是数量，现在转向质量，这也很费劲。现在我们只有百分之几的土地是使用机器，农业比你们还要落后。我们国家大，要用很多机器，钢铁总要发展。要搞农业机械化，可是搞农业机械化就要放低工业速度。社会主义建设的有计划按比例的发展规律，主要是工业与农业的关系。现在任何一个社会主义国家也没有解决这一问题，包括苏联在内。

一个国家粮食和饲料总要能自给。我们集中力量搞，主

---

* 这是邓小平会见尼加拉瓜社会主义党总书记马努埃尔·贝雷斯和哥斯达黎加人民先锋党政治局委员亚顿·格瓦拉时谈话的一部分。

要依靠两只手，当然两只手也能做很多事情，但总不如机器，所以要机械化。我们要搞拖拉机、播种机、各种加工机器，这就要许多钢材。我们确定的方针是先搞农业，农业问题解决了，才能养活工业。宁可工业慢一点，首先要解决农业问题。

我们国家还有一个问题，就是地少。所以光有机器不行，还要修水利，要化肥，精耕细作。我国的人口每年增加百分之一至百分之二。中国过去的历史是饥饿的历史，解放后一年比一年好些，但一九五九年和一九六〇年碰到了百年不遇的大灾荒。我们有两条可以渡过灾荒。第一条是修了很多水利工程。现在灌溉面积已达八亿亩，而这几年中就增加了六亿亩，主要是公社化以后增加的，公社化促进了水利建设。第二条是人民公社的组织力量，可以千方百计使收成好一些。我们要花十年的时间实现机耕化、水利化、化肥化，靠自然肥料是不够的。当然你们看到的是好事情多，我们还有好多问题没有解决。

最近几年，有许多拉丁美洲国家的同志来过中国，我们也向他们介绍了中国的经验，但我们告诉他们，中国的经验只能作参考，不是对每个国家都适合。每个党只有把马列主义的普遍真理和本国具体实践相结合才能成功。如果我们没有能把马列主义普遍真理和中国实际情况相结合，那就不会成功。这种结合，第一是马列主义的普遍真理，不把这点放在第一位就不能胜利，就没有方向。但方针和路线不和实际相结合就没有生命，是死的。任何国家在革命和改造中都有自己特殊的具体问题，如我们的土改和苏联的就有些不一样，我们是比较广泛地采取了群众路线的办法，因为我们是从农村搞起来的，我们的一切政策如果不使农民满意，农民就不来，农民能拿起枪来冲锋陷阵不是一件容易的事。分地的方法也和苏联不一样，对富农的政策和合作化的道路也不一样。但总的是马列主义的，总的方向是动员农民消灭封建势力。我们经常告诉访问中国的同志，中国有许多经验可能对其他国家不适合，如人民公社，我们从来也没说公社适合其他国家。如何搞社会主义主要看两条，一群众满意，二发展生产力。群众是否满意、支持是判断事物好坏的标准。

如果认为我们现在的公社是共产主义的，那就要犯错误了。公社是社会主义的，我们从公社开始建立就反“共产风”，现在还在反。我们三年来一直在反对这种错误。有些同志想搞共产主义，超阶段，这样做的地方都犯了错误，没有这样做的都取得了很大的成就。

在中央书记处会议上的讲话要点

（一九六一年一月二十五日）

一、关于铁路工作问题。

一切权力集中到铁道部，以铁道部为主统一行政。党务、思想政治工作，由铁道部与地方双重领导，以铁道部为主；业务和人事，由铁道部单一领导。搞半军事组织，铁道部、铁路局设政治部、政治委员，各站段设政治处、政治协理员。规章制度方面，一是恢复机车包乘制，二是恢复产品验收制，三是搞经济核算制。

二、关于农村所有制问题。

自留地还是二十年不变为好。

三、关于理论问题。

高等教育没有自己的教材不行，总要搞出来，首先搞讲义。对编印毛主席的讲话要十分慎重，最好经本人审阅。毛主席著作是国际斗争的旗帜，不能乱用。过去宣传庸俗化，有的是借毛主席吹自己，今后要反对。刘少奇著作，先编两本，共八十万字左右，解放前的文章要经他本人审看。拔些尖子到中央，组织理论队伍，充实《红旗》、《人民日报》、中央宣传部，综合利用，培养新人。要把《红旗》搞强，对国际政治、经济问题搞点有论据的文章。

四、关于科学院工作问题。

可以规定科学院整风中一部分人不下乡。研究有头绪了，放下不好，特别是搞尖端自然科学理论的人不下乡。搞研究的人，要给他们时间。集体研究还要以个人为基础。党委要注意，对搞疲劳战术、存心不让人家搞本行之风，也要扫一下。

根本的工作方法就是调查研究实事求是*

（一九六一年三月十九日）

全国胜利后，要保证几亿人口吃、穿、用，我们的工作是比较细致、比较谨慎的。一九五六年高级合作社时，出现了高潮，提出了多快好省，形势很好，头脑就不够冷静了。一九五八年以来，事业兴旺起来了，我们也有一点经验了，就比较马虎了。资本主义工商业非改造不行，手工业也要改造，但是搞快了，变成全民所有制的了。人民公社肯定要搞，但如何搞，规模多大，摸得差。如果搞得谨慎一点，有些话慢点说，可能会好一点。从中央到地方都有缺点，中央应负担主要责任。一九五七年以后，中央的具体工作由书记处主持，作为中央常委和毛主席的助手，工作没有做好，日常工作做得不坏，但方针政策方面出的好主意不多。如钢铁的第二本账、粮食产量、公社规模等，我们都参加了意见，赞成了的。材料不是没有，也有反面材料，就是没有直接的调查研究，没有及时抓住问题进行检查。有些问题发现了，但没有采取有效措施加以解决。如河南、甘肃、青海、安徽等省的问题早就发觉了，也并不是不相信，总以为总的形势

* 这是邓小平在中共中央工作会议中南、华北小组会议上讲话的要点。

好，省委的领导好，怕打击了他们的积极性，怕引起另外一股风，顾虑过多，这是一种消极的态度。当然，出发点还不是消极的，而是方法不对头。中央书记处没有尽到责任，工作没有做好。

其次，这几年教训是沉痛的。但不管怎样，成绩肯定是主要的。没有那么一种空气，一千八百万吨钢是搞不上去的。搞了一千八百万吨钢，搞了这么多水利，有了一定的工业水平，这不是简单的事情。我们总要有这个信心。工农业方面，如果方法比较对，可以有更大的成绩。譬如钢，只搞一千八百万吨，不搞二本账（二千万吨），左邻右舍可能好一点。我们决心大，就是情况不明，方法不对。根本方法就是调查研究、实事求是。毛主席批评我们，没有调查没有发言权。毛主席对我们的批评是完全对的。我们应该从这些方面来接受经验教训，中央、省委把责任担起来。

“十二条”〔1〕没有彻底解决问题，加上这次的“六十条”〔2〕，再加上调查研究，就比较完全了，事情就可以办好了。“六十条”贯彻下去，肯定可以调动群众积极性。过去出的一些偏向，可以向群众讲清楚。

所谓实事求是，就是要承认千差万别、大同小异。大同就是大的方针政策，小异是重要问题。大同要调查，小异也要调查。过去大同不做调查吃了大亏，小异不做调查同样吃了亏。还有个组织形式问题，中央机关有相当多的干部，搞文字工作的时间要少一点，拿出一些时间到各个战线、各个方面去做调查研究。现在农业比较清楚了，工业还很不清楚。农业上的问题大体相同，工业则不同，几十万个厂子千差万别。我们要放下官架子，自己搞些经验。“六十条”还会发展的，还会出现新问题，还要前进的，出现新问题要抓住。某一个公社、某一个县前进了，不能全面铺开，总要看一个时候。要又稳又快，稳妥才能快。当前，完全止步，无所作为，这不叫稳妥，至少不叫妥。

这几年工作不深入，工作有些浮，应当坐而言要少，起而行要多。

注　释

〔1〕“十二条”，指一九六〇年十一月三日中共中央《关于农村人民公社当前政策问题的紧急指示信》。全文共十二条：一、三级所有，队为基础，是现阶段人民公社的根本制度；二、坚决反对和彻底纠正“一平二调”的错误；三、加强生产队的基本所有制；四、坚持生产小队的小部分所有制；五、允许社员经营少量的自留地和小规模的家庭副业；六、少扣多分，尽力做到百分之九十的社员增加收入；七、坚持各尽所能、按劳分配的原则，供给部分和工资部分三七开；八、从各方面节约劳动力，加强农业生产第一线；九、安排好粮食，办好公共食堂；十、有领导有计划地恢复农村集市，活跃农村经济；十一、认真实行劳逸结合；十二、放手发动群众，整风整社。

〔2〕“六十条”，指一九六一年三月中共中央制定的《农村人民公社工作条例（草案）》，又称“农业六十条”、“农村人民公社六十条”。全文共六十条。针对当时人民公社内部严重存在的队与队、社员与社员之间的平均主义，条例草案对于纠正社、队规模偏大，公社对下级管得太多太死，民主制度和经营管理制度不健全等方面的问题，做了比较系统的规定。同年五六月间，中共中央对这个草案做了修改，制定了供讨论和试行的《农村人民公社工作条例（修正草案）》，进一步规定取消分配上的供给制部分，并规定在生产队办不办食堂完全由社员讨论决定。一九六二年九月二十七日，中共八届十中全会正式通过了《农村人民公社工作条例（修正草案）》。

大跃进以来的教训是调查研究很少*

（一九六一年三月二十七日）

这次会议解决的一是平均主义问题，二是调查研究。毛主席讲，“十二条”[1]解决了公社、大队之间的平调问题，但是，没有解决小队之间、户与户之间、个人与个人之间的平均主义。这是很重要的，平均主义不解决，群众积极性调动不起来。现在看，公社本身应有几个发展阶段，过去走得太猛了。

教训是深刻的或是沉痛的，实事求是的精神受了损害。为什么不实事求是？就是方法出了问题。实事求是，就是对实际情况真正了解。真正了解实际情况，就要调查研究。过去几年调查研究很少，搞了许多虚假现象。毛主席自我检讨了，并对省地市及中央各部委将了一大军。毛主席调研最多，他说也不够。这是这几年的根本教训。老实说，过去战争期间和解放初期，还是注意调研的，工作也是深入的。最近几年，工作好了，舒服了，就不搞调研了。中央也是按级听汇报，群众的呼声听不到，听到也不重视，对各阶级的动

* 这是邓小平在中共中央书记处会议上传达一九六一年三月十五日至二十三日在广州举行的中央工作会议精神时讲话的要点。

态、群众的意见知道得少。许多事就是那么一下子干下去，又不经过试验后再推开，都是一哄而起，结果“一平二调”〔2〕发展了。这些教训首先是没有从调查研究着手。总之，过去几年的方法不对头。

这次会议，政策上是解决平均主义，方法上是提倡调查研究。县以上领导机关要把调查研究恢复起来，作为永远的、根本的工作方法。中央书记处认为毛主席对我们的批评是必要的、正确的，我代表书记处检查了一下，总结了工作。作为中央常委和主席的助手来说，党给的权力很大，责任很重，工作上不是一切不好，但在制定政策上做得不好。对有些问题不是没有察觉，如河南、山东、安徽、甘肃、青海的农业虚假现象，都有察觉，提出过意见。当时觉得总的是好的，不要伤害积极性，实际上是帮助了他们犯错误。又如，那么多人民、干部来信，我们为什么不去调查解决？下去了解情况，给常委提出问题，是我们应尽的责任。今后还是要经常出去，联系些点，不断收集情况。但更重要的是做组织工作，组织各部门的人调查研究，要有经常下去的固定队伍。要认真调研，一切经过试验，把工作搞得更稳、更踏实些。

“农业六十条”〔3〕是中央搞的，工业方面也要拿出若干条，目前主要搞大中企业。现在搞试点，秋后再铺开。从调研着手，找几个善于调研的人，从历史、不同类型找出共同点，提出若干条。当前工作，一是农村调查；二是结合整风，立即组织工业战线调查；三是促进生产；四是考虑长远规划。计划怎么个搞法？不能搞烦琐计划，不搞那么多表，抓住大问题，填平补齐，集中力量打歼灭战。各部门提出关键性的项目，如每年如何搞十套年产二万五千吨化肥设备，松辽平原一千五百万吨石油哪年能搞出来，几年能搞多少台拖拉机等等，这些项目不是同钢铁一样按比例的。计划方法要跳出苏联那一套，不考虑按比例，比来比去都扯住了。就是打歼灭战。

注　释

〔1〕“十二条”，见本卷第80页注〔1〕。

〔2〕“一平二调”，见本卷第53页注〔1〕。

〔3〕“农业六十条”，见本卷第80页注〔2〕。

整风要解决的根本问题是群众观点群众路线问题*

（一九六一年三月二十八日、五月十三日）

一

整风、生产、生活都要抓好。应当有一批人专管运输生产。不然，一面整风，一面生产，精神不集中就会出事故。有问题的人要调离工作岗位，整风一定要坚决整，要毫无顾虑，但处理时要慎重。“共产风”的问题要注意，不要一般地反。工交企业与农村不同，部门之间互通有无，不算“共产风”。特殊风的界限要搞清楚，个人应得的、份内的，吃穿好一点，不应算特殊风；份外的多用多占，那是特殊风。浮夸风、强迫命令风、生产瞎指挥风，是企业中普遍的问题。整风整什么？整作风，整制度，整队伍。

各企业、单位具体内容不同，要从实际出发，有什么问题整什么问题，不要套框框。铁路部门整风，要从铁路情况出发，用铁路的语言，有铁路的具体内容，要打开框子，不要千篇一律。要考虑政治工作建立些什么制度，切实改进作风，不能过了整风，又是老样子。要考虑怎样保证真正实行

---

* 这是邓小平一次讲话的节录和一次插话。

党委集体领导下的厂长负责制，干部树立什么思想作风，怎样走群众路线，怎样贯彻规章制度。政治部门主要是抓方针政策，不要干涉行政事务，不要党政不分，把政治部门变成行政部门，致使思想政治工作没有人抓，这就削弱了党的领导作用。

要加强对工会、共青团的领导，发挥他们的组织作用。工会要做好生产、生活、教育工作，要抓工人的生活福利、劳动保险、生老病死、家属互助、副业生产等工作。整风的每一个阶段都要把家属工作包括进去，建立家属管理制度，健全家属委员会，加强家属的政治思想工作。

整风的领导队伍要坚强，这是一个关键。铁道部掌握的一些点，会后主要负责人要亲自下去，搞调查研究。要把调查研究作为经常的、永远的一个根本制度。

（一九六一年三月二十八日接见铁道部党委部分委员和参加铁路政治工作会议代表时讲话的节录）

二

整风主要是整领导，先把领导层搞正了。整风不能主要去整基层干部。对辛辛苦苦、作风有点毛病的干部，要帮助他们过关。要在领导整风结束后，再搞清理队伍。

根本问题是群众观点、群众路线问题。干部做官了，官做大了，不关心群众的生活了，能解决的问题也不解决。在社会主义社会中，也能培养一批官僚。有些人必须撤掉、降职、下放、法办，不能再搞领导工作；没有能力的，给他能做的工作。检查面要宽一些，不要只限于违法乱纪的人，有些形式上不属于违法乱纪，但造成的损失更大的，更要严格地处理。通过整风，要把群众观点、民主制度建立起来。要使干部能听进群众的话，公道办事。要充分运用群众鸣放出来的材料，严肃地整顿思想作风。对干部的鉴定要充分听取群众的意见，群众是有眼睛的。群众切身利益的事，一定要关心。职工宿舍问题搞个规划，算个总账，集中力量解决。合同工应转为正式工，分批转正。按劳付酬的制度要加以研究，该计件的要计件，该奖励的一定要奖，不要舍不得。奖励要反对平均主义，工资政策也要反对平均主义。整风中要把两个关系解决好，一是干群关系，一是分配关系。政治部、工会首先把生活方面的问题抓起来，行政拿出钱来，一步步解决。办法要去钻，能集中解决的集中解决，集中解决不了的，可以分散解决。生活问题不要等整风完了再解决，要平行作业。整改要从思想上改。部领导要抓大问题的整改，职工宿舍、合同工转正是大的整改，要给下边创造条件，尽量帮助下边解决一些问题。

总之，所谓整领导，一是思想作风的整改，一是切实关心群众生活，彻底打掉官僚主义。

（一九六一年五月十三日听取铁道部党委汇报整风工作时的插话）

根据各地特点进行农村调查*

（一九六一年四月三日）

关于农村调查的问题，毛主席指示派十个组，时间有长有短，地点包括“三北”〔1〕、山东、四川等地，多了解一两个点。同调查点要有经常的联系，组里要有人经常去了解。不同时期，问题也不同，粮食困难时期，同粮食较富余时期也不同。

调查内容要根据各地特点定，总的是研究一下历史发展过程，要采取客观的态度，多了解一两个点，分析各阶层、各类型、各种经济条件不同的农户，根据发展阶段进行比较。农村中有很大的势力主张只搞农忙食堂，势力有多大？手工业、农村集市要研究一下。在调查中，不要出主意，要同地方同志讨论，只提问题，研究材料，不发表意见。

注　释

〔1〕“三北”，指华北、东北、西北三个地区。

---

* 这是邓小平主持中共中央书记处会议研究决定组织工作组分赴各地进行农村调查时讲话的要点。

在北京顺义、密云考察时的谈话要点

（一九六一年四月八日——五月十日）

一、关于机耕问题。

机耕的地方是不是产量要高一些？机耕地的产量应该比一般的地产量高，一定要表现出优越性来。这个优越性不只是表现在节约劳动力方面，还要增加产量。顺义条件好，应该找出一条农业机械化的道路来。不能允许在农业机械化以后不增产，甚至减产。从耕地、耙地到播种、中耕、收割，将来都要实现机械操作。耕耙当然是基本的，现在做到机耕的地方都要保证耕得好，增加产量。农业机械的管理是一个很大问题，要像管理工业企业那样管理农业拖拉机站，拖拉机手的待遇应同工人的待遇一样。你们由县直接经营管理拖拉机的方针是对的。

机械化的优越性要表现在增产上。拖拉机站要搞经济核算，降低成本，提高效率，降低机耕费。要采用工业企业的办法，搞个工资奖励制度，有奖有罚，对保护机车、提高工效都有好处。农业机械化管理，在我们国家还是一门新学问。

二、关于社队规模问题。

看来还是要根据群众要求，把社队规模早些定下来。调整体制时引起的一些问题，如果不能一次全部定下来，可以采取一些过渡办法，农民和基层干部都是有办法的。要尽快把基本核算单位定下来，公社的调整可以靠后一些。春耕大忙季节来了，要用最快和最简便的办法解决这些问题，首先要求不耽误生产。即便现在不能解决，也要让群众和干部知道将来如何解决。

公社规模问题可以慢点解决，可以考虑得充分些。基本核算单位规模问题就要早点解决，迟了不利。基本核算单位过小了也有缺点，群众现在可能还想不到这些问题，人少势就不壮。例如，按照规定，基本核算单位可以抽调百分之三的劳力，如果规模过小，百分之三的劳力就没有几个人，办不了什么事。要把一切利害矛盾都摆出来，让群众充分讨论。如果经过讨论还不愿并到一块，也不要勉强，将来再合并也行。总之要根据群众的意见办事，大中小结合。

至于公社一级的规模问题，如果全县划分为三十多个公社，就有设区的问题，就要考虑到设区好不好，也还要考虑到你们这里交通条件比较好，要不要多一层组织。在研究公社规模时，要联系到水利、机械化、加工业、手工业、商业、供销社等问题来考虑，一个公社总要逐渐形成一个经济中心。

三、关于三包[1]问题。

搞好三包的关键问题是尽早解决体制问题，有些包产单位过大的应当划小。包产单位小一些，就便于比较条件，你瞒不过我，我瞒不过你，包产就容易落实了，当然也要照顾到有产可超。承包单位一划小，包产迅速落实下来，包产指标还会有变化的，可能还会提高，各地这样的经验不少。在奖赔问题上，总的要贯彻一条原则：生产搞得好的多分一些，搞得不好的少分一些，不能剥夺别人的劳动果实。

四、关于分配问题。

只要办法对，领导得好，因地制宜，把社员的积极性调动起来，多劳多得，日子就会很快兴旺起来。

五、关于供给制问题。

三七开供给制并不合乎阶级路线，改为补助五保户、困难户。分配政策基本上是按劳分配，搞三包一奖[2]，评工记分，彻底改造死分死记的办法。

六、关于公共食堂问题。

食堂要多种多样，方针是办好，办得更节约。

公共食堂问题是一个大问题，现在群众的议论很多，要注意一下。吃不吃食堂自愿，吃不吃食堂都给予方便，吃食堂是社会主义，不吃食堂也是社会主义。要根据群众的意愿，决定食堂的去留。“六十条”[3]关于这个问题写得很灵活，从办到不办，形式也允许多样。总之要把食堂办好，把优越性表现出来。要把食堂当作一个企业来经营管理，这是一门学问，可否单独搞经济核算？食堂占用的劳力（包括食堂种菜、养猪、磨面等的劳力）不能多了，多了就不上算，强劳力占多了也不上算，不能超过总劳力的百分之十。

在考虑公共食堂问题时，还要注意到这样两个新条件，一是贯彻执行“六十条”后工分值钱了，一是食堂已有自己的菜地，这两个条件都会影响到人们对食堂的态度。总的是要把生产搞好，将来生活富裕了，食堂可能比现在更好办些。

七、关于粮食三定[4]问题。

粮食三定，应该赶快定下来，首先是把征购任务定下来。同时也定留粮，总的基础还是三包。究竟怎样定？可以提出具体意见。再是在定征购任务时，要考虑到一县之内和一个基本核算单位之内可能出现灾情。所以，县和基本核算单位两级都要留有余地，这样发生了灾荒就有所调剂。全国的规定是：特大灾，中央管；大灾，大区管；中灾，省、地管（以地一级为主）；小灾，县里自己管。这样，多产就要多购些。这个道理群众是会懂得的，问题在于采取什么具体办法。不同地方可以有不同比例，或者规定一个幅度，有个总账。现在农民脑子里想的是多产多吃，但是也得有一条，少产少吃，一直少到最低保命数。不产不吃，他也不会赞成的。

在定征购任务时必须贯彻执行口粮低标准的方针。你们这里定征购任务好办，口粮标准三百斤，不叫低标准，叫作高标准，可以再低一点，例如定到二百八十斤，反正多产多留，只要生产搞得好，实际吃到的口粮比二百八十斤要多。你们现在的口粮标准比南方多数省要高，四川一些生产很好的县，在年景好的年份（一九五六——一九五八年），口粮标准也只是每人每天大米不到十小两〔5〕，一年只合二百斤多一点；江苏是历来生活好的地方，每人全年平均口粮也只是四百斤稻谷，折合大米二百八十斤，大米还不如玉米经饱。所以，你们这里一定要继续贯彻执行口粮低标准的方针。县里留点余地，基本核算单位再留点余地，如果丰收了，全县除了完成国家征购任务四千多万斤外，也可能国家再多要千把万斤。总有一天北京由北方供应粮食，不能老是要南方供应，现在维持这个状况，是为了让这一带的农民缓缓气。

应该肯定，在口粮分配方面，承包单位之间不能拉平。生产下降了，吃不到三百斤口粮，就不能吃三百斤。小灾少吃点，中灾再少吃点，大灾更要少吃。自然灾害是这样，人为灾害更应该是这样。即使某个承包单位减产很多，确需调剂口粮，也只能补够最低标准。总之，不要拉平，差别要相当明显，这样就能克服平均主义，农民就放心了，就能激发他们克服各种灾害的积极性。在社员个人与个人之间，口粮和工分上也要注意这种差别。

八、关于手工业、副业问题。

要研究一下公社的前途问题。公社可以搞工业，自己积累，还可以搞水利，搞机械化，补助穷村。可见，公社很有前途。要把大家讨论的好经验、好办法总结一下，发一批，让群众去选择，启发大家思考。现在县城的手工业、经济生活非常单调。要研究一下过去的组织有什么利弊，有什么需要恢复。有的手工业变成社办工业，到底好不好？现在有些新的领导，工作方法还有问题，要建立一些民主制度，树立民主作风。

手工业行业，人数、品种、数量恐怕比过去少得多了。县城、牛栏山庙会、集市都不怎么兴旺，买卖的品种很少，太单调。社员使用的小农具、日用品缺得很厉害，社员的收入也减少了。这几年来，凡是为基本建设服务的，比如烧石灰、砖瓦窑就发展起来了，为农民服务的有些快消灭完了。眼睛要看五亿农民，要看到你们这里三十多万农村人口，要组织起来发展生产，满足他们需要，增加收入。

把手工业、副业搞起来，社员收入就多了。用什么办法把过去的手工业、家庭副业都恢复起来，数量要多、质量要好。有些人讲，现在手工业没有依靠了，原料没人供了，产品没人给销了。主要的就是过去有人关心，现在没人关心了，自流了。要赶快把供销社建起来，首先组织生产。柳条可以插，苇地经营得好一些，想办法解决原料问题。手工业、供销社有很多方面是相关联的，有些特种手工技术是单一的。有些手工业需要组织起来，有些是分散的，有些在集镇，有些需要串村的，形式多样，有利发展生产，便利群众。手工业怎么集中，怎么分散，怎么发展，公社要很好研究一下，搞个规划，以满足社员需要。

手工业人员有技术，收入分配不合理他不干，收入太多了农民不干。把他们组织起来，可以单独核算，有的可以作为一个大核算单位中的小核算单位，既照顾集体和大多数社员，又必须使他们多收入一些。要把他们的积极性调动起来，组织好，有人关心他们，帮助他们搞原料，搞销路，定出合理价格，搞好评工计分，不断地加强政治思想教育。

现在最要紧的是先组织起来，有些人可以归队，先确定几个人，把机构搞起来，把供销、手工业专管起来。一个行业一个行业抓，先把柳编、荆编、编席等主要行业抓起来，然后再议章程。供销社组织起来，先抓生产。供销社，主要是以基层为核算单位，利润主要归公社，县可以提少部分公积金。国家对供销社，主要是行政领导，研究问题，发些指示。供销社搞起来，商业上的一部分利润就要转供销社了，但是把生产发展起来了，也还要有税收政策、价格政策来调剂。

归根到底要把生产发展起来，把手工业、家庭副业统统都恢复起来，品种要多样。先搞人民群众急需的、有原料有劳力的手工业、副业。物品增加了，市场活跃了，收入增多了，税收增加了，自由市场价格也就稳定了。人心安定，政治影响也好。

九、关于发展山区经济问题。

凡是有山的地方都要迅速发展林木果树。为了调动积极性，可以四级所有：国家、大队、小队、个人。个人分一块山，不出租、不纳税，永远归他个人所有，发展林木。果树要管理，核桃、栗子种多少要做出规划。果产不必都购上来，哪些归小队、大队，哪些归县管，分分级，还要归社员个人一些。密云水库这么大，要发展养鱼业。要注意水土保持。开荒得有个政策，不要烧山。

注　释

〔1〕三包，指生产队实行包工、包产、包成本。

〔2〕一奖，指超产奖励。

〔3〕“六十条”，见本卷第80页注〔2〕。

〔4〕粮食三定，指粮食定产、定购、定销。

〔5〕小两，旧制，一市斤为十六小两。

石油工业布局要便于综合利用*

（一九六一年五月十五日）

石油储量勘探首先要抓东北，这里将来要搞一亿吨。东北如果能勘探到一万亿立方米天然气的储量，就可能解决东北、华北用煤的问题。柴达木的队伍还要撤。现在主要抓东北、华北两点，集中力量打歼灭战，其他地区搞游击战，摸一下情况。大的炼油厂厂址有的可以考虑不放在产油区，放在北京附近或保定以西。以后炼油厂都要搞年产三百万吨以上的，这样便于综合利用。

四川的天然气用不完可输到武汉去，烧天然气干净，空气好。天然气要输到汉口，解决宜都[1]、武汉钢铁基地的问题。输出一百亿立方天然气，就顶二千二百万吨煤，这也是一件大事。首先要满足四川的天然气用量，输气管子质量要好，过江时可修两条管子。以泸州、自贡作化工基地，重庆要解决动力问题，天然气比煤好得多。以后新建企业，最好放在气田边上，就地建电站。川中、川南、川东三地看来都有希望出天然气。气的价值比油高，用气着眼于四川钢厂和宜都、武汉钢厂，如果到一九七〇年，能产五百亿立方的气，两个地区的钢厂都够用了。除此以

---

* 这是邓小平听取石油工业十年规划汇报时谈话的一部分。

外，尽量搞化工，发电基本上用气。

注　释

〔1〕宜都，指宜都工业区，今湖北省宜昌市。

调整国民经济要有通盘考虑*

（一九六一年五月三十一日）

我们总的估计应该是这样，三年来毛病出得很大，问题相当多。但也应当说，我们做了很多好事情，各方面都有成绩，都有了一些积极因素。不管怎样，至少我们把水利搞起来了。当然，水利也有一部分不起作用，浪费了，比如甘肃的引洮上山工程，花的力量很大，发挥效益很小。这样的例子每个地方都有。密云水库则起了重大作用，密云群众对“平、调”[1]意见很多，但对搞水利没有意见，而且很高兴，因为受益了嘛！有些农村工作的经验要好好总结一下，它会发生深远的影响。一些根本性的工作，眼下不能见效，从长远看总是要见效的。工业这几年也采取了一系列的办法，如果不用那些办法，就搞不了这么多东西。这些东西将来总是要长远发挥作用的。不过，如果我们有经验，把工作做得扎实一些，至少有相当大一部分缺点是可以避免的。

去年搞了一千八百四十万吨钢，现在回头想一想，还是得不偿失。为了保钢，挤了民用煤，轻工业用煤也给少了。北方特别是东北的乡村，冬天没有煤是不能过的。烧窑、烧砖、烧瓦，搞轻工业产品，都需要煤。木材也必须多用一些

* 这是邓小平在中共中央工作会议上讲话的一部分。

在轻工业方面。煤矿占用木材多了，火柴就生产少了。北京郊区每家每月给两盒火柴不够用，群众对这个是有意见的。钢铁勉强上去了，其他都上不去，还挤了农业、轻工业，把必要的市场供应也挤了。现在是否还可以用前一个时期的办法来解决今天的问题？我看不行了。从去年起将近一年，我们用“打补丁”的办法解决了一些问题。但是，涉及规模、速度这样一系列带有重大性质的原则问题，看来“打补丁”是不行的。如果再照那个办法，三年调整肯定是不行的。对这个问题没有通盘考虑是不行的。

前一时期，煤的生产上不去，当时情况不明，就说是劳动力缺乏，下乡、回农村的工人太多了，于是我们就来了一个工业内部调整，把力量调去，结果还是不顶事。实际上，叫喊缺人的地方恰恰是人多了。在生产关系方面，不但农村紧张，城市也紧张。我们党与群众的关系、干部与群众的关系、人与人的关系也紧张，紧张的程度有不同，但问题的实质是一样的。这里面也有个所有制问题，生产关系搞乱了，干部职工积极性大大降低。究竟是天灾，还是由于人祸？少奇同志也说过，在一些地区恐怕我们工作上（包括若干政策）的毛病是主要的，天灾不是主要的。

从粮食上暴露出来的问题，实际上是农轻重问题，是重工业速度问题。要加以调整，填平补齐，把力量用到轻工业和农业方面来。粮食问题是很急迫的。全国的粮食生产即使恢复到一九五七年的产量，三千六百亿斤或三千七百亿斤，正常的收购也只能是九百亿斤多一点。一九五七年三千六百多亿斤的粮食产量，征购九百亿斤，养活九千九百万城市人口。就算城市人口一亿，这个比例应该说是比较正常的。现在的情况是，一九六〇年、一九六一年度实际征购七百九十亿斤，而城市人口比一九五七年增加了三千万，逼得我们要进口一百亿斤粮食才能勉强维持。如果现在不采取一些根本步骤，粮食会一年比一年紧张。我们不能靠进口粮食吃饭。进口粮食是实在迫不得已。

现在提出要压缩城市人口，这不仅是解决粮食问题，对工业本身也有好处。这几年，主要是企业事业单位无限制地增加人员，结果劳动生产率降低，秩序很乱。不减人，生产秩序搞不好，调整生产关系也很困难。减人的关键是以中央各部门为主，冶金、煤炭、机械及其他各行各业，凡是多的人都要减。在教育方面，这几年学校办的这样多，增加那么多大学，教学质量是不是提高了呢？学校办大了，教员不够，上课的地方不够，宿舍不够，学生生活搞不好，身体也搞坏了，教学质量怎么能够提高呢？这样搞，不但城市人口增加，而且科学技术水平也不会提高。所以，现在教育系统要认真地把规划大大缩小。科学技术水平不决定于量，而决定于质。关键问题还得靠科学技术人员来解决。人海战术是不能把科学技术水平提高的。比如有些设计院几千人，是不是太大了？

现在不压缩二千万城市人口不行，不关一部分工厂不行，不关一部分学校不行，不关一部分机关也不行。当然，关的时候，要把真正的技术力量保留起来，把老工人保留起来，“从哪里来回哪里去”的原则不适用于这些人。总之，每一个工业部门、事业部门，包括学校、机关，不要想在几年之内一下子搞得很快。要这样想问题，才能有决心把机构减下来，把人压下来。今天，除了参加中央工作会议的同志，还把各部门的同志都找来，就是上面讲的这个问题同每个部门都有关系。压缩城市人口，大家要从全局考虑问题。小道理只能服从大道理。

注　释

〔1〕“平、调”，指“一平二调”，见本卷第53页注〔1〕。

视察东北期间的谈话要点

（一九六一年七月十四日——二十三日）

一

农轻重关系和城乡关系问题，只照顾一头不行。现在都强调加强农业和轻工业，农业和轻工业如何加强，重工业如何减，都不能只顾一头，要有个比例。以钢为代表的重工业，产量从一千八百万吨减到一千万吨是个限度。如果能保住就有希望，太少了也会产生连锁反应。没有钢，轻工业也上不去。保鞍钢是个战略问题，保鞍钢三分之二生产能力是个界限。现在讲农轻重，农轻是上，重是下。要保证逐步地上，逐步地下。过去重工业一马当先，现在不要又在另一方面过分突出，要正确处理农轻重的关系。

供求关系和物资分配问题。物资缺少，分配当中要照顾农村又要照顾城市。东西不足要有不足的分配方法。什么东西要以农村为主，什么东西要以城市为主，要有个比重。农村和城市都需要的应以城市为主。日用品如针织品，要更多地照顾城市，因为城市人口集中。粮食农村要多吃一点，但是如果没有一定数量保证城市的需要，出了乱子会比农村严重。城市不只是个粮食问题，现在职工工资实际上降低了百分之五十以上，蔬菜的价格被自由市场冲击得很厉害。所以，宁可国家补贴，也要维持正常的价格。城市的问题也是工人阶级的问题，不能弄得一肚子怨气，这也是个工农联盟问题。

总之，工农关系、城乡关系、农轻重关系问题要通盘考虑。现在看，用三年时间进行调整是不够的。

二

城市公社的平调与农村有所不同，除平调个人的必须退赔外，公与公之间的平调可以算总账。对过去动员参加生产和食堂的居民，应该说明参加光荣，不参加也光荣，以做到真正自愿。公社工业要整理，实行定员，生产搞得好的给以奖励，愿意回家的就回家。恢复供销社，企业的边角废料由供销社或废品公司统一收购，统一供应。商业和供销社要组织恢复各行各业的手工业生产。现在市场商品品种减少，这几年来只搞大路货，把许多优秀的东西搞掉了，脱离了消费者。传统产品、名牌货，无论如何要保持和恢复。挑担子，修修补补的服务业，主要搞个体所有制。把公社工业与全民所有制的单位分开，公社利润可以作为市里的财政收入，由市统一分配。企业要与公社坚决分开，搞正常的协作关系，这样对双方的经济核算都有好处。市政与企业也可以搞些协作关系，但要等价交换，不能无偿调拨。

城市人民公社，现在问题就是界限不清，经济核算搞乱了。厂社界限一定要划清。大厂办的民用工业，有的给公社，也要单独核算。农村公社的几种所有制不能混在一起，城市公社的几种所有制为什么可以混在一起？城市公社几种所有制混淆不清，对国营企业、公社、社员都不利。城市公社和大厂分开，不会影响生产关系。所有制、相互关系一清二白，等价交换，就迫使自己搞好独立核算，提高生产。工厂可以办学校，但要归市管理，厂、市可以协作。哺乳室、托儿所要在厂内办的，归市管，经费可从厂长基金里拿出来给市。这样，大厂就可真正管生产的事。市政和工厂要分开，职责不同，各办各的事。市政经费全国要统一解决，要从各厂抽税，抽税可列入它的成本。不要把市政建设和厂子生产混在一起，该市管的把钱交市，该厂管的由厂负责。国家要作市政预算。职工家属的工作归工厂政治部或者工会去管，拿钱的事都要分开。企业中的人要一个顶一个，一个钉子一个眼。有病的病养好了再回来。大家都务正业，就好办了。文教、卫生、公共事业都交给政府去管。

工厂办的农场要和工厂分开，搞集体所有制、专业化，完全按农村公社章程办事，讲经济核算，自负盈亏。搞经济核算，产量就会提高。

关于共产主义风格问题，今后主要讲社会主义好了。按马克思的说法，我们就是超越了阶段。一切都要按社会主义原则办事，不要再照顾原来说过的话、办过的事，那是照顾不住的。《农村人民公社工作条例（草案）》[1]将来一公布，农村公社就是社会主义的联社。我们在社会主义阶段只能搞这样高的，再高了就不行。凡是办不到的，不管原来哪个人说的，站不住就改。顾面子是顾不住的，今天顾住了，明天顾不住。

三

工业增长要从提高劳动生产率着手，根本问题是企业管理。对现有工业，要按设计能力定员定额。生产人员要和教育、卫生、副食、生活服务等属于市政工作范围的人员分开，否则，就谈不到经济核算。企业多余人员作为编余处理，老弱病残由劳保福利解决。这样，企业领导人才能专心管企业，不分心。总之，企业问题的解决要从几定着手。定员、定额、责任制、技术政策、工资政策，这些问题解决了，企业才好领导管理。城市人口的定额和城市规模的确定也要由此着手。

企业管理归根到底一定要集体领导，这是根本原则。不是书记专权，也不是厂长专权。多几个人出主意总比一个人好。集体领导有相互监督、相互制约的作用。党的八大〔2〕所规定的管理制度就是集体领导，是根据我们党管理军队的经验提出来的。工业条例对厂长负责制一定要写清楚，包括副厂长、总工程师等的责任制，要规定一套制度。

整顿企业要把选择干部作为重要内容。在整顿中要配备好核心，每一级都要有核心。关于干部的政治条件，过去只从成分上了解是不妥当的，主要是看本人，看现在，技术干部主要看技术。有些技术员实际做了工程师的工作，长期未晋级，这个问题在企业试点工作中要解决，要正其位。企业的调整必须解决骨干问题，必须有德才都比较好的干部作核心，特别是厂和车间两级必须如此。选骨干，不能光看能说会道，要选踏踏实实、实事求是、老老实实工作的人。浮夸风，一部分与上面有关，也确有一部分人是个人主义思想问题。对从苏联回来的人，也要加以了解，使用不当的应加以改正。过去他们的作用未得到充分发挥，没有用好。总的态度是，企业整顿要把选择干部作为重要内容，要从总结经验出发，整顿制度，整顿秩序，整顿作风。

矿区要坚决减人，腾出些人去专门搞副食品，并且搞集体所有制。不要由企业自己去搞，要和企业分开。经济工作就要按经济办法去搞，带着工资去种菜是搞不好的，让他自负盈亏就能搞好。对工业的调整要摸底，搞重点。企业办的学校、副食品基地要和企业分开，托儿所用的钱都要明来明去。这样，企业定的人就精干了。

四

物价问题现在很突出。随便提价就会有连锁反应，就要天下大乱。多少年形成的物价比例关系，改变它要经过精确的计算。自行提价的结果是国家财政收入减少，职工生活费用提高，这也是工农关系问题。自由市场提价是可以的，但要加强管理。国营商业不能涨价，国营市场的价格必须维持在一定的水平，除高级糖果、高级针织品等外，一律要稳住，东西少，宁肯脱销也不能水涨船高。只要国营商业不涨价，群众是可以忍耐一下的，自由市场的东西价格太贵他就不买了。国家一定要按正常价格出售商品，牌价总是那个样，贴就贴一点。粮食是一类物资，都不许农民自由提价出售，国家随便提价问题就更严重。

五

要算算账，研究解决副食品问题的出路。无非是搞白菜、干菜、酱菜、豆类、水产。向海洋找副食品，要研究一下采取什么措施，一年不行，两年实现。要动员菜农和懂得种菜、管理过菜田的干部归队。在菜农中，要实行合理的定额，克服分配上的平均主义，待遇要高一点。要固定菜地，组织专业队伍。可以让精减的城市人口去种菜，搞集体所有制。他们开始收入降低，可以给些补贴。还可多搞些人养猪，搞副食品加工。总之，不搞副食品毫无出路，商业部门要与生产部门共同努力想办法。稳定物价也要解决副食品问题。增强体质，稳定情绪，都必须从副食品着手。城市政策也要考虑搞一点小自由，如个人建房永远归个人所有。

城市选种菜的队伍，第一选种菜有经验的人当干部，第二选老菜农去种菜。工厂减的人就放到这些郊区当菜农，除种菜外，还可养猪、养羊、养鸡、养鸭。前几年主要是城市大发展，对生活问题不注意，只要精神状态一改变，千方百计，生活问题很快就可以解决。

注　释

〔1〕《农村人民公社工作条例（草案）》，即“农业六十条”，见本卷第 80 页注〔2〕。

〔2〕八大，见本卷第 1 页注〔1〕。

在中央工作会议上的讲话要点

（一九六一年九月五日）

关于最近三年的估计。

我们要用实事求是的态度来分析这几年的经验。我们要认识到现在问题的严重性，把问题找出来，才会有好的办法解决。问题出在我们搞过了，出在我们没有一系列的具体政策，办法不妥当。我们现在比过去了解情况了。我们过去处理问题有好多是被迫的，闭着眼睛搞的。这一点，我们应该做自我批评。问题不暴露到一定程度，就了解不到，这大概是一个真理。我们没有社会主义建设的经验，没有经验就是不懂。现在对这一段的问题总算了解得比较清楚了。因为问题暴露得比较突出，也比较严重。病根找到了，办法也就有了，至少办法切实一些，对头一些。共产党总会想出办法的。究竟我们比过去强了，还是弱了？我们比过去稍微懂得多了，还是懂得少了？我相信比过去会办得好一些。对我们的成绩、总的方面、主导的方面，我们要看够。这种统一认识是很重要的。我们各级党委摸了工业，学了工业，总比过去懂得多了一点。错误也是在摸的当中犯的。过去不懂，现在懂了，强就强在这里。书记处在讨论的时候，同志们说，现在党委书记的确是包办一切，变成党委书记负责制了。但是确实有一点好处，就是我们党委、党委书记学会了一些本领。东北组讨论的时候，东北的同志也讲了这一点。他们有毛病、有缺点，这不能全怪他们，因为有些制度不明确。但是，他们学会了工业，对工业比较熟悉了。我们应该相信，今后会前进得更健康，虽然毛病还会出的。

关于三年调整的目标。

就是今年、明年、后年，我们总要有一个积极的目标、积极的想法，积极地去做。现在我们的国民经济实际上是一个半瘫痪状态。我们总不能守住这一点不前进吧！总要结束这个半瘫痪状态，基本上把我们的生产恢复起来，把现有的设备能力恢复起来。

前三年要把调整搞好。实际上，“农村人民公社六十条”〔1〕也是调整，是所有制的调整、政策的调整。当然，在农村中还要进一步解决一些问题，例如农民对他的小块土地有积极性，对于队的土地积极性不高，这是一个大问题。还有一些别的问题，都需要进一步解决。工业的调整是为了前进。退够是为了有利于调整、有利于前进。到今年年底或者到明年第一季度，煤也好，日用品工业也好，钢铁也好，市场、物价、副食品等，各行各业的情况总是要好一点，总是要前进的。我们的精神、想法，总要放到这上面。我们不能失去前进的方向和信心，要积极地干，千方百计地干。

三年调整的具体目标是：（一）粮食。到一九六三年，粮食在中等年景的条件下不再进口。提出这一个设想，就是要死了依靠进口的那条心，全靠自己救自己。现在进口粮食挤了我们很多事情。我们不进口粮食，就可以进口一些好的材料，多进口一点钢、一点橡胶，甚至进口一点棉花和毛条〔2〕来加工出口，换点外汇。这样，我们的外贸就转开了，就有活动余地了。（二）棉花。到一九六三年，棉花产量二千万担，平均每人八至十尺布。从现在就开始着手，办法无非是两条：第一条，种植面积不能过分缩小。穿的问题仅次于粮食，它比副食品问题应该还严重。人造纤维，在今后的计划里必须积极地搞，千方百计地搞。第二条，化肥今后要集中用到棉花上。这也是打歼灭战。（三）煤。到一九六三年，生产二亿九千万吨至三亿吨。如果煤实现这个数字，工业到后年就活了。（四）钢。到一九六三年，达到一千万吨好钢。钢达到一千万吨，可以搞好多东西。（五）日用品。从现在就着手，数量增多，质量提高。质量很重要，不合用的东西勉强拿出去，就会损害消费者的利益。日用品逐年增多，对货币回笼、对人民生活都有好处。（六）副食品。我们要千方百计想办法，要好好抓一抓。比如要解决郊区菜农的所有制问题，以便发挥他们的积极性。我们现在机关、部队、工矿企业都有相当多的菜地，都要认真地搞。我在东北向他们提议把所有制分开，把会种菜的干部调去管菜园子，要定菜农。总之，要千方百计改变副食品状况。（七）外贸。外贸应该改进。今后外贸要搞加工出口，这是最好的道路。（八）市场、物价、税收这些情况都应有好转。粮食、外贸情况改变了，市场情况也会好一些。物价总可以理出个头绪。物价问题不能乱来，不能谁想怎么样就怎么样，实际上现在货币要贬点值。现在物价的比例关系不行，要拿现在的粮食价格的标准，建立各种新的比例关系，要全国统一看，看稳了以后个别调整。物价调整好了，工资也应该调整。

到一九六三年，如果能够达到这样的标准：三分之二的工业开工，市场物价比较稳定，各种收入比较多了，我们的建设就活了。

关于方法问题。

抓重点、打歼灭战的方法能够解决问题。在抓重点的方法下面，稳步地走，一步一步地建立新的比例关系。我们的重点还是要放在煤炭上，使它第一不退，第二能够上去，由它来带动整个国民经济活起来。不抓重点，什么东西都按比例分配，是不行的。现在所谓抓重点，也不像过去那样“一马当先”。“一马当先”是不可能的，但是现在对煤炭确实要大大地注意。煤不能再退了，煤再退，国民经济就可能完全瘫痪了。

“八字方针”〔3〕提出已经一年多了，但是效果见得不多，就是因为到处都在调整，还是情况不明、方法没有找对。

从目前和长远来说，我们提出这样一个想法：两马出头（不是“一马当先”），带动其他。就是一个煤，一个钢（主要是钢的品种和质量）。这两个东西要跑到前面。把钢铁和煤放到前面，比例关系就会活了，前进的条件就会差不多了。按比例也应该有重点。所以，要抓重点，带动一般，两马出头，其他逐步跟上去。逐步按比例向前发展。

我们讲退够，是积极的，不是消极的，退是为了进，退要有个限度，要有一条线。退到保命的限度也就够了，不能再退了，再退就是溃退。

所谓打歼灭战，应该包括各方面。企业整顿，从“五定”〔4〕入手，包括工作作风，一个一个地抓稳，行业调整也要一个一个地抓稳。要使企业真正能够独立经营，独立核算，把责任制搞好，把协作关系恢复起来。总之，我们搞笨办法，一个企业、一个行业、一件事情抓得稳稳的，抓住就不放。原材料的使用，包括煤炭、钢材、农产品和轻工业的原材料的用法，都要打歼灭战。现在原材料有限，要把原材料集中到能最好地发挥经济效益的地方使用。这就是从全局考虑问题。

这里顺便说，过去我也算一个积极分子，想搞经济区，但是想早了，提早了，急了。每一个区域都搞一个独立的经济体系，看来办不到，一个省更不行。这是一件大事，不是那么容易的。

关于集中统一和分级管理问题。

过去有一段，集中统一过分，统得比较死，这里面有相当一部分是不正确的。后来分散，分散的过程当中也有集中，也有集中得不正确的。比如计划，总要集中于中央书记处和计委。但是，计划指标那么高，又不给原材料、不给条件，这就侵犯了企业的所有制。计划指标过高，带来的影响是多方面的。指标高了，首先是"集中统一，分散管理"这八个字就非垮不可。这个时期分散又多了。权力要集中统一到中央和中央局，先试两三年看看，如果见效就再继续下去。集中统一的前提是要领导正确，中央和中央局要搞得对头，错误要犯得小一点、少一点，犯了以后早一点察觉。领导正确的集中统一就可以发挥积极性。

过去集中过多是不对的，后来又下放过多了。当然，要有一定的活动余地。我们这几年的经验，一个是太死，一个是太活。今天总结经验，有四个东西不应该下放：职工人数、工资总额、现金管理、物价管理。比如职工人数，一九五八年的时候，到处都讲没有用人权，于是一九五九年决定下放用人权，那时陈云[5]同志比我们都注意这个问题。他在会上作揖，拜托大家，要各省、市把增加职工的权限很好地掌握起来，并说明加人容易减人难。果然，一加就是几千万人。工资总额也是如此。现在的实际工资降低了，但是工资总额加大了。现金管理也应该总结经验。现在一个厂长或党委书记动笔就是几万元、几十万元、几百万元，这不行。有的同志说："权力这样大，将来不晓得要犯什么罪，出什么乱子。"

还有一个打酱油的钱和打醋钱的关系问题。现在文件上还是打酱油的钱不能打醋。就是说不能拿流动资金去开工厂、搞基本建设，不能从银行贷款，不能把搞基建的钱拿去搞别的，不能把用于生产的钱和用于修配、维修的钱拿去搞基建。银行要检查监督。这几年，城市建设一是没给建设费，二是给了一点，算是打酱油的钱。但是这个钱基本上没有用到城市建设上去，搞别的事情去了。这就是把打酱油的钱拿去打醋了。固然，打酱油的钱不能打醋，但是另一方面，是不是可以活一点呢？在国家预算和国家计划里面，也可以规定一点又能打酱油又能打醋的机动。

这几年，重要企业逐级下放过多了，有些重要企业放到专区、县，出了一些问题。有些企业应该中央直接抓，有些企业应该省里抓，现在要逐级收回。

总之，现在看起来，不从全局出发，就整顿不好、前进不好。越在困难的时候，越要从全局出发。同时，在集中统一下面，要给下面一点活动余地、一点机动，计划指标要留有余地。

关于统一认识。

气要鼓，要在一个目标下积极地干，不要搞得灰溜溜的。要提倡我们党的实事求是的传统作风。要敢讲话、讲真话，脚踏实地做事情。在困难的时候，要勇敢地承担责任。过去那一段，我们中央书记处有责任，指标高了，一下子办不到。我们中央书记处一是改，二是承认错误。现在大问题就是要下决心，就是要积极干，实事求是，讲老实话，当老实人。力争国民经济调整三年初见成效，七年大见成效。

注　释

〔1〕“农村人民公社六十条”，见本卷第80页注〔2〕。

〔2〕毛条，用毛纺原料制成的条子。毛纺工艺中，先要将毛纤维加工成毛条，然后才能纺成毛线。

〔3〕“八字方针”，即“调整、巩固、充实、提高”。一九六〇年九月三十日，在中共中央批转的国家计委党组《关于一九六一年国民经济计划控制数字的报告》中，针对大跃进运动以后国民经济发生严重困难的情况，提出一九六一年要把农业放在首要地位，使各项生产、建设事业在发展中得到“调整、巩固、充实、提高”的方针，后来简称“八字方针”。一九六一年一月，中共八届九中全会正式批准了这个方针。

〔4〕“五定”，指定产品方案和生产规模，定人员和机构，定主要的原料、材料、燃料、动力、工具的消耗定额和供应来源，定固定资产和流动资金，定协作关系。

〔5〕陈云，当时任中共中央副主席、国务院副总理。

管好学习是共青团经常的任务*

（一九六一年十月十七日）

共青团经常的工作是学习方面的任务。学习是青年的共同的基本的要求。还有一个鼓励青年自学的问题。但学习也不能搞得太累。共青团要关心青年的利益，照顾青年的要求，反映青年的意见，不能解决的要解释，但是绝不要批评。现在学生相当苦。对他们提出的宿舍挤、伙食不好等问题，能解决的要力争解决，一时不能解决的也不能批评。宿舍臭虫很多，这个问题是应当可以解决的。

提任务要提广大青年能办的事，要求过高就会脱离群众。比如发明创造只能是少数人的事，不能普遍提出口号。把少数人能办的事变成普遍口号，结果只能造成弄虚作假。对青年人只能讲守纪律、爱学习、道德品质好。讲教育，就是提倡共产主义的风格、品德、思想。讲政策，就是社会主义的，社会主义是共产主义第一阶段。工作不讲条件、劳动不计报酬，这是共产主义风格，要永远讲，这不叫“共产风”。至于工厂不按劳分配，是党委、厂长犯错误。

总之，根本问题是两个：一是共青团在各个岗位中要发挥自己的模范作用，不是搞发明创造等；二是共青团管的是

---

* 这是邓小平在中共中央书记处会议上讲话的一部分。

学习问题，不只是书本知识，还包括思想品格、体质和文化技术等。前一个是在同级党委的统一领导和布置下进行，后一个要有团的系统领导。现在全国公社有五万多个，一个公社应当有一个脱产的团干部。

还有一个很大的问题，就是共青团如何广泛地联系青年。这恐怕是个中心问题。团结面窄，这是一个“左”的东西。团员和进步分子的一个任务，就是去接近中间和落后的青年。团员和进步分子要联合起来，认真地、耐心地做中间和落后青年的工作。工作的好坏，要看对中间、落后青年的工作做得如何。要团结广大的青年，打破小圈子，要搞大圈子。

我们的问题就是搞得太猛了*

（一九六一年十一月一日）

搞社会主义建设的大跃进的经验是我们创造的，但是缺乏一套具体的政策。毛主席多次讲过，单单有总路线，没有具体政策不行。而具体政策，要有经验，有反复，才能搞得出来。比如，怎样搞人民公社？为什么刮“共产风”？就是缺乏一套具体的政策。我们的人民公社，现阶段是社会主义性质的。现阶段，也应该说是一个相当长的时期，我们应该有一套具体政策，来引导人民公社的巩固和发展。但是我们缺乏一套具体政策，速度猛了，当然出现一些不平衡，薄弱环节很多，互相打架。这个问题是发觉得早的。一九五九年庐山会议〔1〕是一个反“左”的会议，是一个调整的会议，当时把钢的指标降低到一千二百万吨，各种指标都是下降的。庐山会议中间钻出一个问题来，就是彭德怀同志的问题〔2〕。于是大家一鼓劲，一九六〇年搞得更猛了。我们的问题就是搞得太猛了。这是人的方面的毛病。这个经验总结是很重要的。

---

* 这是邓小平在全军政治工作会议上讲话的节录。

注 释

〔1〕庐山会议，见本卷第51页注〔1〕。

〔2〕庐山会议前期，中共中央政治局委员、国务院副总理兼国防部部长彭德怀写信给毛泽东，对一九五八年大跃进运动和人民公社化运动中的缺点错误提出了中肯的批评意见。黄克诚、张闻天、周小舟等表示同意彭德怀的批评意见。毛泽东认为彭德怀的批评意见是向党进攻，是右倾机会主义，错误地发动了对彭德怀的批判。在中共八届八中全会上，通过了《中国共产党八届八中全会关于以彭德怀同志为首的反党集团的错误的决议》。八届八中全会后，错误地在各地开展了“反右倾”斗争。一九七八年十二月，中共十一届三中全会纠正了对彭德怀所做的错误结论。之后，对黄克诚、张闻天、周小舟所做的错误结论也得到纠正。一九八一年六月，中共中央《关于建国以来党的若干历史问题的决议》指出：“八届八中全会关于所谓‘彭德怀、黄克诚、张闻天、周小舟反党集团’的决议是完全错误的。”

调整是为了继续前进*

（一九六一年十一月一日）

去年北戴河会议[1]提出了调整、巩固、充实、提高的“八字方针”。“八字方针”主要是调整。调整，就是抓质量。我们不追求钢的数量，主要是把农业搞好，把日用品生产搞好，把设备维修好，把这几年发展的生产能力巩固起来，以便继续前进。我们总要有三年的时间来搞调整，才能把气缓过来。

衣、食、住、行四大项，我们现在一下解决不了，要放到我们以后的长远计划中来解决这方面的问题。这三年内，要注意人民生活中用的问题，明后两年好好地把这个事情搞一搞。用的问题，无非一个是从农业方面来的原料，这方面办法不是很多，但是从工业方面来的原料，完全可以多一点办法。还要注意副食品生产。总会一天一天好起来。

问题是，搞这三年调整气还是不壮。我们考虑下一步搞一个七年计划，把七年计划搞好，大家的气就可以壮起来。七年计划的顺序，第一是满足农业，第二是满足轻工业、日用品工业。七年计划的目标，中心是解决吃穿用，兼顾国防。总之，我们要有雄心壮志，是实事求是、合乎实际、留

---

* 这是邓小平在全军政治工作会议上讲话的节录。

有余地的雄心壮志。

注　释

〔1〕北戴河会议，这里指一九六〇年七月五日至八月十日在北戴河举行的中共中央工作会议。

把好的党风和社会风气恢复起来*

（一九六一年十一月一日）

现在我们气还不很壮。特别是这个时期，我们的社会风气也不很好。作为马克思主义者，要正确地看这个问题。过去我们很多同志批评苏联风气不好，毛主席就说，不要只看到人家有，以为自己没有。还是毛主席有预见。现在我们国内也有风气不好这种情况。这个东西，归根到底叫资产阶级的影响、旧社会的影响。这个影响像灰尘一样，不打扫是去不掉的，而且它又会积起来的。风气不好，好像人穷志短是一个原因。穷就困难多。我们各级干部，也似乎觉得理不直、气不壮，没有抓思想工作。我们军队前几年思想政治工作削弱了，这年把一抓，见效很大。这证明，还要做工作，特别要抓思想工作，做人的工作。前一段我们对这个问题忽略了。忽略的表现，就是在大跃进中，大家就是拼命干，忙于计算数目字，忙于事务，不抓政治思想教育。对坏人坏事不进行斗争，甚至于隐瞒、不讲真话、不反映真实情况。这些风气，不论在党内，还是在群众中，都是很不好的。我们要把雄心壮志恢复起来，要把政治思想工作抓起来，把社会

＊ 这是邓小平在全军政治工作会议上讲话的节录。

风气正起来。现在投机倒把、商店开后门、分配制度混乱、群众得不到东西、贪污浪费、为非作歹、违法乱纪的事相当多，这主要是因为我们没有抓，没有整，没有坚持群众路线、依靠群众来搞。最近开始注意这个问题了，把坏人整了一下，立刻见效，群众普遍非常高兴。前几年，我们的社会秩序是靠广大的群众运动，你不遵守公共秩序，娃娃也要干涉你的，有了坏人，娃娃都可以打报告的。城市里的居民小组、派出所起很大作用。这一套做法都要恢复起来。要跟人民讲清形势。

最近，我们想在农民、工人里面进行共产主义教育。时事政策教育，遵守规章制度教育，也叫共产主义教育。讲纪律，讲人人为我、我为人人，讲顾全大局，也叫共产主义教育。就是要在群众中抓共产主义教育。

归根到底是党。根据毛主席的指示，庐山会议〔1〕决定，要重新教育干部。我们的干部，多少年来就是忙于事务，一天忙得不得了，但事情干得并不那么好。要把这几年的经验好好总结一下。不是搞了一个轮训干部的指示〔2〕吗？下面普遍拥护，特别拥护轮训的方法。有十三个“不”〔3〕，无非是不作记录，不戴帽子，不抓辫子，不开大会，不作检讨，不搞鉴定，不交笔记本子，等等。实际上，这就是毛主席在延安领导整风的方法，就是要大家坐下来冷静地想一下，搞通思想。共产党员，特别是共产党干部，首先要实事求是，要讲真话，要当老实人。现在当老实人不容易，都不大愿意当老实人。其实，革命就是当老实人干出来的。战争期间，为了我们的事业，牺牲性命都不顾，那不是老实人吗？不老实的人，是让别人丢性命。顾全大局，顾全整体，这是老实人。如果没有这些，还叫什么共产主义风格？还叫什么共产党员？怎么带领人民、教育人民！归根到底，是把我们传统的党风恢复起来，把好的社会风气恢复起来。越困难的时候，越要注意这个问题；越困难的时候，越要有志气。因此，现在中央决定，要在人民当中进行教育，在我们党里面重新教育干部，转变一下风气。

注 释

〔1〕庐山会议，这里指一九六一年八月二十三日至九月十六日在庐山举行的中共中央工作会议。

〔2〕轮训干部的指示，指一九六一年九月十五日中共中央《关于轮训干部的决定》。

〔3〕十三个“不”，指中共中央《关于轮训干部的决定》中提出的：不作记录，不进行重点批判，不开大会，不搞思想检查的典型示范，不得采取强制接受意见的压服办法，不戴帽子，不抓辫子，不打棍子，不要去涉及生活细节，不作思想政治排队，不写思想总结，不作鉴定和不交学习笔记。

全党要立志气顾大局*

（一九六一年十二月十一日）

农业会议〔1〕解决了一系列的问题，但是有两个问题没有认真讨论。一个是思想问题，包括对农民的思想教育，这是一切工作的基础。另一个关键问题是，明年要保证全国征购粮食八百二十亿斤、棉花一千六百万担，如果做不到这点，国家计划、社会主义优越性都是空的。

总结过去的工作，应当肯定成绩，指出缺点错误，要把过去的经验教训统统摆出来。对缺点错误，中央书记处首先要负责，因为许多事情是中央点了头的，其次才是各省、区的责任。在农业方面，可能中央要负的责任多一点。这些问题在庐山会议〔2〕上已做了总结。总的说是做过了头，快了一些，快就有些毛糙，带来了困难，很多问题发生连锁反应，造成被动。准备用三年的时间把它扭过来，争取一九六二年缓过气来，如果时间不够，加上一九六三年，把工作基本调整好，再继续前进。

党的干部，首先是高级干部，要有个理想，就是还要前进。调整不是消极的，而是调整好了要继续前进。

---

* 这是邓小平主持中共中央书记处会议听取全国农业工作会议情况汇报时讲话的主要部分。

现在的状况是，一讲具体落实，就斤斤计较眼前细小的局部利益，缺乏一个理想、目标、信心。现在问题是要站稳脚跟，把各方面调整好。关键是把农业搞上去。农业要保证工业、保证市场物资的供应，农业生产上不去，什么都不行。要缓过气来就得来个总的调整。所谓总的调整，包括工资、物价、货币的调整。货币的调整，包括它的发行和数量的调整。没有这样一个整体思想，零零星星是不能解决问题的。如果分散作战，各自为政，各想自己的一套，就不能解决问题。

工业现在拿不出足够的产品同农民进行交换，特别是农民需要的东西不能供应。我们的方针是积极解决，但是不能很快见效，要到一九六五年才能达到这一个目标，从现在起还有四年的时间。四年是否会搞得好，又决定于农业的生产，看农产品提供的原料，包括粮、棉、油、麻、烟、茶和海南岛的橡胶等等。有了这些原料，经过工业加工，工业品多了，换来的农产品也可以增加，财政收入也可以上去，国家才能好转，这样才能讲社会主义优越性。现在有什么优越性？前几年可以吹，现在不能吹。主要是我们短期搞得不好，这是个曲折。如果农业方面不能保证国家必需的粮食供应，我们就得靠进口粮食吃饭。这样大的国家靠进口粮食吃饭就永远翻不了身，就没有前途。这种说法一点也不夸大。现在有些地方老百姓没有衣服，出不了门。但棉花生产多少、收购多少，许多人就不想了。大家不肯干，还有什么希望。后年收购两千万担，大家要有这个志气。现在要全党立志气，这是第一件大事。

第二件大事是照顾全局。从整个国家着眼，从全局出发，局部为了整体，部分吃点亏，当老实人，我们就有希望。革命事业都是老实人、不怕吃亏的人干出来的。现在的状况不是这样，有分散主义，长远、整体的问题想得很少，总是束缚在当前狭小的目标上，没有远大的眼光和志气，斤斤计较，甚至损人利己。怕当老实人，怕吃亏，打埋伏，还美其名曰“群众观点”。没有国家兴旺，还有什么群众观点？不愿意当老实人，日子就不好过了。前几年浪漫主义太多，现在是实用主义多一点。这是在困难面前，受了资产阶级思想的侵蚀。这是党内存在的一种思想状况。现在农业状况比工业好，城市工业原料不足，工人生活很苦，干部健康状况下降。城里人就靠几十元工资养活全家，他们的日子不好过。农副产品不拿到城市来，工业就发达不起来，还是翻不了身。我们过去搞征购确实有搞过头的地方。抓征购是要在农业增产的基础上，否则是不行的。

讨论粮食生产，你们要想一定要完成任务。要研究粮、棉、油、麻、烟、茶等包死的项目和数量，离开了这些具体要求，等于说空话。

要提倡共产主义风格，讲一点共产主义觉悟，讲全局，讲有无志气的问题。中央与地方、整体与局部、全部与部分的关系集中表现为中央与地方的关系。现在中央与地方的矛盾相当突出，这点不必回避。中央与地方这个矛盾不解决，就没有集中统一，就没有全局，就要停滞多少年。这个矛盾如何解决？应该强调集中统一，强调全局。全党服从中央是核心。强调集中统一，中央就是错了，纠正也快，也比各自为政强。现在各有打算，纠正错误就困难。讲的数字不真实，说的困难不真实，这怎么能行！说到加强集中统一，有的口头赞成，心里不赞成，或者形式赞成，实质不赞成，就是要维护自己那点小天地。一个县委一个小天地，一个企业一个小天地，不解决这样的问题怎么能行？实际上弄虚作假的不是工人、农民的问题，也不是普通党员的问题，主要是干部，包括省的也包括中央部门的干部。这种作风坏得很，要下决心把这种作风改过来，至少高级干部，中央和省的干部要改过来，再把县的干部搞通了，就能解决问题。

什么叫发挥地方和部门的积极性？集中统一，能不能发挥积极性？是不是就打掉了积极性？这是一个原则问题。解放战争时期，中央领导高度集中，大家分若干战场作战，是不是就没有积极性了？

这次会议关键是两条：一是搞通思想，有前途，有志气，有觉悟，有共产主义风格，有整体观念；二是作为部分来说，要考虑如何保证国家前进必需的东西。学会当老实人，学会吃亏。

注　释

〔1〕农业会议，这里指一九六一年十二月在北京举行的全国农业工作会议。

〔2〕庐山会议，见本卷第122页注〔1〕。

大呼隆是违反群众路线的*

（一九六一年十二月十一日、十八日）

一

什么叫群众运动、群众路线？这要当个理论问题来解释。群众运动是群众路线的一种形式。这里所讲的群众运动，是指做好一个中心工作，解决一个关键性的问题，不是事事搞运动，不能天天搞运动。每个运动总有一个具体内容，如造林等。这样的群众运动是合乎群众路线的。不能一年三百六十五天都去搞运动，而是抓住关键解决某个重大问题才搞一个运动。运动规模也有大的、小的、各种形式的结合。真正要注意的还是群众路线的问题。大呼隆是违反群众路线的。这些年搞了一些蠢事，如“大兵团作战”，我看不是群众路线。大呼隆违反群众意志，许多群众是被形势所逼，不自愿的，只是形式热闹。总之，一要运动，二要合乎群众路线。我们党的优良传统就是群众路线，不能一提群众路线就是搞运动。

（一九六一年十二月十一日主持中共中央书记处会议听取全国农业工作会议情况汇报时讲话的节录）

---

* 这是邓小平两次讲话的节录。

二

群众路线是党的传统，群众运动要在经常性的一点一滴的工作基础上去搞。有些群众运动不合乎群众路线，违反了群众路线。总之，应当从全局出发，看到前途，艰苦奋斗，做老实人，办老实事，说老实话。

（一九六一年十二月十八日主持中共中央书记处会议听取全国工业工作会议情况汇报后讲话的节录）

长远规划要以解决吃穿用为中心*

（一九六一年十二月二十一日）

我们现在提出了一个明年的任务，提出了一个七年到十年的长远计划。七年到十年，我们的目的是搞什么，解决什么问题呢？分三段：第一段是到一九六三年，第二段是到一九六五年，第三段是到一九六九年。以后那三年就不说了。

到一九六三年，就是庐山会议[1]提出的三年的调整，这是为了前进打基础。具体来说，就是达到：一千万吨钢；二亿八千万吨到二亿九千万吨煤炭；粮食自给，不进口，粮食征购八百六十亿斤，上交中央一百八十亿斤；棉花产量二千四百万担的样子，收购二千万担。毛主席说，明年这一年的工作至关重要。这次会议要好好议一下，要统一认识，步调一致，在这个基础上前进。

计划七年也好，十年也好，都以解决吃、穿、用为中心。我们是个大国，人多，不把计划放到解决吃、穿、用，解决人民的生计这样的问题上，是要犯错误的。这两年我们已经吃了苦头。吃、穿、用基本上要从现在到一九六五年这四年间解决。这是讲基本能过得去，很丰富还不能说。譬如

---

* 这是邓小平在中共中央工作会议上报告的第二部分。

粮食，计划提出，到一九六五年的时候每人口粮四百六十斤，国家每年能够有一二十亿斤的储备，多了不敢想。总之，以吃、穿、用为中心来制订我们的计划。工业也是首先为吃、穿、用服务，其次兼顾国防。当然，要搞吃、穿、用，不搞重工业不行，不搞重工业满足不了。到一九六五年，布还是要配给，保证每人十四尺布。那个时候，合成纤维、人造纤维比较多一点了，耐用一点，也好一点。

到一九六九年是个什么目标呢？到一九六九年建成我们整个的经济体系、工业体系。至少可以自己搞年产四百万吨钢的从采掘到轧钢的设备，每年可以搞十几套的化肥设备。那个时候，我们的机械制造能力和水平，包括钢的品种等等，能够独立解决问题。大体上，一九六九年的目标是：钢二千五百万吨，煤四亿二千万吨，粮食四千五百亿斤到五千亿斤，可以征购原粮一千三百亿斤，国家可以有二百亿斤粮食的储备。棉花产量可以达到四千万至四千五百万担，每人的布票可以搞到二十二尺，而且布的质量要好一些。到那个时候，日用品应该说是基本满足了。如果我们的钢、棉、粮能够达到这个水平，我们的机械制造能力等等能够达到这个水平，我们就真正叫独立自主了。这是一个设想，一个目标。

注　释

〔1〕庐山会议，见本卷第122页注〔1〕。

我们要搞好，还是要抓党*

（一九六一年十二月二十一日）

我们要搞好，还是要抓党。究竟怎样具体分析党的问题？我提出这样几点：

（一）要立志气。我们这个党向来有志气，一九二一年那个时候就有志气，建党搞革命那个阶段我们都是有志气的。我们的老祖宗马克思，他就有志气，要共产主义在全世界胜利。过去我们志气太大了，最近志气又太小了，所以，有一个立志气的问题。

（二）要加强纪律性。毛主席在西柏坡说："军队向前进，生产长一寸，加强纪律性，革命无不胜。"[1]现在我们搞事情，也有个加强纪律性的问题。

（三）要强调统一领导，克服小天地。现在小天地太多了，全国几十万个小天地。拿全国来说，是中央集中统一领导的问题，拿一个省来说，强调统一领导也有这个问题。这种情况是不是合乎实际？县对省，有他的一个小天地。县就那么集中统一呀？他们下面没有小天地呀？要强调统一领导，至少这个阶段要强调集中统一领导，而且不只在全国范围强调中央集中统一领导的问题。现在权力下放过多，一个

---

* 这是邓小平在中共中央工作会议上报告第三部分的节录。

县委、一个企业的权力大得很，抓不住了。这里还要说一下，分片包干的方法不好，这种方法实际上没有集中统一领导，也是一个小天地，是助长各自为政的办法。

（四）要有全局观念。现在我们提倡全局观念。全党要有全局观念。毛主席过去多次强调，我们红军中的伙夫都有战略观念，有全局观念，他不讲战术问题，他关心的是战略问题。长征中，他不是问究竟今天有没有吃的，他是问究竟往北走，还是往南走。毛主席这个话，我们在座的人不晓得听了多少次了。现在这一个阶段，我们觉得，全局观念有所削弱。斤斤计较，从局部出发看问题，从局部出发提问题，这种情况不是所有的人都有，但是这个问题相当严重。要统一领导、统一思想、统一行动。要有全局观念。

（五）要提倡实事求是。这几年，我们有好多事情不是实事求是。我们要在全党提倡当老实人，说老实话，做老实事，实事求是。拿共产党员的党性来说，就是当老实人，说老实话，做老实事，就是宁肯吃亏。有了这一点，就有全局观念。比如我们二野，哪一个考虑过让陈老总〔2〕的三野多背一点，我们少背一点呢？哪一个也没想过。我们之所以打胜仗，革命之所以胜利，就是大家愿意当老实人，自己多承担一点任务，愿意多吃亏。这是我们过去多年的作风，这就是实事求是的作风，也是一种革命气概，也是一种全局观念。这几年，大家各搞各的，自己总是有个后手，在自己那个摊摊里面顾虑得多。不是讲所有人有这种现象，至少这种现象值得严重注意。在最近的会议上，我发了一套议论，究竟资产阶级影响在我们党内有没有？譬如以邻为壑，自己不愿意多吃亏，这些现象是不是资产阶级思想的反映？我说，这是资产阶级思想的反映。实际上，这也是一种实用主义。

（六）要搞群众路线。我最近有这样一个感觉，就是群众运动同群众路线的概念没有搞清楚。这几年往往都提群众运动，而我们党的作风是群众路线的作风，强调的应该是群众路线。这样说法妥当不妥当？要研究一下。群众运动只是群众路线的一种形式。有时群众路线要一个人一个人做工作，有什么运动？最近听共青团汇报的时候，我跟他们说，团要做踏实的工作。团喜欢热闹，越热闹越好。我说，那种形式也要，不拒绝那种形式，为着解决某一个问题，来一个短期突击，这种运动经常有的，但是要实事求是，不是全国统统搞一个形式的运动。有全国搞一个的，比如镇压反革命，比如禁鸦片烟，那是全国性质的运动。但有许多群众运动，应该是这里搞这个形式的群众运动，那里搞那个形式的群众运动，而更大量的是踏踏实实地细致地工作。比如在学校中，团做什么工作呢？团结中间，争取落后，一个人一个人去跟他们交朋友，去改造他们，帮助他们，这是群众路线。有时开大会吼几下也是可以的，但不是所有吼几下都叫群众路线。我们过去好多群众运动是违反群众路线的群众运动。我们有好多“大办”，有些“大办”是违反群众路线的群众运动。现在有个信任群众的问题，越到困难的时候，我们越要信任群众。比如粮食征购任务、棉花征购任务，真正跟群众讲清楚，群众是愿意拿出来的。我们过去有一段把农民的觉悟看得过高了，但是也不要看得过低了。对工人也是如此。有些问题真正讲清楚，群众苦也会自己刻苦耐劳，省吃俭用拿出一点来给国家。而我们许多人着眼于指标数目字，细致的群众工作就做得不够。是不是真正相信群众，信任群众，跟群众真正讲清形势了，究竟一个支部怎么做工作，一个县委怎么做工作，很值得研究。

（七）要严格党的生活。现在，我们要严格党的生活，包括马列主义、毛泽东思想的教育，党规、党法、党性的教育。

总之，归根到底，还是要把毛主席所概括的我们党的为人民服务的作风、理论联系实际的作风、批评和自我批评的作风恢复起来，发展起来。

注释

〔1〕见毛泽东《再有一年左右时间即可从根本上打倒国民党》（一九四八年十一月十一日），《毛泽东文集》第五卷，人民出版社 1996 年版，第 194 页。

〔2〕陈老总，即陈毅，当时任中共中央政治局委员、国务院副总理兼外交部部长。

为广西龙州革命烈士纪念碑题词

（一九六二年二月十九日）

革命胜利的果实，是烈士们的鲜血凝成的。

红八军和人民革命先烈们的丰功伟绩，永远活在我们的记忆里。

邓小平敬题

监察工作要加强*

（一九六二年二月二十八日）

最近有人提出恢复政府监察机构。监察工作要加强，这是肯定的，问题是用什么形式。中央各部委可以派监察小组，省可以在所属机构设监察小组。

各级监委基本上是专职，少量的是兼职。所谓专职，就是从现有机构中抽一批人，少数人是壮丁，多数是年老的同志。这些人有威望，又不陷在日常事务中。这批人不做别的，就是到处跑，保护好人，同坏人做斗争。中央也可以搞三五十人到处跑，对压制民主、分散主义专门去查，什么都可以管。将来可以考虑由党代会产生中央监委委员。生活待遇按原有级别，政治待遇、看文件、开会同中央委员一样。省、市、县都应如此。监委委员现在仍由党委会产生，受同级党委领导，服从上级监委指导，要多强调同上级监委关系的一面。撤销监委委员，要经上级党委批准。各部监察组成员列席部讨论重大问题的党组会，看部的文件，日常事务可以不参加。

要搞一个监委委员的守则。权这么大，随便讲话，随便斗争也不行。

---

* 这是邓小平在中共中央书记处会议上讲话的一部分。

农业抓具体政策和措施，工业抓企业管理*

（一九六二年二月二十八日）

农业问题还是抓具体政策和措施。对农业生产形势摸总底，还是要到秋收才能看清楚。

关键是搞生产，缓过气来，让农民把生产的东西拿进城。要把渠道搞通，千方百计搞东西同农民交换，把农民手里票子拿回来。要下决心少搞点铁、钢，多拨木材给农村，赶快解决中小农具。关键是采取什么办法搞东西同农民交换，包括拿外汇进口的东西同农民交换。各部都要想办法，交换农产品的生产要落实。支援农业的措施，谷牧〔1〕要检查一下，及时给中央写简报传阅。要说明一项一项的措施办了没有，效果如何，有何困难。

工业联系精简，还是搞“工业七十条”〔2〕。首先把直属企业搞好。有了“工业七十条”，生产规模就好定。“工业七十条”的核心是责任制度、核算制度和协作制度，必须以“五定”〔3〕为基础来减人。“工业七十条”已有很多试点，没有不赞成的。中央铺开，地方就照样做了。工业生产上不去，先整秩序。不搞企业管理，一百条也没有用。

---

* 这是邓小平在中共中央书记处会议上讲话的一部分。

注 释

〔1〕谷牧，当时任国家经济委员会副主任。

〔2〕“工业七十条”，指一九六一年九月中共中央制定的《国营工业企业工作条例（草案）》，全文共七十条。针对一九五八年大跃进运动后企业出现的生产秩序混乱、瞎指挥、乱操作、设备损坏严重、经济效益很差等问题，“工业七十条”草案明确规定了国营工业企业的性质和基本任务，要求建立和健全必要的责任制和各项规章制度，强调计划管理、按劳分配、企业经济效益和职工物质利益等项原则。

〔3〕“五定”，见本卷第113页注〔4〕。

精简中涉及的政策问题*

（一九六二年五月十七日）

统战是长期的，是三大法宝之一。现在政治形势好，也是统战工作做得好。要恢复建立一套统战的经常工作，包括机构。统战、民族、宗教、工商、侨务、知识分子、政协等等，恢复原有的经常工作，保留原有的一套组织，原则上不削弱，工作熟练的干部归队，加强质量。个别地区干部减少，不等于削弱统战工作。

精简中涉及的问题，资产阶级分子原则上不下乡，个别自愿的可以。对右倾分子平反摘帽问题，中央已有通知[1]，搞错的一律取消。县一级下边的平反一揽子解决，县以上的一个一个地搞。右派一个个摘帽，当然不是一律摘。摘帽后如何安置，要专门研究，议一个方案。右派家属子女，一定要一视同仁，不受右派牵连。这次招生、毕业分配都讲了。统战部文件上要综合写清楚。

精简中，党外人士完全不减不行，但中上层一定要安排，不降低待遇、生活，可以从企业转到工商联、政协。生活困难的，要用互济金帮助。企业中可以组织顾问团，当专

* 这是邓小平主持中共中央书记处会议听取全国统战工作会议和全国民族工作会议情况汇报时讲话的要点。

员，原则是继续包下来。这是一个安定问题。保留各级政治学校。人大代表、政协委员，按原来比例，两会名额可扩大，我倾向三千人，这样每县就会有一个。总之，精简对外强调一视同仁，但处理不要太急，逐步搞出路。

注　释

〔1〕这里指一九六二年四月二十七日中共中央《关于加速进行党员、干部甄别工作的通知》。

对教育调整的意见*

（一九六二年五月二十一日）

把提高各级学校教师质量作为这次调整的重要方面。精减县、镇小学教师，把大中城市的好老师放到县、镇（保持原待遇），包括好的高中毕业生。把这两点作为提高质量的重要方面，教育部门要做很多的考核和组织工作。

中等技术学校一定要各部门负责处理。哪个部门办的，哪个部门负责处理，中央归中央，地方归地方，不能由教育部负责。大专学校毕业生的就业包下来，问题不大，有问题的是中专毕业生，统统回农村不行。

高中毕业生尽量找就业出路，加以训练，当学徒，搞会计、统计。

中专，肯定停几年不招生。初中毕业不能升学、不能下乡的，用业余学校办法学点技术。业余学校办得很好的，可以轮训技工。大量的技工应是厂矿自己培训。厂矿办学，一是归地方；二是不算它的建制，设备、经费、房子等所有都归厂子出；三是教育管理归教育部门。支出用企业的工会福

* 这是邓小平主持中共中央书记处会议讨论教育部党组《关于进一步调整教育事业和精减学校教职工的报告》时讲话的要点。

利文教费。

广播学校要继续办，但招生要改变铁饭碗的章程。

国营农场要独立核算搞多种经营*

（一九六二年五月二十六日、二十八日）

国营农场的管理体制是农垦部—农垦管理局—农场。农垦局是管理机构，可管几十个农场。每一个农场以能管好自己的生产为原则。场是生产单位，中心是搞好农场的生产。农场独立核算，同地方、上级领导机关的关系，完全按照全民所有制的原则办，任何人都无权动用场的财政、物资、产品，不得妨碍场的独立核算。

东北的农场应当分小点，大了管不住、不好管。场小一点好经营。农场的形式，由于地形不同、条件不同、机械化程度不同、作物不同等，不能一律。各地可有大中小不同的场，但一定要多种经营，多搞副业，多安排点人。应当根据各地成功的经验来建农场。另外，还可以进行试验。场以大队为核算单位，机械归大队使用，场方管修配。

国营农场要严格定员，不允许有专业的文工团等非生产人员。所有多余人员，都可以拨一部分土地给他们，搞专业的养鸡、养鱼等集体所有制，同农场作等价交换。托儿所、

* 这是邓小平主持中共中央书记处会议讨论国营农场工作条例时讲话的要点。

小学也要单独核算，宁肯补助，也不要放在场的经济核算之内。

国家应像瑞士一样，规定一条法律，列入民法，不管是集体的、个人的，还是国家的，砍一棵树，要赔种三棵。先从国营农场造林搞起。每场规定造林任务，年年搞造林计划，搞苗圃帮助社队造林。

怎样审查干部*

（一九六二年七月二日）

党内问题搞细节，东拣西拣都放在档案里，搞得大家谨小慎微，没有好处。今天记一句，明天记一句，东一点，西一点，是害我们自己的。要讲清大是大非问题。审干，所有生活细节都不准列，包括说了几句什么话等等。说话不可能一句不错。看干部，要看整个历史，主要从重要关节上看，不看细节。档案要简化。

党委、组织部要注意一下，现在平反，对翻案问题要区分清楚，否则没是非观了。要实事求是，不能什么都一风吹。平反，对群众性的问题，一风吹；对干部，要实事求是，严一点。现在看，我们党恐怕要过几年整一次。要注意保护积极分子，吸收一批积极分子入党。还有恢复职位问题，处理复职的原则，是要给各级党委造成顺利工作、克服困难的条件。不把已经平反的人调开，碰到一起，一谈问题，就涉及历史，就扯不清。

---

* 这是邓小平主持中共中央书记处会议讨论干部平反工作时讲话的要点。

哪一种方法有利于恢复农业生产，就用哪一种方法*

（一九六二年七月二日）

恢复农业，相当多的群众提出分田。陈云[1]同志做了调查，讲了些道理，提出的意见是好的。

现在所有的形式中，农业是单干搞得好。不管是黄猫、黑猫，在过渡时期，哪一种方法有利于恢复生产，就用哪一种方法。我赞成认真研究一下分田或者包产到户，究竟存在什么问题，因为相当普遍。你说不好，总要有答复。对于分田到户，要认真调查研究一下。群众要求，总有道理，不要一口否定，不要在否定的前提下去搞。要肯定，形式要多样。公社、大队为基础都可以，不要轻易否定一种。但现在大队是少数，小队也发生了问题，不如包产到户。分田到户也有好的。过渡时期要多种多样，退的时期退够才能进。

总之，要实事求是，不要千篇一律。这几年就是千篇一律。

陈云同志也赞成多种多样，他提出分田单干允不允许？是否就是不好的？

如何帮助农业，主要搞哪一种技术，如在平原打一批

---

* 这是邓小平主持中共中央书记处会议讨论农业问题时讲话的要点。

井，国家搞这样的事，很可能见大效。这样的问题要认真考虑，列入计划。

注 释

〔1〕陈云，当时任中共中央副主席、国务院副总理。

党的建设就是要严*

（一九六二年十一月二十二日）

农村的党支部还是建立在生产大队，不要建立在生产队。建立在大队，支部可以超脱一些，可以更多地搞政治、抓思想。生产队够三个党员的成立小组。不够三个党员的成立党员、团员混合小组。我们历来都是以村为单位建立支部的。

农村的组织形式，要坚持公社相当于乡，大队相当于行政村。这两级主要是党的和政权的领导机构，不管分配，少管经济，主要搞政权工作。生产队搞生产。生产队建立支部，实际上是降低党的水平。要严格控制发展党员，党员发展多了，实际上是降低党员的质量。

基层干部，当两年要换一下，改选一下。一个支部书记能连选连任几次，作为一个问题提出来。要能上能下，能领导，也能受人领导，能当支部书记，又能当农民，参加劳动。不能让他形成一个独立的势力。抗日战争时期，我就提出过这个问题。也要相应地考虑其他的基层组织，如工矿企业的基层组织等。要规定干部几年换一次。总之，干部要能

---

* 这是邓小平主持中共中央书记处会议听取组织工作座谈会情况汇报时讲话的一部分。

上能下，不要使他们搞久了成了一霸。很多变质的就是这个道理。

中央直属厂矿企业的干部管理权限可以收回来，统一起来管。干部管理权限收回一些是必要的。干部管理不能分散。所谓收回，就是中央要收回一部分，中央局、省、市也要收回一部分。这几年干部管理权下放多了，毛病很大。

干部的安置问题，不只是老干部的问题，有些县委书记是解放以后参加工作的，这些人也难处理，要逐步安置，不要性急。

可挑选一批好的干部组成工作组下去，帮助把公社办好，包括技术改革，上山下海，草场放牧。也可以下去担任实职。不是所有的公社都派人去，只是一部分公社派人去。下去本身就是锻炼干部，包括改变生活方式。这件事要认真做。

交流干部，不能由下面去搞，要由上而下搞。省一级的干部，由中央提出，由中央组织部提出计划，提出名单。有的省的干部十几年没有动，调一下好。一省范围内的干部交流，包括县委书记由省考虑。哪里问题多，就先解决哪里的问题，无非是一调出，二调进。中央直属企业的干部也要交流。

总之，执政党如何进行党的建设，这个问题大。党的建设就是要严。真正的问题是干部问题。

为韦拔群烈士题词*

（一九六二年十二月）

韦拔群[1]同志以他的一生献给了党和人民解放的事业，最后献出了他的生命。

他在对敌斗争中，始终是英勇顽强、百折不挠的。他不愧是无产阶级和劳动人民的英雄。

他最善于联系群众，关心群众的疾苦，对人民解放事业，具有无限忠心的崇高感情。他不愧是名符其实的人民群众的领袖。

他一贯谨守党所分配给他的工作岗位，准确地执行党的方针和政策，严格地遵守党的纪律。他不愧是一个模范的共产党员。

韦拔群同志永远活在我们的心中，他永远是我们和我们的子孙后代学习的榜样，我们永远纪念他！

邓 小 平

一九六二年十二月

---

* 这是邓小平为纪念韦拔群牺牲三十周年的题词。

注　释

〔1〕韦拔群，广西东兰人，长期领导广西东兰农民运动。一九二九年参与领导百色起义，曾任中共右江特委常委，右江苏维埃政府委员，红军第七军前敌委员会委员、第三纵队司令员、第二十一师师长，中华苏维埃共和国中央执行委员。一九三〇年十月红军第七军主力离开右江苏区后，率百余人在右江地区坚持游击斗争。一九三二年十月牺牲。

为雷锋同志题词

（一九六三年三月）

谁愿当一个真正的共产主义者，就应该向雷锋同志的品德和风格学习。

邓 小 平

为《广西革命回忆录》续集题词

（一九六三年三月）

用革命的事迹来教育我们的子孙万代，像我们前辈那样，像我们的先烈那样，永远当一个革命者，永远当一个为人民大众的集体事业服务的社会主义者，永远当一个共产主义者。

邓 小 平

社会主义这个历史时期应该是很长的*

（一九六三年五月三日）

对社会主义这个历史时期，赫鲁晓夫[1]看得很短，我们认为应该是很长的。在一个国家内可以建设社会主义是肯定的，但在一个国家内建设共产主义是否可能？赫鲁晓夫说生产水平赶上美国就可以达到共产主义。按照马列主义的原则，最终要消灭三个差别：工业和农业的差别，体力劳动和脑力劳动的差别，城市和乡村的差别。这些差别没有消灭，怎么能进入共产主义？看来社会主义是一个独立的很长的时期，这不仅因为有国内因素，还有国际因素。

注　释

〔1〕赫鲁晓夫，当时任苏共中央第一书记、苏联部长会议主席。

* 这是邓小平同朝鲜劳动党中央委员会委员长金日成会谈时谈话的节录。

要为第三个五年计划创造条件*

（一九六三年七月三十日）

毛主席指示，三年调整，重点是巩固、充实、提高。增加品种，学会管理，填平补齐，成龙配套，提高质量，提高劳动生产率。今后三年，必须创造条件，为第三个五年计划做好准备。每个行业都要确定重点是什么。

计划要把主要奋斗目标搞出来，要把后年的工业指标、农业指标、财政收支、采掘工业达到什么水平搞出来。今后三年，要把一些“尾巴”好好解决一下。

基本建设是真正的基本建设，不要把各项费用、设备更新统统包括在内，要老老实实，有多少就是多少。要搞一个城市规划，列入基本建设项目。几年搞完，定了后交给市里管。沈阳市的烟雾那么厉害，为什么不能消灭？另外，再搞一个工厂的规划，定了以后，也交给市里管。

铁路换轨为什么明年搞三千公里、后年搞三千公里？现在就搞。今年下半年就搞一千公里，免得天天提心吊胆。

要研究外贸两年以后的变化。再过两年，外债都还完了，每年可以省五六亿卢布。到那个时候，进口和出口一些什么东西，要联系国家建设，搞个规划。

---

* 这是邓小平同中央及有关部门负责人讨论工业问题时谈话的要点。

什么是创造性地发展马克思列宁主义*

（一九六三年八月一日）

所谓创造性地发展马克思列宁主义，第一，要探索和研究马列主义的普遍真理。第二，就是要根据自己的实际情况运用马克思列宁主义，把马克思列宁主义的普遍真理同自己的实际情况结合起来，自己提出政策、方针和路线。任何一个国家的革命，都只能由这个国家的马克思列宁主义者自己来解决。这是我们面临的关系到无产阶级和世界人民革命的共同问题。至于每个国家的具体情况，那是很复杂的。日本有自己的特殊情况和问题，印尼也有自己的特殊情况和问题，任何一个国家都有自己的特殊情况和问题。所以，我们认为各国党必须根据自己的情况，自己来研究问题。

* 这是邓小平同日本共产党中央政治局委员藏原惟人会谈时谈话的一部分。

关于国民经济的长远计划问题*

（一九六三年八月二十七日）

昨天，几个同志在毛主席那里谈了一下文件[1]的修改问题，也谈了工作会议[2]的问题。毛主席同意我们的提法，他有一点修改，主要是时间问题。毛主席说，宁可把时间放长一点，第一段十五年，然后再搞十五年。当然，第一段如果搞十五年，指标就稍微不同一些了。工业指标要稍微扩大一点。铁路要加多。木材可以不动。采掘和轧制这两头要放到前面，把矿山加紧搞一些。

毛主席说，总的估计要恰当。对我们现有的水平不要估计过高，估计低一点，留有余地，比较更好一些。

三个基础的摆法，主席赞成把吃穿用摆在第一，然后是基础工业、国防。主席说，原来那个稿子用化工、石油、电子、有色金属四个东西带头的办法不好。他赞成把这几个东西放到新技术里头。实际上，带头的还是基础工业。不管十年也好，多少年也好，还是要在基础工业的带动下才能发展起来。基础工业本身也有尖端，冶炼和轧制都有新技术，比如冶炼的氧气转炉就是新技术。

---

* 这是邓小平主持有各中央局第一书记参加的会议讨论一九六四年计划问题时讲话的要点。

关于工业发展问题，我们讨论的精神和毛主席的想法一致了，这样文件就比较好搞了。

现在讨论计划，主要谈投资、基本建设的安排和扩大经济作物的面积。一九六四年度财政三百八十五亿元的收入和相应的一百零七亿元的投资，这两个数要肯定下来。投资只能搞关键性的。

小的农田水利，还是要靠人海战术，靠积极性。前几年大搞水利的方法还是好的。北京去年平整土地超过了以往平整土地的总和，国家完全不投资，完全是靠农民的积极性。按照长远计划，全国要有十亿亩地水旱保收。十亿亩地，平均亩产四百斤，就是四千亿斤，我们的粮食关就过了。北京郊区只要有水利，平均亩产不止五百斤。

化肥也要上去，但首先还是要搞平整土地。日本农业过关，很重要的一条就是平整土地。我们平整土地，主要还是靠人力，加点机械。

现在是一亿亩经济作物，搞到一亿五千万亩就可以了。

以后凡是从外国进一套设备，都要配备足够的专家，从定盘子、谈判，到安装、试车、生产的全部过程都要参加。

注　释

〔1〕这里指一九六三年八月邓小平主持起草的《关于工业发展问题（初稿)》。后来没有形成正式文件。

〔2〕这里指一九六三年九月六日至二十七日在北京举行的中共中央工作会议。

不再提“十五年赶上英国”的口号*

（一九六三年九月十八日）

我们比较困难的是穿的问题，因为这几年棉花减产，布太少了。按照计划，我们打算今后三年解决这个问题，达到一个能满足基本需要的水平。办法一是增加棉花生产，二是增加尼龙生产，如向日本购买尼龙设备。

总的来说，工业方面的情况是好的。我们认识到了工业发展要综合平衡。过去单单提以钢为纲不太准确。如果其他制造业跟不上，钢有什么用处？如果钢单单有数量，而没有质量和品种，又有什么用处？实际上，日本作为工业强国，钢产量只有几百万吨。法国作为工业强国，钢产量也只有几百万吨。但是它们钢的品种齐全，各种合金钢都有。过去我们有点教条主义，以为钢多就代表一个国家的工业水平，其实不是那么回事。“十五年赶上英国”的口号不准确，我们不再提了。过去提这个口号只根据几种产品的数量，如煤已经超过英国；钢英国有二千多万吨，我们再赶就可以超过它；电比英国差几亿度，如果追赶也可以超过它。这些提法

---

* 这是邓小平同印度尼西亚共产党中央委员会总书记艾地会谈时谈话的一部分。

都不准确。实际上我们要赶上或超过英国要多花一点时间。我们现在提的口号是，建设一个比较完整、独立的现代化的国民经济体系，包括工业、农业。这就是说，基本的东西我们自己都能搞，摆脱附属地位。但并不是说，什么都自己搞，世界上没有这样的国家，连美国也不可能做到。完成现在这样的目标大体上需要二十年时间，但我们提三十年，这样可以提前十年完成。我们提的是四个现代化，即农业、工业、国防、科学技术现代化。

要善于总结经验*

（一九六三年九月二十日）

我们国家的好处是地大人口多，缺点也是地大人口多。经过十多年的建设，工业农业都有了一点基础。我们是有希望建设好的。为什么说我们可以建设好？这主要有两个原因：第一条，全党、全国人民，百分之九十五以上的党员、干部和人民群众是经过了考验的，大家心齐；第二条，我们的革命和建设，已经有了十三年的经验。有成功的经验，也有失败的经验；有正确的经验，也有部分错误的经验。比如拿工业建设来说，我们党在全国解放时完全没有这方面的经验。开始时我们只有向苏联学习，但又不会学，会学就不叫教条主义了。硬搬人家的经验，搬错了也搬，这种教条主义是难免的。这不能叫作错误，因为我们没有别的选择。一个娃娃开始走路的时候，总是要有人扶着走的。问题在于要善于总结经验。

现在回过头来看，我们在实际工作中有许多错误。有些项目搞得太大了。你们看过电子管厂没有？这个厂就是太大了。你们看过鞍钢，那是你们日本的资本家搞的，后来我们把它扩建了，现在看起来也太大了。如果搞得小一点，稍微

---

* 这是邓小平会见日本共产党访华团时谈话的一部分。

分出来一点，也许会更好一些。当然也不是说所有的大厂都不好。我们还曾经认为，只要多搞一点钢，什么都好办了。我们生产了一千几百万吨钢，鞍钢就有五百万吨，鞍钢如果努力一下，可以生产五百五十万吨，但是合金钢、特殊钢跟不上，产那么多钢有什么用！我们曾经认为钢就是表现工业水平的。一九五八年，我们搞了一千一百万吨钢，但是轧钢设备跟不上，积压了几百万吨钢，这不是浪费吗？日本帝国主义一九三七年时年产五百多万吨钢，一九四二年时年产不过是七百万吨钢，但它的合金钢品种齐全，轧钢能力比钢产量大得多。回想起来，这也叫经验。在工业的基础建设方面，我们也有些浪费，但是我们慢慢地有了经验。革命如此，建设也是如此。

我们党搞了几十年农村工作，有些农村工作的经验。但如何引导农民走社会主义道路和进行社会主义建设，我们并没有经验。我们在农村进行了土地改革，随后建立了初级合作社和高级合作社，现在又建立了人民公社。但是不管在哪一个阶段，我们都有些缺点和错误。我们现在的农业生产，主要依靠手工劳动，使用简单的农具。公社规模太大，生产队规模太大，同这种情况不相适应。经过总结经验，我们又把社队规模适当划小了一些。现在规模小一些，将来还可以扩大。但是步子跨大了是不行的。

从一九五八年成立人民公社以来，已经过了五年了。现在总的来说，人民公社还是在试验。我们是在一步一步总结经验，一步一步改进。在开始公社化的阶段，我们还缺少经验，出现过一些缺点，如平均主义。对这些缺点，中央早已看到和注意到。一九五八年年底毛主席就提出要反对平均主义。但是，贫农和下中农很喜欢平均主义，干部也喜欢它，反都反不掉。这种平均主义，实际上违反了社会主义的按劳分配原则，违反社会主义建设的利益。但是我们始终保留了社会保障的制度，这对于缺乏劳力的贫苦农民有好处。

为河北抗洪抢险斗争展览会题词

（一九六三年十一月十四日）

防洪斗争的胜利，是集体主义的胜利，是社会主义制度优越性的胜利。

邓 小 平

解决吃穿问题要两条腿走路*

（一九六三年十二月十八日）

我们国家太大，一下解决问题不容易。拿化肥来说，至少需要七千万吨，而现在化肥产量只有二百万吨多一点。我们除了自己制造设备外，还要买一些西方比较先进的技术和设备。最近我们和英国签订协议，购买年产十万吨合成氨成套设备，这种设备在欧美来说不是先进的，但同苏联比要先进好多倍。从荷兰购买的年产十六万吨尿素的设备，等于年产三十二万吨合成氨，买了专利以后就可以自己制造了。我们的基础是放在农业上，首先解决吃和穿的问题。解决吃的问题，主要是解决化肥和农田基本建设问题。基本建设又是水的问题，是灌排的问题。如果搞得好，在北方粮食每亩产量可达到三百公斤，在南方粮食亩产会更高些。要两条腿走路，一是化肥，一是有机肥料，如养猪还是主要的。再就是穿的问题。我们现在穿的问题更大些，也是个两条腿走路的问题，一是化学纤维，一是棉花。

我们棉花产量还不行，还没达到历史最高年总产量。粮食问题突出来后，就要挤棉地种粮食。今年好一些，还要想办法提高棉花单位面积产量。从长远看，穿衣还是要从石油

* 这是邓小平会见朝鲜国际贸易促进委员会代表团时谈话的一部分。

中去取。

我国一九五九年和一九六〇年这两年最困难，一九六一年开始转好，一九六二年更好一些，今年又比一九六二年好。我们有错误也有缺点，特别是在搞工业中就有教条主义错误。错误也是经验。我们感到搞建设和搞革命一样，在最困难时期的经验最宝贵，现在比过去懂得多一点，开始革命时也是不懂。建设也是一样，要老老实实地学，开始不懂，东碰西碰，现在情况好点，懂得多一点了，还不能说全懂。希望今后一年比一年好。

改变落后面貌重要的是要有革命精神*

（一九六三年十二月二十六日）

我们还是一个落后的国家。各位可以到各地看看，我们的情况比前几年好一些了。在我们看来，重要的是精神面貌。

在最困难的时候，人民奋发图强，精神面貌是团结一致的，困难没有吓倒我们。我们的困难是由于天灾和工作没有经验，但赫鲁晓夫[1]限期一个月内，撤走全部在华苏联专家，撕毁几百个协定和合同，直接影响到我们几百个大企业的建设，使得为这几百个大企业而建立的成千个项目也不能进行建设。这个影响给我们造成的困难，至少不亚于前两个因素。在这种情况下，我们人民更有骨气了，这种骨气产生一股力量，自己努力，自己干。人民更团结，战胜困难的精神更强了。别人不帮忙，自己想办法。这几年我们搞出了不少东西，打破了教条主义。过去我们确实有教条主义，依赖别人，特别是石油。苏联专家一撤退，我们感到这确实是一个大问题。现在我们基本上解决了石油问题。假如他们不撤走专家，我们还搞不了那么快。过去我们一切都依赖别人，

---

* 这是邓小平会见日中文化交流协会理事长中岛健藏等时谈话的一部分。

现在没有靠头了，把我们逼上梁山，只有自己搞了。

我们的精神面貌就是要革命，就是按照马列主义的革命原理，来对待国内的社会主义建设问题，来对待国际的革命斗争问题。我们认为一个社会主义国家，离开勇于面对国内革命和国际革命这么一个精神面貌，它就不能前进，就不能团结国内人民，也不能团结世界人民。

在困难时期也好，在顺利时期也好，任何时候都注意以革命精神教育人民，任何时候都要依靠群众。我们把困难告诉人民，把克服困难的办法也告诉人民，包括把我们的缺点错误都告诉人民。在最困难的时期，人民对情况是清楚的。在过去战争时期，我们是这样做的，现在在建设社会主义时期也是这样做的。所以人民在困难的时候，心里有个底，心底是亮堂的。我们克服困难的工作是得到群众支持的。例如我们城市人口太多，职工人数也太多，我们就用向群众讲清道理的方法，动员了二千万城市人口到农村去。

注　释

〔1〕赫鲁晓夫，当时任苏共中央第一书记、苏联部长会议主席。

中日两国人民要友好的愿望是障碍不了的*

（一九六三年十二月二十六日）

我们的看法是，美帝国主义是不可能长期控制日本这样一个有高度科学文化的民族的。美帝国主义看起来很强大，也应该承认美帝国主义很强大。但我们详细分析一下，美帝国主义在世界范围内的矛盾多得很。它的战略是独霸全世界。从历史来看，至少从近百年历史来看，要独霸全世界的国家有哪个成功了？希特勒只是想独霸世界的一部分，无非是欧洲、中近东、非洲加上苏联；日本军国主义无非是想独霸中国，加上亚洲东部，但都没有成功。美帝国主义要想独霸全世界，我看是不可能成功的。它这样的战略是一定要失败的。全世界人民反对它，欧洲的同盟国也反对它，如法国。在这方面我们进行共同的斗争。

大家知道，日本在世界上是科学技术先进的国家。我们是一个大国，但是一个落后的国家。我们欢迎日本朋友在这方面给我们帮助。同时我们要互相帮助。在技术方面，我们对你们是无能为力的，我们可以在反对共同敌人的斗争中互相支持，在为亚洲和世界和平的斗争中互相支持。

---

* 这是邓小平会见日中文化交流协会理事长中岛健藏等时谈话的一部分。

过去日本侵略中国，不是我们两国人民所愿意的。第一，这件事已经过去了；第二，日本人民不负责。这是违背日本人民的意志的。就是在这样的日子里，也体现了日本人民同中国人民的友好。在我们的抗战时期，野坂〔1〕同志就住在延安。

我们完全有条件来发展两国的政治、经济、文化的关系。日本政府方面，也不能无视日本人民的愿望。最近，两国的贸易有了发展，我们相信还会继续发展。它所以能够发展，是因为建立在两国人民友好愿望的基础上的，是大家的努力。以后，我们的经济来往还要在人民友好来往和合作的推动下继续得到发展。你们两个友好团体同我们签订发展友好和文化交流的议定书〔2〕，有很重大的意义。今后发展中日人民友好的障碍还是会有的，但两国人民要友好的愿望是永远也障碍不了的。

你们提出欢迎中国派一个民间“大使”到日本。这个建议很好。问题是日本政府能不能接受。这要等时机呀！我们中日两国人民之间友好交往的关系是很自然的。确实，西园寺公一〔3〕先生至少可以称为民间“大使”。我看西园寺公一先生的作用比大使还大。

注　释

〔1〕野坂，指野坂参三，当时任日共中央主席。一九四〇年三月到延安，组织和领导了在华日本人反战同盟。抗日战争胜利后回国。

〔2〕议定书，指一九六三年十二月二十五日中日友好协会和日中友好协会签订的《关于一九六四年度中日两国人民间友好往来项目的议定书》、十二月二十六日中国人民对外文化协会和日本中国文化交流协会签订的《关于中日两国

人民间文化交流的共同声明》。

〔3〕西园寺公一，日本友好人士，当时任亚洲及太平洋区域和平联络委员会副秘书长，常驻中国。

古巴革命胜利是当代世界重大事件*

（一九六三年十二月二十九日）

我们在古巴人民解放五周年伟大节日的前夕，见到你们感到十分高兴。古巴人民在美国大门口，站起来已经五年了，这是当代了不起的重大历史事件。

两国人民相互欢庆节日，表现了两国人民在反对美帝国主义的斗争中的团结和友谊。这些庆祝活动，不仅是人民的愿望，也是反对美帝斗争的需要，是对美帝国主义的示威。

古巴的党和政府在菲德尔·卡斯特罗[1]同志领导下，斗争、工作进行得很好。中国人民感到十分高兴。古巴人民革命胜利和不断深入发展，这不仅为拉美各国人民革命树立了光辉的榜样，而且对全世界被压迫人民革命有着重大意义。从过去世界革命的历史上可以看到，十月革命产生在当时帝国主义矛盾的集中点，即列宁所说的帝国主义锁链最薄弱的环节——俄国。但俄国是一个大国。中国也是帝国主义锁链薄弱环节。中国革命取得了胜利，但中国也是一个大国。古巴就不同，是一个小国。五年前，谁能料到在美国的大门口，出现了一个社会主义的古巴呢？卡斯特罗同志有远

---

* 这是邓小平会见古巴友好代表团时谈话的一部分。

大的预见和坚强的信心，所以斗争取得了胜利。我们没有这个预见，但我们相信一点，即拉丁美洲是一座火山，是帝国主义统治的矛盾集中点。它存在着革命形势，也存在着革命取得胜利的形势。但是，为什么拉丁美洲革命首先取得胜利的，不是拉丁美洲人口最多的国家，而是离美国比较近的古巴呢？为什么不在离美国比较远的也像古巴这样的小国呢？这个问题值得很好研究。我们认为，革命成功光靠客观形势是不够的。具备了客观条件不等于能取得革命胜利。很重要的是主观条件，即正确的革命领导和正确的斗争路线。

古巴革命的胜利是社会主义革命的胜利，对拉丁美洲以及全世界的革命有着很大的鼓舞作用。当今压在世界人民头上的不外乎有两座大山：一个是殖民主义、帝国主义；另一个是国内的反动派，有的是封建主义，有的是买办资产阶级，即帝国主义的走狗。这两座大山，在革命的洪流中，终究是会被推翻的。古巴人民取得了自己的斗争经验。古巴革命的胜利，不仅在拉丁美洲，而且在亚洲、非洲以及在全世界都有意义。我们党和政府领导人都是这样看的，都以这样的认识来庆祝古巴解放五周年纪念日，来欢迎你们的来访的。

注　释

〔1〕菲德尔·卡斯特罗，当时任古巴社会主义革命统一党第一书记、政府总理。

衡量工作做得好不好，要看能不能发展生产力*

（一九六四年一月十一日）

现在我们全党要注意两个方面的问题。一方面是，我们制定的方针、政策要有利于发展生产力，有利于实现工业、农业、科学技术和国防现代化。衡量我们工作做得好不好，要看我们能不能发展生产力，能不能比较快地实现四个现代化。另一方面是，我们要从政治、经济、文化各个方面，保证走向共产主义。这是一个整个历史时期的任务。就是说，在整个社会主义过渡时期，在资本主义过渡到共产主义的整个历史时期，一个就是要发展生产力，实现四个现代化；一个就是要保证不搞修正主义，走向共产主义。每个时期的现代化，内容不同，现在是六十年代，到七十年代有七十年代的现代化，八十年代有八十年代的现代化。发展生产力总是做不完的，还要保证走向共产主义，这个任务已经提到我们的日程上来了。

---

* 这是邓小平在全军政治工作会议上报告的一部分。

大庆经验使我们找到一条好的建设道路*

（一九六四年一月十一日）

在工业方面我们走的弯路可能比较多一些，但是现在找到了大庆油田这样一个典型。大庆的经验是多快好省，政治思想、革命干劲和科学管理严密结合。当然，这个经验用在其他方面又会不同一些，但是基本上还是这个东西。工业，前一时期我们有个“七十条”[1]，现在看起来基本上还是个好东西。但那个“七十条”还是一个比较死的东西。大庆的经验是把工作做活了。总之，人也好，事也好，要做活了。活的东西就有生命力，生命力要伟大得多，生命力要长远得多。现在我们广泛推广大庆油田的经验，给我们怎样办好工业找出一条道路，这是一件很大的事。一九六二年、一九六三年企业管理有很大进步，但以大庆油田的经验来看，都还不能比，都还不行。有了大庆的经验，就使我们的工业、交通，找到了一条好的建设道路。

* 这是邓小平在全军政治工作会议上报告的一部分。

注　释

〔1〕“七十条”，指“工业七十条”，见本卷第 138 页注〔2〕。

缩短学制，快出人才*

（一九六四年一月十一日）

现在的学制对于我们的科学研究有很大的害处。我们的青年学生走上工作岗位要到二十七岁，要学习十八年。小学六年，中学六年，大学有的五年、有的六年，北大、清华的理科一般也是六年。如果七岁上学（有的超过七岁），大学毕业二十五岁，劳动一年，实习一年，就二十七岁了。这个问题很大，要从学制上来解决。因为搞自然科学，二十岁到三十岁是个关键时期，世界上多数成名的科学家都是在这个时期有所作为的。而现在的学制要二十七岁才走上工作岗位，耽误了。这个问题要慢慢解决才行。最近科委提出这个问题，提得对。

很多科学家、教育家提出，儿童不一定七岁入学，也可以六岁入学。现在七岁上学，原因之一是我们国家没有那么多房子。这个问题总是要解决的。主要问题是，小学、中学和大学究竟各搞几年，一个学生究竟什么时候能毕业。归根到底是个课本问题。一直到现在我们没有搞出适合我国情况的课本。军队的教育不是搞少而精吗？地方的教育就不是少

---

* 这是邓小平在全军政治工作会议上报告的两段节录。

而精，繁重得很。还有师资也是有问题的。要把这些问题摆到我们的议事日程上来。我们的青年比苏联青年要多学五年才能到工作岗位，苏联青年大体上二十二岁可以到工作岗位。这个问题是影响我们以后科学技术发展的一个重大的问题。对这个问题，我们总要研究出一个办法来。

七年规划要着眼于搞吃穿用*

（一九六四年一月十一日）

在计划工作方面，多少年来我们是徘徊的，还是学的苏联那套方法。毛主席多次提出我们的计划方法不好，批评好多年了。就是我们制订的计划没有反映以农业为基础、以工业为主导的方针。现在在总结经验的基础上，研究的结果，可能找到一条适合我们自己的计划方法。计划是影响各个方面的。现在我们正在搞长远规划。第一步搞七年规划。在今年、明年两年的调整时期，在第三个五年计划时期，要落实以农业为基础、工业为主导的方针，同时着眼于搞吃穿用。吃穿用搞好了，我们国家的脚跟就站稳了，基础就稳固了，发展速度也会更快一些。总之，第一是搞吃穿用，第二是搞基础工业，第三是搞国防，要以这三点为纲，来制订我们的计划。

我们搞七年规划，首先提出个目标。我们不是搞基本建设吗？最大的基本建设，就是农田基本建设。我们提出一个五亿亩的农田基本建设计划。现在我国大约有十六亿亩耕地，其中有二亿五千万亩地比较好，基本上可以水旱保收，但是不配套。现在提出搞五亿亩，包括原来的二亿五千万

---

* 这是邓小平在全军政治工作会议上报告的一部分。

亩。这个五亿亩是个什么含义呢？一亿亩搞经济作物，主要种棉花，四亿亩种粮食。而这五亿亩是配套成龙的。包括大中小水利配套，包括平整土地，包括使用机械，包括搞科学研究机构。如果搞成了五亿亩水旱保收，四亿亩种粮食，南北平均亩产六百斤，就是二千四百亿斤，还有十亿亩，每亩搞二百四十斤，又是个二千四百亿斤，合起来也有四千八百亿斤。四千八百亿斤是个什么含义呢？到一九七〇年，我们八亿人口，每个人六百斤，粮食就过关了。在一九七〇年以后，搞它十年，再搞五亿亩水旱保收。我们就是用搞农田基本建设提高单位面积产量这样一个方法，解决吃的问题。

穿的问题，若干年内主要还是靠棉花。解决穿的问题，还要靠化学工业，就是搞人造纤维和合成纤维。我们提出搞十万吨人造纤维、十万吨合成纤维的计划。有了人造纤维和合成纤维，加上棉花，到一九七〇年大体上一个人二十尺布是有保证的。

我们还规划搞七百万吨左右化肥，如果七百万吨集中用到五亿亩农田，每亩可以施三十来斤肥，再加上我们进口一点，可以搞到每亩四五十斤。在吃穿用方面，一个是五亿亩，一个是七百万吨化肥，一个是二十万吨纤维，再加上国防。国防是以常规为主。我们就拿这么几个指标来作纲，来平衡，来搞基础工业。这是打歼灭战的方法。农田基本建设要搞验收制度，七年搞五亿亩，要计划每年进度多少。这也是用我们军队打歼灭战的方法。

用打歼灭战的方法来搞计划，目标集中，体现了以农业为基础、以工业为主导的方针，也符合我们解决吃穿用和兼顾国防的要求。现在摸索的结果，准备按这种方法搞，当然还要试验。我们可能会找到一个比较好的计划方法，摆脱苏联的教条主义。我们过去是教条主义，照搬苏联的做法。现在一切工业部门、农业部门、科学技术研究部门，都用打歼灭战的方法。集中力量打歼灭战，至少现在在我们脑子里，是一个好的计划方法。

军队干部要年轻一些*

（一九六四年一月十一日）

干部年龄偏大问题是一个全国性的问题，军队也有这个问题。当然，年龄不是唯一条件，但是要有一个谱，就是干部中经常要有新的血液，要有新的接班人。军队是打仗的。将来五十岁的人当营长，行吗？我看不行。兵是新兵，将是老将，军队修改了军官服役条例，经过几年后会好一些。这里有个退役问题，军队要很好地做好这个工作。我觉得我们上了岁数的人，要开明一点，每大一岁，开明一分，就好弄了。不要着眼于个人得失，而要着眼于怎样培养后一代，让比较年轻一点的、政治思想好的共产主义者来接班。因为我们总是要比他们早见马克思的，我们看到他们在比较重要的岗位上成长起来，没有变质，也看到他们带后代，这有多好啊！

这个问题在地方上也非常突出。这次中央下了决心，要在地方上加强政治工作，就是要求军队里调年轻一些的人到地方做政治工作。我们不是说年纪大了就不欢迎了，而是要从一个角度上冲破一下，搞个突破口，利用这个机会来解决这个问题。我们要求干部年轻一点，就是要为地方上的政治

---

* 这是邓小平在全军政治工作会议上报告的一部分。

工作树立一个标兵。要搞精干一些、年轻一些，可以搞久一些，并以此来带动其他方面逐步解决这个问题。这个问题影响很大，比如在南方，现在地委、县委的主要领导干部还是北方去的，本地干部生长不起来。我们要破格提一些干部，现在稍微破格一点，都是二十几年党龄，从团提到师，大体上都是二十年党龄的干部。严格说来，应该把能多做几年工作的同志放到更负责的岗位上，给他们发展、提高的机会，使他们也能带更年轻的。如果总是这样一层一层地盖下去，若干年后我们就要总结中国共产党的一些老干部犯了一个大错误，把青年干部盖住了。当然，年轻干部提上来以后，大家都要各得其所。现在大家要来一个思想解放。在地方上更要大讲这个问题，这个问题可能要做几年的思想准备，看能不能够解决得比较好一点，这是一个全党带有方针性质的问题，带有原则性的问题，假如不做，若干年后，我们可能会吃亏的。

搞好水利建设和平整土地*

（一九六四年一月十四日）

我国农业产量的提高，主要依靠提高现有耕地的单位面积产量，从北京郊区的生产情况可以看出这方面的潜力。过去一亩地收一百至一百五十公斤粮食，在解决水的问题和平整土地以后，一亩地可以收三百公斤粮食。我们的化肥不够，要发展化肥生产。现在主要靠有机肥料。将来即使化肥够用了，也不放弃有机肥料。如果把水、肥、土等工作搞好，在南方每亩可以收五百公斤粮食。要是全国有三分之一的耕地达到这一水平，我国的粮食问题就可以解决了。提高单位面积产量，首先要解决水的问题，包括蓄水和排水两个方面；其次是平整土地和修建渠道，使排、灌能力发挥作用。水利建设主要依靠农民的积极性，依靠人民公社，单靠生产队本身搞水利建设是不行的。

我们用集体主义精神和共产主义思想来教育全国农民，从去年河北同洪水的斗争中可以看到这种教育效果。去年八月，河北省在几天之内降雨量达到七百至一千毫米，洪水威胁着天津。我们首先教育农民要保住天津，然后考虑淹没哪

---

* 这是邓小平会见德意志民主共和国驻中国大使约瑟夫·黑根时谈话的一部分。

些地区，保护哪些地区。这场大水使农民损失严重，但是农民相信党和政府，同意政府意见。党支部书记带头扒堤淹自己队的土地。那是一场历时两个月的大兵团作战，有几十万军队和几百万农民参加，如果没有集体主义教育，是不可能做到的。

我们搞社会主义建设还缺乏经验，马克思、恩格斯提出过以农业为基础的思想，我们现在就是要这样做。美国之所以发达，是因为它的农业过了关。

搞建设要有一套正确的方针政策*

（一九六四年一月二十一日）

我们从一九四九年革命胜利以来，碰到了很多问题。在一九四九年时，我国国民经济是一个烂摊子。工业方面，只有少数轻工业、纺织业，谈不上有重工业。由于帝国主义封锁，我们开始进行经济建设时很困难。当时有五亿人口的农村还未进行土改。因此，首先要搞土改，结合土改进行反恶霸斗争，通过反恶霸斗争和土改把农民团结起来。在城市，要进行反对资产阶级投机倒把、捣乱金融和市场的活动。我们对资产阶级不是采取剥夺的手段，而是采取团结、限制和利用的政策。在这个政策下，打击了他们的破坏行为，使市场、物价很快稳定下来。

土改属于民主革命阶段的任务。农村土改完成以后，生产力还很低，农民生活还很困难。要解决这些问题，只完成土改是不够的，还必须引导农民走社会主义的道路。不继续引导农民前进，农村会向两极分化发展，会产生新的资产阶级。要搞社会主义，就得引导农民走集体化和合作化的道

---

* 这是邓小平会见阿尔及利亚民族解放阵线中央领导成员、总行政和财政委员会负责人阿卜杜拉希德·日拉伯时谈话的一部分。

路。合作化要分步骤走，最初是组织变工队、互助组，以后发展为初级合作社、高级合作社，最后建立起人民公社。我们的经验是一定要引导农民不断前进，不断革命，走社会主义的道路。

目前还存在两个方面的问题，即发展社会主义工业和逐步消灭资产阶级的问题。我们一方面发展国有经济，一方面国家用赎买的方法把资产阶级的企业收归国有。用赎买方法，是根据我们自己的情况决定的，国家有能力把他们的企业作价拿过来，给他们一定的利息，分好几年还给他们。定息〔1〕在几年前就该到期了，后来又延长了定息时间，这样震动比较小，可以减少阻力，使资产阶级很好地为社会主义服务。

至于如何进行社会主义经济建设，可以说，根据自力更生的原则，我们已摸到一些经验，摸到一些办法。看来外国的经验有些对我们是适用的，有些对我们是不适用的。我们在建设问题上的经验，即必须坚持以农业为基础的原则。过去马克思曾提出这个原则，但未得到发展。在我们国家，农业人口占绝大多数，差不多占全国人口的五分之四。农业不发展，工业也不可能发展得很快。几亿人口的吃穿问题不解决，全国人民的生活就不会安定，社会主义就不会巩固。吃穿问题都要靠农业。穿的问题，从长远来看靠工业，靠合成纤维来解决，但一下子还解决不了。有一段时间我们重工业搞得太快，搞得很紧张，再加上其他因素，如自然灾害、同兄弟党和兄弟国家的关系恶化等，造成前几年很困难。在困难当中，我们总结了经验，提出了以农业为基础、工业为主导的方针，按农、轻、重的顺序来安排社会主义建设。经过两年半的努力，基本上克服了困难。根据我们自己的经验，采用这个建设方针比较适合我国的情况。

在革命时期，要有一个好的政党，有一套正确的方针、政策。在建设时期，也同样要有一套正确的建设社会主义的方针、政策。政党问题、组织问题，本身不太复杂。重要的是党要不断地总结经验，使自己的建设方针、政策提得好，提得对。在国际事务等方面，制定正确的方针、政策也极为重要。我们重大的问题都是通过党来决定的。国际国内事务的方针、政策都是由党制定的，是由政府机构负责具体执行的。在执行中，党处于监督地位。

注 释

〔1〕定息，是我国在资本主义工商业实行全行业公私合营后，对民族资本家的生产资料进行赎买的一种形式，即不论企业盈亏，统一由国家每年按照合营时清产核资确定的私股股额，发给资本家固定的利息（一般是年息百分之五）。从一九五六年开始支付定息，一九六六年九月停止支付。

我们需要一个和平的环境*

（一九六四年一月二十九日）

中法两国过去在相当长的一段时间一直没有外交关系，尽管这样，两国人民之间的友谊也从来没有中断过。有些法国朋友到中国来，中国也有各方面的人士去法国。两国经济、文化往来不算很多，但还是有的。现在，两国政府宣布建交，以后的往来会更方便些，更密切一些。

我们在一些问题上有着共同的观点。我们都是世界成员，既然是世界成员，就应该有我们自己的地位。世界各国不论大小、强弱，都应该有自己的地位，不可能由两个国家来垄断国际事务，历史上也没有这样的先例。我们有着共同的愿望，都希望发展中法两国人民之间的经济、文化往来，在这方面我们是有广泛的发展余地的。在科学技术方面，你们是发达国家，我们现在还很落后，而且落后的方面还多得很。但是，我们是相信自己的，我们的人民是团结的、努力的，我们是有希望的。

现在，世界上有些人说我们好战，是好战分子，这种看法是不正确的。我们需要一个和平的环境来改善我们国家的经济面貌，这要花几十年的时间。既然我们面临着这么大的

* 这是邓小平会见法国议员访华代表团时谈话的一部分。

任务，我们为什么要打仗？和平不是更好吗？在和平的条件下，各国互通有无，发展经济往来、文化交流，对大家都有益处。但是，谁用战争威胁我们，我们也不怕。美国一直用战争威胁我们。我们侵犯了美国利益了吗？我们并没有在芝加哥、旧金山占领一块地方，而美国却占领着我们的领土台湾。如果没有这件事，我们同美国的关系不是也可以正常化吗？美国在我国周围建立了几个军事条约组织，有好多军事基地，第七舰队也在我国周围。虽然这样，我们仍然同它进行谈判。中美两国大使级谈判〔1〕现在已进入第九个年头，中心问题是美国要霸占台湾，要我们承认“两个中国”，那办不到！尽管面对着美国的威胁，我们还是要搞和平建设，但是，也迫使我们不能不注意自己的国防。原子弹、氢弹，别人能搞的，我们也可以搞。任何国家的人民都可以掌握自己的命运，我们很欣赏戴高乐〔2〕将军采取了独立的立场。

我对你们的国家不是很生疏，我在你们国家呆过五年，不过那已经是四十多年前的事了。那时你们已经是很发达的国家。现在有人企图把你们列为二等国，你们不会赞成吧？我们虽然落后，但是要把我们摆在第二流、第三流，甚至是第四、第五、第六流国家，我们也不赞成。在这个问题上，我们有着共同的理解。基于共同的理解，基于共同发展友好关系的愿望，我们两国建交是很自然的，应该说，时机到了。

当然，现在刚刚宣布建交，我们还要互派代办去筹建使馆，《联合公报》〔3〕规定三个月内互派大使，我们希望两国关系能顺利发展，相信你们也具有同样的愿望。在我们两国关系的发展中，不是完全没有障碍，美国千方百计地破坏我们两国关系。首先，它在中法宣布建交之前进行威胁，现在它看到威胁没有用了，就想用“两个中国”或者“一个半中国”来制造障碍。它竭力鼓励台湾蒋介石的代表赖在巴黎，企图用这种方法制造障碍来造成合乎它要求的形势。按我们理解，我们两国政府对这个问题是清楚的。我们没有什么问题，相信你们的政府也会妥善地处理。我们在台湾问题上的立场是清清楚楚、毫不含糊的，也是不可能改变的。世界上有这样一种议论，说台湾不是中国人的，就让他们去议论吧！台湾是中国的一部分，这是改变不了的。台湾也有少数民族，如高山族，但是台湾人口大多数是汉族，祖先都来自福建、广东。

我们宣布建交后，还有人进行破坏。看来，我们大家还有许多事情要做。让我们共同努力，减少这些障碍，使我们各方面的关系发展得更快更好。

注　释

〔1〕中美两国大使级谈判，见本卷第50页注〔1〕。

〔2〕戴高乐，当时任法国总统。

〔3〕《联合公报》，指一九六四年一月二十七日发表的中华人民共和国政府和法兰西共和国政府关于建立外交关系的《联合公报》。

自力更生，走自己的路更快更好些*

（一九六四年二月十七日）

最近我们在全国范围内提倡学习解放军，学习石油工业部。解放后，我们根据李四光[1]的理论，在全国进行了地质普查，终于证明中国是一个石油蕴藏量十分丰富的国家。我们在四川发现了石油，还在贵州、广西一带，陕西、甘肃一带（也就是延安以西）和渤海一带发现了石油，黄河以北天津以南也发现了大面积的油田。而发现最早、产量最大的要算大庆油田。这个大油田也叫松辽油田。我们在这里学习解放军打歼灭战的方法，集中了全国石油系统的力量，学习解放军严密、科学的管理方法，把干劲同科学结合起来，用三年的时间，就把这个石油基地建成了。从勘探、打井到建厂，全部都是我们自己的技术，设备也是我们自己制造的。现在年产量是七百万吨，将来可以达到三千万吨。我们建设这个油田，时间短，效果好，投资少，真正符合多、快、好、省的总路线。

除了学习解放军、学习石油部、学习大庆油田以外，我们还在全国范围内发动了一个“比、学、赶、帮”的运动。

---

* 这是邓小平同泰国前总理乃比里会谈时谈话的一部分。

首先要比，相比之下，才能知道在同样的标准、同样的条件下，为什么别人先进，才能向先进的学习，先进的才能把落后的带动起来。

我们也要向外国比和学，比如我们钢的质量就不如人家，因此要赶。我们搞社会主义建设没有经验，走了不少弯路。现在我们搞大庆油田，自己摸索，也向西方学习，结果技术比苏联的还好。苏联提供的设备既笨又落后，而且故意把关键的部分卡住，比如发电机设备就把最重要的部件卡住，不给我们。苏联援助我们的时候，样样都要搞大厂，后来有些西方的厂长和专家去看，都说不经济、不合理。赫鲁晓夫〔2〕把苏联专家撤走，把几百个协定废除，反而促使我们自力更生。自己搞，搞得更好、更多、更扎实。看来，走自己的路更快、更好些。

注　释

〔1〕李四光，当时任地质部部长、中国科学院副院长。

〔2〕赫鲁晓夫，当时任苏共中央第一书记、苏联部长会议主席。

搞建设要靠自己动脑筋自己干*

（一九六四年三月五日）

一九五九年至一九六一年是我们国家的困难时期。由于天灾的影响和我们对社会主义建设的规律不摸底，加上苏联撤走专家、撕毁合同，打乱了我们的经济计划，使得我们必须重新进行调整。现在看来，苏联这样做，给我们造成了困难，但也可能是给了我们帮助。过去，我们在建设方面确实有过教条主义，他们这样一做，我们知道不能有教条主义了，要靠自己动脑筋。从一九六一年下半年起，我们开始调整我国的经济，自己思考问题、解决问题。近几年我们的收获比过去十年还要大。现在，我国的工业、农业，重工业和轻工业，都走上了正常的轨道，我们有了更加牢靠的基础。

我们现在还是落后的。但是，只要全党全民自己动脑筋，自己努力干，是有希望的。例如，石油这个东西就是我们自己搞出来的。我们在石油方面已经解决了相当大的问题，当然，现在还没有全部解决，但很快就能全部解决。再如研制原子弹，我们过去同苏联有过协定，苏联答应在这方面帮助我们。但是，他们在一九五九年单方面撕毁了协定。怎么办？自己干。我们相信，别人能办成的事，我们也能办

---

* 这是邓小平会见捷克斯洛伐克驻中国大使赛迪维时谈话的一部分。

得成。

我们准备在工农业方面花二十年的时间进行建设，以农业为基础、工业为主导，按照农、轻、重的顺序来安排我们的建设，最终要实现农业、工业、科学技术和国防现代化。

关于高校工作的意见*

（一九六四年三月九日）

高等学校的在校生身体状况很不好，体质不行。我提出每月伙食费加二元，毛主席讲加四元，高教部提出从四月起每人加三元，从每月十二元加到十五元。应该给学生增加生活费，照顾贫苦学生。

教材问题。现在课内书太多，课外书太少，要减少课内书，指导学生读课外书。要出版一些有益于各学科发展的课外参考书。应该提高科技读物的稿费，出版大科学家的论著，以促进科学水平的提高。希望学生学得专一些，对哪方面有兴趣，就学哪方面的知识。政治要红，业务要专。要专，只读课本就不够了。整个教育，包括教材问题要作为一个方针认真讨论、研究。

---

* 这是邓小平在中共中央书记处会议上讲话的节录。

反对大国沙文主义*

（一九六四年三月十四日）

我们两国之间的来往应该密切。我们彼此都了解，你们在恢复中国的联合国席位等重大的国际问题上，支持了我们。毛主席、刘主席、周总理曾多次与西哈努克〔1〕亲王谈过这个观点，我们相互援助。支持你们是我们应尽的义务，不应该把这理解为单方面的援助，这点很重要，特别是对我们这样的国家很重要。如果我们只自以为对你们有援助，而不承认你们的斗争也是对我们的援助，那就是大国沙文主义。大国沙文主义到处都可以看到，譬如，周围比你们大的国家都想欺侮你们。而要犯大国沙文主义的错误，我们也有点资格，我们是个落后的国家，表面上看起来还像个大国。毛主席经常教育干部和人民特别要防止大国沙文主义。坦率地讲，如果我们真有大国沙文主义，你们就应该反对，反对完全正确，不反对就不对了。至少我们这个地区，国家之间的关系已有几千年的历史，今后还有几千年、几万年。反对大国沙文主义的问题，不只是我们这一代的问题，是子孙万代的问题。现在从世界范围内来说，我们两国关系也是很好的。与柬埔寨朋友见面，可以讲心里话，这不是什么外交语

* 这是邓小平会见柬埔寨军事代表团时谈话的一部分。

言。几百年前，我国没有这种观点，近一百年来，代表资产阶级、地主、买办阶级的那些人也没有这种观点。只有代表无产阶级，具有社会主义、共产主义思想的人，才会切身体会到被欺侮国家的人民群众的这种感情。过去人家欺侮我们，难道受的罪还不够吗？我们这些人搞革命，搞民族解放，为了什么？还不是忍受不住被欺侮吗？你自己忍不住，别的被欺侮的国家就忍得住吗？这个道理很简单。

毛主席就是要用这种思想教育我们的后代。对世界所有被压迫的民族和国家，我们只要能尽到一点力量，就愿给予帮助。帮助不是单边的，相应地也得到别的国家和人民对我们的帮助。我们对你们的帮助是微不足道的。随着我们经济上更多的发展，只要我们能够帮助你们的，一定尽力去做。

现在帝国主义说中国强大了要威胁世界，首先是威胁邻国，包括威胁你们。我们自己的事还干不完呢！中国经济落后，交通不便，工业技术在国际上是落后的。欢迎你们到各地好好看看。第一条，要看到落后面，在看的当中对我们的错误和缺点提出批评。第二条，可看看人民当家作主后做了些事情。可以看到，我们穿着并不好，吃穿用还要费很大的劲才能解决。我们要摆脱经济技术上的落后状态，大体上需要五十年的时间。

注 释

〔1〕西哈努克，即诺罗敦·西哈努克，当时任柬埔寨国家元首。

艰苦奋斗和群众路线要永远坚持下去*

（一九六四年四月四日）

教育问题，包括教育子孙后代的问题，也包括我们这一代人自己教育自己的问题。我们这一代人都经历过艰苦的岁月，应该说比较有保证。现在的骨干，大多经历过战争，知道艰难困苦。我们的孩子，小一点的不知道什么是资本家、地主。他们像温室里的鲜花，对他们进行教育很重要。要进行阶级教育，让他们参加劳动。劳动教育不是一年、二年的事情，是成百年的事情。

我们还没有夺得政权的时候，毛泽东同志就提出了制度问题。当时我们要进城了，是用我们的革命精神去“化”花花世界的城市呢，还是让花花世界的城市把我们“化掉”？毛泽东同志在革命胜利前一次党的会议上，提出要保持艰苦奋斗的作风，规定不允许给领导人祝寿、送礼，不允许用个人的名字命名街道、城市、工厂。我们进城后又制定了一些制度。

我们决定干部参加劳动。干部坐在机关办公，容易脱离群众，增长官僚主义，慢慢地就不以劳动者的态度去对待劳

---

* 这是邓小平会见澳大利亚电车工会联合代表团时谈话的一部分。

动者了。所以干部一定要参加劳动，特别在企业和公社中，干部更要多参加劳动。

方法问题，就是走群众路线，一切从群众中来，再到群众中去。毛泽东同志就很善于把群众的东西集中起来，然后指导群众。领导与群众相结合，遇事与群众商量，通过群众普及好的经验，把缺点和错误明明白白地告诉群众，群众就会和我们共同克服这些缺点和错误。我们在革命战争时期这样做，现在仍坚持这样做。凡是大事，都要做到家喻户晓。要做到这一点，只靠报纸不行。一切重要问题，要告诉群众，与群众商量。例如，解放前，抽鸦片的人很多，不少地方种鸦片。解放后，我们实行禁烟运动，规定不许种鸦片了。我们在报纸上没提一个字，但是家喻户晓，只用一年时间就根本解决了问题。所以，要用群众的力量，用说服、帮助、监督的办法。只靠法庭肯定是做不到的。

我们国家也有黑暗面。有贪污、盗窃，有个别工厂变质，有个别厂长垄断领导权，贪污国家财产，损害国家利益。我们年年都下命令，也许一两周内他们很注意，但隔一周他们还是干他们的。解决这些问题的办法，就是把这些事告诉群众，通过民主方法，让群众揭发，再通过群众监督解决。人民眼睛是雪亮的，什么都能发现。光靠几个领导，多英明也不行。这是我们的经验。群众路线要永远坚持下去。

要以生产为纲，把生产搞上去*

（一九六四年四月五日——十九日）

河套灌区今后要大力改变粗放的耕作方法，努力提高单产。

要加大对旧产品改造的力度，抓紧研制新产品。

我国在一个阶段内，只能搞三个大的钢铁联合企业[1]，包钢是一个，非上不可。现在要抓紧解决综合选矿的问题。

白云鄂博是座宝山，我们要很好地开发、利用。白云鄂博是包钢的原料基地，要学习大庆经验，搞好矿山。我们要搞钢铁，也要搞稀土，要综合开采、利用宝贵的矿产资源。

要加强边防工作，特别是加强边境地区的民兵工作。武器不好的，可以发些好的，也可发些自动武器，把民兵武装起来加以训练，以保卫边境地区的安全和社会主义建设。关于边防的民兵工作要搞个计划。

搞石油化学工业，兰州条件好。八千吨丁苯橡胶要用二万吨酒精，折合七万吨粮食，这相当于全兰州市民全年所需的粮食。看来还是用石油解决原料问题好。

三门峡的治理方针是，上边拦泥，下边防洪排沙。黄河下游的河北、河南、山东搞好治理了，可以多出商品粮；搞

---

* 这是邓小平在内蒙古、甘肃、河南、山东等地视察时谈话的要点。

不好，就要出大问题。

台田搞好了也能高产。能打机井的地区要多打机井。要多疏通河道，多做田间工作，不但要解决涝的问题，还要解决旱的问题。引黄河水的问题还未解决，山区、胶东、鲁南要搞好水土保持。

要以生产为纲，把生产搞上去。

注　释

〔1〕三个大的钢铁联合企业，指鞍山钢铁公司、武汉钢铁公司和包头钢铁公司。

要建立一套好的制度和作风*

（一九六四年五月十九日）

劳动制度，是一个根本制度。干部要联系群众，要经常从工人、农民那里吸收新鲜血液。不论在工厂还是农村，干部要永不变质，参加劳动就是很重要的问题。过去我们经常提倡，但是不易行得通。要领导得好，就要参加劳动。譬如在农村，生产队也好，生产大队也好，公社也好，干部领导得好不好，关键在于他是不是参加劳动。所谓参加劳动，不是参加几次，而是除一部分时间做工作外，真正同工人、社员一块，做够一定数量的劳动日。干部一参加劳动，同群众的关系就搞好了，收入也增加了，也不需要多吃多占了。工厂里也有这个问题。譬如有的车间的卫生条件非常不好，劳动条件很差。干部不参加劳动，好多年都没有发现这个问题。现在他到车间劳动，身受其苦，很快就解决问题了。干部到车间劳动，好多技术问题同老工人、技术员一商量，很快也就解决了。还有的地方的宿舍好多年都乱得不得了，干部一住进去，就感觉到了问题。干部一到工人食堂吃饭，就了解到饭菜是冷的夹生的、卫生条件差等问题，也可以很快就解决这些问题。同吃、同住、同劳动，也是一个根

* 这是邓小平会见越南劳动青年代表团时谈话的一部分。

本制度。

还有一系列问题，包括不请客、不送礼、不用人名命名地名等等，这都是制度问题。一系列的政策问题、制度问题搞好了，就可以保证我们不变质，坚定地走社会主义道路，一直走到共产主义。

我们要建立一套好的作风、好的制度，一代代地传下去。这是我们正在干的事情。

要搞基础工业，要搞三线建设*

（一九六四年五月二十八日）

关于计划问题，我们实际上是要定方针。至于具体计划的制订，要经过几个反复。现在来看，五年计划实际上每年都要修改。但是总要有计划，没有一个长远计划，大家心里没数。搞建设，不但要有五年计划，而且应该有长远计划，即使很粗糙也是必要的，这样我们的工作就好做多了。

在讨论第三个五年计划的时候，计委就提出，要真正实现农轻重的顺序，解决吃穿用和两个“拳头”[1]的问题，基础工业要按照两个“拳头”来平衡。后来，在毛主席那里汇报，他又提出一个“屁股”[2]问题。我们多少年来总是讲基础工业，基础工业搞不好，什么也搞不好，农业也上不去，国防也上不去。所谓基础工业，包括交通。前一个时期，我们注意了这个“屁股”问题，但是没有提得像现在这样明确。两个“拳头”，一个“屁股”，这是我们建设的一个完整的方针，我看是要贯穿到以后多年的一个指导思想。

搞计划，就要考虑一、二、三线[3]问题。原来我们只提沿海与内地的关系，现在看来，内地也有二线、三线的问题。这个一、二、三线的概念与过去不同了。在毛主席那里

---

* 这是邓小平在有中共中央政治局常委、中央书记处书记和各中央局第一书记参加的讨论第三个五年计划方针的会议上发言的要点。

汇报计划的时候，他就从攀枝花谈起，谈得很清楚。主席说，在原子弹时期，没有后方不行。要准备上山，上山总还要有个地方。他明确地主张，应该把与攀枝花建设密切相关的交通、煤、电的建设搞起来。现在看，毛主席强调三线的建设很对，逼我们把基础工业搞起来。

我们以前设想的计划，对农业、国防、文教的投资，虽然都没有完全满足，但注意得是比较好的。可是，对基础工业、对三线就注意不够了。现在毛主席提出我们对三线建设注意不够，对基础工业注意不够，这是一个重要问题。

基本建设计划投资一千亿元。按这个数目安排，不是冒险的，是留有余地的。基本建设投资不能超过一千亿元，一定要在一千亿元这个范围内来调整。当然，实际执行的结果大概会超过一点，但也不能增加过多，这也是我们多少年的经验。十几年来，今年第一次出现第一季度支多于收的情况。最困难的时候我们都没有出现这种情况。这种情况给我们敲警钟，这是一种不健康的情况、不好的情况。如果照现在这样，再搞一两年，高指标那样的问题又要出来了，一九五九年、一九六〇年那样的问题又可能重复。所以，我们还是要按一千亿元的数额留有余地地分配基建投资。

要搞基础工业，要搞第三线。这方面要增加投资，但实际投资还是那么多，因此，农业、国防、文教的投资和事业费就要减一点。农业、国防、文教方面的投资是五百三十亿元，从这五百三十亿元里面再挤五十亿元出来，应该是可能的。首先，农业多搞一点大寨精神，可以挤二十亿到二十五亿元出来。事业费一百八十亿元，比基础建设投资少不了多少。光从减事业费中也可以减二十亿到二十五亿元出来。第二，从国防口挤十五亿元出来。想从国防口挤二十亿元，恐怕比较困难。第三，从文教口挤十亿元出来。如果搞两条腿走路的办法，文教口看来也是可以节余些钱出来的。从农业、国防、文教方面挤了以后，其余差额从工业内部挤。这样一个设想，计委要跟几个口子商量一下。

要说服各省的同志多从全局考虑一些，要根据本省的条件办事。要招呼一下各部门、各省，都要注意控制用钱，今年就要注意这个问题。要注意今年第一季度的教训，不但今年要注意，每年制订年度计划都要注意这个问题。

攀枝花钢铁工业基地的建设，只能打歼灭战。要先修铁路，还要买一套氧气炼钢技术设备。买专利是很合算的，但是只买专利还不够，比如维尼纶，我们买了专利，但我们自己还不能很快造出来。所以，还要抢时间买设备，买到设备才是最大的胜利。又比如，现在的钢铁联合企业，我们如果能够又买设备，又买专利，那就来得快。买设备可以有选择，比如维尼纶，不要买整套设备，可以买百分之六七十，其余的百分之三四十可以自己制造。

注　释

〔1〕两个“拳头”，指农业、国防。

〔2〕“屁股”，指基础工业。

〔3〕一、二、三线，一九六四年，中共中央和毛泽东提出从战备需要出发，根据战略位置的不同，将我国各地区分为一、二、三线。一线指处在战略前方的一些省区，三线指全国的战略大后方，二线指处于一线和三线之间的省区。其中的三线亦称为“大三线”。各省区根据本地战略布局又划分自己的一、二、三线，其中的第三线称为“小三线”。

最大限度地把青年团结和组织起来*

（一九六四年六月十九日）

怎么样最大限度地把青年团结和组织起来，我们过去在土地革命战争的时候是做得好的；解放战争的时候，在解放区也是做得比较好的；解放以后，在土地改革、各种运动中也是做得比较好的。好像这几年，最近一个时期，这方面工作稍微差了一点。就是说，我们没有把所有的青年都组织起来，教育他们，使他们能够在斗争当中学习进步。这个工作，希望团中央好好地考虑一下。工作用什么形式呢？当然，形式是可以多种多样的，因为青年总有各种不同兴趣、不同志趣，要根据不同的特点把他们组织起来。团中央根据有些地方团组织的经验，提出一带二，团员在里面起核心作用，团结他们。团结的范围要广。第一，要解决依靠的对象；第二，要解决团结改造的对象。要依靠团员，依靠进步青年共同工作。对落后分子也要做工作。

团的队伍应该扩大。现在团员的数量太少了，除掉一部分超龄的，现在还不如党员多。现在有相当一批积极的青年，应该把他们吸收到团里面来。

---

* 这是邓小平在共青团第九次全国代表大会上作的政治报告的一部分。

你们提出，团的专职干部应该适当增加。这个意见，我觉得是正确的。至于怎样增加，将来再考虑。过去提出每一个公社有一个专职干部，这是中央已经做了决定的，公社里边没有的应该补起来。

团的干部年轻化，或者更年轻一些。这个意见也是对的，也是好的，应该更年轻一些，这要逐步地做。听说好多同志这一次来参加这个代表大会就是来毕业的。该毕业就毕业，不该毕业还是要继续干下去，按工作需要，总还要有一部分年龄稍微大的同志在团里面领班。但是，总的来说，应该逐步降低团的各级干部的年龄，这一点是很重要的，应该这样做。

工业生产要专业化*

（一九六四年六月二十六日、七月二日、九月一日）

一

机械工业要实行专业化生产。可以把分散在各分厂的通用车间适当集中，把整个机械工业的铸造厂、锻造厂适当集中，搞专业化生产。这样做可以降低成本，增加产量，提高质量。没有专业化，就不可能发展先进的技术。把机械工业改组好，还能把其他行业带动起来。

通用机床品种单调，精密机床少，是我国机械工业面临的主要问题，解决这一问题的关键是要做好机械工业的改组、改造和调整。要在两三年内，把沈阳的第一、第二、第三机床厂改造成精密机床厂。精密机床多了，我们在国际上的声誉就会好起来，一定要打开国际市场。沈阳机床厂的改造要由国家经委、计委组织进行，打破中央、省、市的界限。技术力量和设备的调整，要通盘考虑，一项一项地安排。通用机床与精密机床的产量要有适当的比例，搞什么水平的通用机床，搞什么型号的精密机床，要有一个统一的规划。第三个五年计划期间，对东北生产精密机床的数量要提

---

* 这是邓小平两次谈话和一次发言的节录。

出具体要求，根据这个要求进行改组和改进。增加品种，提高质量，要在现有的基础上进行，不要又加人又建新厂。

在企业的管理体制问题上，我们不能用资本主义的方法，苏联那一套也是不成功的经验。我们怎么搞，要慢慢摸索。

（一九六四年六月二十六日听取沈阳市机械工业生产情况汇报时谈话的节录）

二

要按照需要定出产品的型号，成批生产。不要今年搞这个，明年搞那个，钱和时间花了，还建不起像样的海运力量。要注意组织专业协作，不要搞万能厂，事事都自己干。

（一九六四年七月二日参观大连造船厂时谈话的节录）

三

我们要打破苏联框框，要降低成本，提高劳动生产率，要搞小而精。比如造船工业，我们的职工人数跟人家的一样多，人家每年造二百一十万吨，我们造三十万吨，什么原因呢？还是那个老问题，人家是专业化、系列化。

（一九六四年九月一日在各中央局第一书记会议讨论中央与地方关系等问题时发言的节录）

办学校要两条腿走路*

（一九六四年七月三日）

办学校要两条腿走路，既要办正规学校，也要办简易学校，还可以办职业学校。普通中学，有的可以改为技工学校或职业学校。但是，不能增加在校职工。对职业学校的学生也不能包分配。

* 这是邓小平听取中共旅大（今大连）市委负责人汇报工作时谈话的节录。

汽车行业要用革命的方法进行改造*

（一九六四年七月十日）

我们有些搞工业的人总以为厂子越大越光荣，工人越多越光荣。不和其他国家比，还觉得挺光荣，一比就知道落后了。鞍钢可能是世界钢铁企业中最落后的。我在大连造船厂看到铁链子都是他们自己生产，那怎么行！现在，全国汽车行业有十六万人，相当于美国福特汽车厂的一半。人家一年生产三百万辆汽车，我们只能生产几万辆，这说明我们的生产力水平落后。我国至少应该每年生产一百万辆汽车，汽车的价格才能降下来，大家才能用得起。今后对一个厂子进行评定不能根据职工人数的多少、占有地盘的多少。要下决心搞出一个革命性的方案，对汽车厂进行改造，包括对北京、上海的汽车厂进行改造。改造的内容应包括生产、科学实验和设计等方面。要用革命的方法，不能用改良的方法。汽车这个行业要搞革命，主导思想应该搞革命。宁可减少产品，也要利用这个时间完成对企业的改造。用两年的时间来搞调整，来革命，是增加生产的好办法。规模大的企业，比如鞍钢，现在要改造就难了。汽车工业还很年轻，还比较容易改

---

* 这是邓小平视察第一汽车制造厂时谈话的要点。

造，汽车厂只有几家，现在进行改造是最好的机会。不搞，就永远落后。解放牌汽车现在年产十万辆，再过几年，就落后了，所以解放牌汽车也要改造。类似的还有造船工业，这两个行业要起革命的示范作用。汽车生产，要实行标准化、系列化。不然成本不能降低，产量上不去，品种也单调。大厂、分厂可以独立经济核算，自负盈亏。可以买一些外国的技术，来搞标准化、系列化，要考虑怎样吸收世界上的先进经验，美国、日本、西德的汽车工业都很先进。第一汽车制造厂的工具分厂可以独立出去，组建成一个为汽车、拖拉机服务的综合工具厂，以增加品种，增加产量，提高技术水平。工具厂搞好了，不仅自己的生产有保证，还可以为国家创造更多的财富，为全国解决一些困难。办企业不能关起门来，要做广告，做宣传，要扩大服务范围，让大家都来买你们的产品。

总之，要革命，要步步革命，希望你们带头。革命之后产量就会跟上去。

要用经济方法管理托拉斯*

（一九六四年七月十一日、十月十三日）

一

我们现在搞的托拉斯[1]，有些不是用经济方法管理，而是用行政方法管理。托拉斯就是按行业去管理，只有个别的计划部门，有一两个司管理综合的东西。汽车托拉斯，根本不要搞司、局这一套，那就可能节约人。托拉斯是合同订货关系，不能把别的厂子并到你那里去，那叫什么托拉斯？有好几万人，成本核算更困难，经济核算更不合理了。世界上所有的托拉斯，都不是这种形式。托拉斯与托拉斯也有关系，互相订货嘛。怎么能把所有与汽车工业有关的都放在你那里？现在我们有些工厂是万能工厂，大学也是万能大学。系越分得细用途越窄，知识面越不广泛，结果钻到里面去，思想就越不开阔。上海有些技术工人本领大，知识广。上海小厂、弄堂厂很多，有些弄堂厂了不起。沈阳小厂子有的也了不得。技术不一定出在大厂。

项目可以先搞收益大、可以积累资金的。搞一笔钱，专款专用。省里投的钱赚回的钱归省，一两年就把投下去的钱

* 这是邓小平两次谈话的节录。

拿回来了，用这笔钱又可以去搞综合利用，搞第二个、第三个项目。这是“驴打滚”的办法。省里专列项目，这笔钱不准别用。这个问题已经谈了好几年了，完全指望中央投资不可能。沈阳冶炼厂投资两千万元，单硫酸一项一年就收回两千万元。要选容易搞、又能很快收益的项目。要有规划、设计，不然就来不及。搞了第一项就准备搞第二项。这笔钱不作别的用，中央不提，省也不提，市也不提，将来还不统统都是国家的？

（一九六四年七月十一日听取中共吉林省委负责人汇报工作时谈话的节录）

二

搞托拉斯，是用经济办法管理企业，通过经济关系搞协作，有利于专业化、系列化，能更快发展新技术，发展生产。托拉斯不要搞大而全。

（一九六四年十月十三日主持中共中央书记处会议讨论计划问题时谈话的节录）

注　释

〔1〕托拉斯，英文 Trust 的音译。是资本主义垄断组织的高级形式，由许多生产同类商品的企业或与产品经营有密切关系的企业合并组成。在社会主义国家，托拉斯是社会主义企业的组织形式之一。我国在一九六三年至一九六四年，中央工业交通部门先后试办了烟草、盐业、医药、橡胶、铝业、汽车、纺织机械、地质机械仪器等十二个托拉斯企业。

干部既是领导者又是劳动者[*]

（一九六四年九月二十八日）

干部参加劳动，是我们搞社会主义的一个标准。劳动能改变人的思想。干部参加劳动，有了劳动的习惯就不会变懒，思想意识也就不同了，就不会去贪污、浪费，侵占别人的劳动成果，就能以普通劳动者的身份去工作和斗争，与群众的关系就会更密切，对生产的领导就会更具体，实现领导与技术的结合，促进生产的迅速发展。这样可以使我们的革命干部既是领导者又是劳动者。

* 这是邓小平会见印度尼西亚《人民日报》代表团和越南《学习》杂志代表团时谈话的一部分。

困难都怪修正主义和天灾不行*

（一九六四年九月二十八日）

困难都怪修正主义和天灾不行。缺点永远会有，错误也是会犯的。新的事物不断出现，如何对待新事物，总是没有经验，没有经验就要摸索。总的路线正确了，工作还是会有缺点，会犯错误。过去我们把指标定得太高了，要求建设搞得过快。我们从农民身上拿走过多的粮食，伤了农民的元气。搞加快工业化，伤害了基础。事实提醒了我们，于是我们搞了三年的调整，提出调整、巩固、充实、提高的“八字方针”。今后在农业方面，我们要做些扎实工作。今年农业生产在许多方面大大超过了历史最高水平，工业方面品种增加了，质量也提高了。

过去搞工业指望人家，百分之九十以上的油料，包括工业、军事、民用等方面用的油料，都是从苏联来的。他们就以此来压我们，这怎么办呢？只能靠自己干，依靠自己就有办法，大庆油田就是这样搞出来的。三年时间搞出了一个大油田，军用、工业、民用的不同品种的油料都搞出来了，现在我们石油基本上可以自给。如果赫鲁晓夫〔1〕不帮我们的

---

* 这是邓小平会见印度尼西亚《人民日报》代表团和越南《学习》杂志代表团时谈话的一部分。

忙，不要说一九六四年，就是到一九七四年也不能解决石油问题。其他方面也只有靠自己。现在尖端科学也有了新发展，如研造原子弹，带动了许多方面科学的发展。

钢产量今年没有达到历史最高水平，只有一千万吨，过去达到过一千八百万吨，但我们不再看产量多好还是少好，而主要是看品种、规格。

注　释

〔1〕赫鲁晓夫，当时任苏共中央第一书记、苏联部长会议主席。

计委要搞好长远规划*

（一九六四年十月十三日）

一、二、三线[1]建设是战略问题，是第三个五年计划的基础，实际上也就是长远计划。技术革命，综合利用，还有设备更新，计划都抓住了。常委会还要专门讨论计划，要根据毛主席和常委们的意见再修改。搬厂是“一分为二”，是把一线重要的技术力量、设备样机搬到后方去，是用一线的技术力量发展三线。沿海地区的企业还是要继续发展生产，搞机械化、自动化，搞技术革命，不过，不再搞新的建设了。从长远来说，沿海的比例不一定大。

国家计委是综合机构，是中央、国务院的参谋部。计委要革命，首先要革掉繁琐哲学，真正起到综合和仲裁作用。计委的主要任务是对战略、技术革命、投资分配和劳动工资等问题进行综合平衡。要站在矛盾之上，不能跟各“口”走，要按照计划办事。大区、省确实需要一位书记兼计委主任。计委光是算数字、拉计算尺是不行的。计委要站得高、管得大，在工作中才能体现总路线、战略方针，才能促进技术革命，发展生产力。计委不要算细账，要算大账，如职工总数，工资总额，战略，一、二、三线建设布局，综合利

---

* 这是邓小平主持中共中央书记处会议讨论计划问题时讲话的要点。

用，系列化、自动化进度如何，技术革命（如氧气转炉炼钢）搞了多少等。

计委的工作方法是打歼灭战。比如对西南几条铁路的建设，计委要经常了解进度、是不是采取了打歼灭战措施。打了歼灭战，生产力就会马上发展起来。同时开工十几个项目，不如建成一个项目。

计委要搞好长远规划，包括中央局、省、县也是如此。要站得高，就要有个五年计划或者更长远的规划，发展新技术也要有长远规划。有了长远规划，年度计划就可以搞得简单些，不必花那么大精力。长远规划要包括战略部署、新技术、综合利用、劳动工资这样一些大问题。长远规划的做法，不是像年度计划那样搞一张表，内容不是一张表能表达清楚的。长远规划也有个革命问题。

注　释

〔1〕一、二、三线，见本卷第207页注〔3〕。

党一定要有领导核心*

（一九六四年十一月二十日）

列宁在《共产主义运动中的“左派”幼稚病》一书中对群众、阶级、政党、领袖的关系讲得很清楚。我们的党是有高度统一意志的革命的党、战斗的党，党的组织原则是民主集中制。党一定要有领袖，有领导核心。全国要有全国的领袖，地方要有地方的领袖。省有省的领导核心，县有县的领导核心，一个支部也要有核心。各级组织都如此。没有领袖和核心，就要培养领袖和核心。要革命的话，就应该建立这样的党。就是工人运动、农民运动，没有领袖行吗？领袖就是团结的核心，他本身就是力量。中国革命之所以取得胜利，就是因为有了毛泽东这样的领袖。领袖与集体领导是不矛盾的。

* 这是邓小平会见秘鲁共产党（马）中央第一书记萨杜尼诺·帕雷德斯时谈话的一部分。

建设社会主义的两条根本经验*

（一九六五年二月十一日）

一九五九年以后，由于自然灾害、苏联断绝援助，再加上自己工作中的错误，我们经历了几年的困难时期。有三年时间，市场东西少，粮食也不够，许多东西如机器放在那儿搞不出产品来。一九六二年下半年开始好转。从去年开始，可以说全面好转，无论工业、农业还是市场供应完全达到正常水平。我们的根本经验有两条：第一，要按照自力更生方针建设社会主义；第二，要充分动员人民的力量。两者相互联系。

在开始建国的几年中，我们在建设方面确实犯过教条主义的错误，不从中国的实际出发，照抄别国的经验，主要是苏联的经验。因为我们不懂社会主义的建设问题，没有这方面的知识，只能求助于苏联。因为苏联社会主义已搞了几十年嘛。苏联的经验有一部分是应该学的，但是有相当一部分，在我们总结经验时发现，学得不正确。在相当长一个时期，因为没有经验，我们忽略了自力更生。不自力更生，就产生依赖心，一有依赖心，自己动脑筋就少了。我们有好多规章制度都是抄来的，它们是妨碍生产力发展的。好多建设

---

* 这是邓小平同摩洛哥共产党代表团会谈时谈话的一部分。

项目，都是贪大、贪全，很不经济。另外，对世界上的先进经验吸收不够，有许多东西搞得不好。许多欧洲和日本的内行一看就说，这很不经济。什么时候我们才开始比较动脑筋呢？一九五九年特别是一九六〇年以后。赫鲁晓夫[1]帮了我们的忙，他一下撕毁了几百个协定和合同。过去，我们缺个零件、材料，就向苏联买。好多重要原料，如石油、重要的钢材品种，我们很少，自己不能制造，要靠苏联。赫鲁晓夫撕毁合同后，预订的重要东西，如飞机上的重要部件不给我们了，卡我们。航空用油以及机器润滑油都不给我们了，西方也不给。怎么办？这就逼着我们自己搞。就在这样的情况下，我们解决了一系列问题，一项一项地解决，如钢材品种增加了，航空方面的材料和技术靠自己解决了。我们进行了石油大会战，石油和各种石油产品也由自己搞出来了。可以说，只花了三年时间，现在所有的石油产品我们已基本上自给。再过几年，石油还可以出口一些。过去西方人都说中国没有石油，但我们自己的地质专家说，中国有石油，而且有大量石油。现在证明了根据中国专家的理论，勘探出有石油的地方不少。现代技术，包括导弹和原子能技术，他们不帮助，我们就自己搞，现在证明了我们也搞得出来。所以，我们到处介绍自力更生的经验。自力更生，并不是不同国际接触，任何问题都完全由自己解决，而是主要靠自己。自力更生是我们根据中国的实际情况总结出来的建设社会主义的根本经验。

我们的第二个根本经验是依靠人民，包括工人、农民、知识分子，充分发挥他们的积极性。只有毛泽东同志和其他领导人动脑筋，是解决不了困难的。靠几亿人民，靠工人、农民、知识分子，靠几千万干部，大家动脑筋，这很重要。在困难时期，我们同人民群众讲困难，告诉他们为什么会产生困难，我们犯了什么错误，号召他们充分发挥智慧。因此在最困难时期我们是团结的，没有被困难所吓倒，而且在困难中树立了雄心壮志，克服困难的劲头很大。依靠广大人民群众，我们克服了一个又一个困难。群众路线，是我党的根本传统，也是我国的根本传统。我们在开始建设的头几年没有很好地保持这一传统。经过这几年经验总结，我们认为无论是搞革命还是搞建设，都要执行群众路线。离开它，什么事情都干不好。

注　释

〔1〕赫鲁晓夫，曾任苏共中央第一书记、苏联部长会议主席。一九六四年十月被解除领导职务。

亚非拉被压迫民族是削弱和打击帝国主义的主要力量*

（一九六五年二月十二日）

民族解放运动是世界无产阶级革命的一部分，是无产阶级的直接同盟军。现在世界上的亚非拉被压迫民族，即你们说的第三世界，亦即中间地带，是革命风暴的地区，是直接削弱和打击帝国主义的主要力量。

第二次世界大战后，世界主要矛盾在哪里呢？我们一直认为主要矛盾是亚非拉被压迫的民族同帝国主义的矛盾。所有社会主义国家，所有共产党都应推动这方面的革命斗争，打击帝国主义，一步一步地实现无产阶级的革命事业。在这一点上，我们之间的观点差不多。我们作为一个社会主义国家，将竭力支持所有反帝斗争，不管其性质如何，只要反帝就支持。我们着眼于反帝战略，支持各类国家的反帝斗争。而最重要的是告诉他们，我们支持他们的反帝斗争，推动他们反对帝国主义，增强他们抵抗帝国主义的力量。实际上这就是打击和削弱了帝国主义。

一些亚非国家也讲社会主义，但我们看来，他们的社会主义同我国的社会主义不同。我们同奈温〔1〕说：社会主义，

---

* 这是邓小平同摩洛哥共产党代表团会谈时谈话的一部分。

大家都在试验。你们也可以试验一下，但缅甸的社会主义同中国的不同。我们的社会主义要消灭剥削制度。奈温发表的社会主义纲领，苏联报刊非常推崇，非常赞扬。我们没有这样做。奈温对我们说，苏联已经表示赞同，而缅中两国关系比缅甸同苏联好，中国为什么不发表我们的社会主义纲领。我们就直率地说：我们的社会主义制度同你们的不一样，对它的理解也不一样。你们要实行社会主义，可以试试。他了解了我们的看法，并没有影响两国的国家关系。现在社会主义多得很，不仅现在，过去也多得很。《共产党宣言》中就谈到了许多种社会主义。从根本上说，社会主义归根结底是消灭剥削制度。单单企业归国家管理，不叫社会主义，因为这在美国、德国〔2〕、法国都有。重要的是我们应该支援亚非拉被压迫民族反对帝国主义的斗争。他们反帝同时也支持了我们。就是对一些形式上独立的国家，我们的看法也是如此。我们的政策是同他们发展国家关系，如有可能，又有需要，也可以给以一定援助，目的是增加其抵抗帝国主义的力量。现在在亚洲、非洲，有相当数量这样的国家。我们不想控制他们，但要增加他们的反帝力量。这对世界革命有战略意义。

注　释

〔1〕奈温，即吴奈温，当时任缅甸联邦革命委员会主席、革命政府部长会议主席。

〔2〕德国，这里指德意志联邦共和国。

社教运动要及时转到生产建设上来*

（一九六五年二月二十二日）

所谓不要搞计划外，一个是地区不要搞，一个是部门不要搞。

农业机械的根本出路在于降低成本。可以节约一部分农业事业费，用于农业拖拉机站的建设。要多生产汽车、拖拉机。要发展生产，降低成本。

反对资本主义经营管理思想和方法，要划清界限，中心问题是反对弄虚作假、欺骗国家、揩国家的油、拿公家的东西肥本单位。

要把留有余地同弄虚作假区别开来。这里牵涉一些分成和奖励制度问题，要定一些规矩，比如奖金不得超过多少，分成不得超过多少。合法范围内的奖金额，准许人家用。这个问题要解决。不能搞两本账，要一本账，摆在明处。要一个杠杠，是否先搞一个奖金总额，规定不超过什么限度。超额分成也要搞个杠杠。这个问题可以交换一下意见。定额定低点，也没有害处。研究这么一个杠杠，超过的就上交国

* 这是邓小平主持中共中央书记处会议听取全国工业交通工作会议和全国工业交通政治工作会议情况汇报时的插话。

家。留有余地是合理的，计划很难那么准确。

试办托拉斯[1]，煤炭就叫煤炭公司。暂时就用托拉斯这个名词也不要紧，这是对内用的，对外就叫公司。日本不是就叫株式会社吗？汽车、拖拉机非合不行。汽车、拖拉机很多东西都一样，合在一起可以搞标准化、通用化。现在托拉斯收厂同地方有很多矛盾，关系复杂的可以慢一点收，先取得经验。最重要的是不要把那些不重要的东西都放到托拉斯，一般的机械厂不宜先搞，那些厂天天要与别人协作。先搞些重要的，像汽车托拉斯等等。对试办托拉斯，既然意见不一致，就搞慢一点，今年搞三个。这是个新东西，还没有经验。

社会主义教育运动，有些企业的干部已经检讨得差不多了，就不要再检讨了。工厂清理坏人，目的是为了搞好生产，搞好技术革命、管理革命和增产节约，要及时转到这方面来，迟转半个月就是半个月的损失。

处理贪污问题，如果数额不大，检讨得好，也可以不戴帽子，但要调换一下工作岗位，不能把他放在负责任的岗位上。这个政策应当肯定下来。这样一来，别人就没有顾虑了，就敢坦白了。

设计单位对混进来的人要清理，不是清理成分，而是清那些混进来的坏人。对一些根本没有能力的人，也要清理一下，这些人不一定是坏人。归根结底，落脚点要落到设计革命，包括设计思想、设计作风、设计规章制度的革命，就像工矿企业要落脚到生产、技术革命、管理革命一样。设计单位“四清”[2]的时间可以搞短一点，要同“二十三条”[3]的说法一致起来。

恢复农业生产、发展轻工业、加强交通运输，这是长远规划和第三个五年计划中要纳入的问题。

这个文件[4]修改得比原来的稿子好，逻辑和内容都比较清楚，就是行话比较多，你们内行才能看懂。

关于"政治工作要点"，有两个问题。第一个问题是，对团的工作、工会工作没有涉及。这个问题至少要写两句话。政治工作机构是党的工作机关，共青团和工会是党的两个助手，政治工作不能不涉及这一问题。第二个问题是，社会主义教育运动，在工矿企业要想办法搞得快一点。根据"二十三条"的精神和过去"五反"[5]的经验，是可以搞得快一些的。否则，这么多的工厂，加上街道、学校，要搞到什么时候？要想个办法搞得快一点。所谓快，就是要采取适当方法，充分发动群众进行"四清"。可以清理的就清理出来，彻底是不可能的。三四个月后，就可以调过头来搞管理革命、技术革命和干部参加劳动。总之，积累经验，搞得快一些。人们的精神面貌变了，就可以迅速转到生产建设上来。

注　释

〔1〕托拉斯，见本卷第216页注〔1〕。

〔2〕"四清"，即社会主义教育运动，是一九六三年至一九六六年五月先后在农村和少数城市工矿企业、学校等单位开展的一次清政治、清经济、清组织、清思想的运动。

〔3〕"二十三条"，指一九六五年一月十四日中共中央发布的《农村社会主义教育运动中目前提出的一些问题》。全文共二十三条。"二十三条"肯定了干部的多数是好的或比较好的，要尽快解脱他们；工作方法要走群众路线，不要

搞神秘化，也不要靠人海战术；“四清”要落实到建设上面，增产要成为搞好运动的标志之一。“二十三条”虽然部分地纠正了一九六四年下半年各地运动中的一些过左做法，但是片面强调这次运动的性质是解决社会主义和资本主义的矛盾，错误地提出运动的重点是“整党内那些走资本主义道路的当权派”等。

〔4〕这里指《一九六五年工业交通工作要点》，一九六五年四月十四日印发。

〔5〕“五反”，指一九五二年在全国资本主义工商业中开展的反对行贿、反对偷税漏税、反对盗骗国家财产、反对偷工减料和反对盗窃国家经济情报的斗争。

文教部门社教运动的方向要迅速转到业务上来*

（一九六五年三月二日、三日）

一

过去，工作队下去是专找岔子，搞得干部没有出路。按照“二十三条”[1]搞了以后，百分之八十干部的积极性调动起来。文化界的下乡三个月活动，也不要搞得那么机械。轻体力劳动，可以搞一点，上了年纪的人就不要搞同住、同吃。

现在有人不敢写文章了，新华社每天只收到两篇稿子。戏台上只演兵，只演打仗的，这个不让演，那个不让演。那些“革命派”是想靠批判别人出名，踩着别人的肩膀自己上台。要赶快刹车。

（一九六五年三月二日讲话的要点）

二

对前一段的工作，一是要肯定成绩，二是要指出缺点。

---

* 这是邓小平主持中共中央书记处会议讨论文化、教育部门开展社会主义教育运动问题时讲话的要点。

“二十三条”没有出来之前，有缺点是不可避免的。现在要总结经验，要研究根据“二十三条”，学校该怎么搞？运动的范围有多大？要达到什么目的？如北大一下子夺权，肯定有毛病，而斗争的方式也不正常，有问题，不符合党的传统。不能粗暴地对待犯错误的人，何况是好人犯了某些错误。文化部也应如此总结一下。市委、学校党委要系统总结经验，工作队也要总结经验，工作队的缺点，中央也有责任。应立即停止对冯定〔2〕每周七小时的批判。大学，包括小学，运动的方向要迅速转到落实教学、调动教职员工积极性方面。工厂也要比较迅速地转到生产管理上。“二十三条”出来后，不按“二十三条”总结经验不行。关于解决好红专问题，我对我儿子〔3〕说，你们不能讲唯成分论，否则你们就脱离广大群众。脱离了大多数，还有什么阶级路线！什么叫红专结合？这个问题还没解决，如学物理的对毛主席著作很熟，但物理学得不好。值得注意的是现在有部分学生忽视读业务书。现在学校的课外活动太多。

（一九六五年三月三日讲话的要点）

注　释

〔1〕“二十三条”，见本卷第230页注〔3〕。

〔2〕冯定，当时任北京大学党委副书记、哲学系教授。

〔3〕指邓朴方，当时为北京大学学生。

军队高级将领应该关心战略问题*

（一九六五年五月十九日）

我们高级将领应该关心战略问题。战略问题是整个国家的问题。拿军事实力来说，不能脱离国家建设。拿打仗来说，确实也是两个方面，一方面是从大打，从几个方面打来做准备；另一方面就是打不起来，还要考虑到这个方面。和与战的问题，实际上是经济建设和军队建设的关系问题。我们国家的军费开支，特别是由于我们的原子弹一出来，导弹一出来，特种兵增加，以后军费要大大增加。我们现在的钱，第一件事情应该准备搞那些一时来不及做的事情，主要是筑工事，包括堆山。

我们还应该注意干部培养。现在军委已经考虑，办军事学校的方针要改变一下，使我们现在许多优秀的战士经过轮训，就能够培养成为初级干部。实际上，干部培养也是来得及的。你们想一想，我们在座的很多同志，过去都是农民，没有文化，打了几年仗就当师长嘛！这样的人很多，当团长的更多嘛！现在的兵有文化，如果我们采取抗大〔1〕式的教

---

* 这是邓小平在中共中央政治局常委接见中央军委作战会议全体人员时讲话的要点。

育方法，轮训得更多一些，增加他们的知识，一打起仗来就是骨干，就可以当连长，打几仗，就可以当营长，再打几仗，就可以当团长。干部主要是在打起仗来的时候出。军队打起仗来，就会出人才，就可以把优秀的战士调去训练，训练半年就是好指挥员。这些方面属于来得及做的事情。

我们现在的钱要用到三线〔2〕、兵工建设上，用到搞原子弹、导弹上，用到军事材料的储备上。要准备敌人使用原子弹把我们的沿海地区打烂，那个时候，其他地方还有材料生产。我们要把钱用到这些方面。我们军费增长的趋势不同于过去了。过去是搞点步枪、机关枪、步兵用的炮，甚至大口径的炮，那个简单。现在同那时的性质不同了。所以，我们现在要从战略着眼，把这些方面搞上去。还要把民兵搞好。把民兵搞好，就有兵了。民兵里头有退伍军人。越南现在就是把退伍军人调回来组织新的师，战斗力不亚于现有的师，无非是抽一点干部。所以，现在我们这些将军们要把眼光放远一点。每一个同志都要有全局观点。我们过去搞军事工作，为什么打胜仗？就是这个问题。我们带兵的人尽管政治语言不多，但都是搞政治的。

注　释

〔1〕抗大，即中国人民抗日军事政治大学。

〔2〕三线，见本卷第207页注〔3〕。

怎样办好托拉斯企业*

（一九六五年六月一日）

究竟什么叫托拉斯[1]？全世界都在讲托拉斯，我们要同他们有区别。资本主义搞托拉斯是为了垄断、竞争、利润，我们要办的是社会主义的托拉斯。

我们办托拉斯也要创造利润、创造财富，但这不是主要的，主要是为了更加巩固全民所有制，发挥社会主义优越性；像少奇同志讲的，是为了提高质量，增加品种，降低成本，提高劳动生产率，适合人民需要，等等。

托拉斯要发挥优越性，非考虑合理布局不可。比如盐，一定要考虑矿盐、湖盐及其综合利用。所谓和备战结合，也是布局问题。有了托拉斯才便于合理布局。只要我们有计划、有组织地搞，有的三四年，有的七八年，有的一二十年，可以做到合理布局。

纺织机械公司怎么管？是不是以市为单位成立分公司管起来？分公司的计划、价格、原材料分配、产品收购等，由总公司统一。给分公司一定的权利，把分公司的职权搞清楚。纺织机械总公司可以考虑设在上海，归中央纺织工业部

---

* 这是邓小平在和刘少奇听取托拉斯试点工作座谈会领导小组汇报时的插话。

管，给市里一定的权力。其他总公司也不一定都设在北京，应该设在主要的生产地。汽车，有个总公司，这是全国统一的；上海也搞个分公司，还可以管南京；北京、天津也搞个分公司。有大辫子还有小辫子。自贡盐也搞一个分公司，把地方的财政包起来，由分公司拿钱。地方合理的需要要照顾，不合理的当然就不照顾。分公司与地方的权利要规定适当，有的按市组织公司的，不要一个地方搞两套，不要自找矛盾。

总公司无非是管计划、生产、技术、财务、产品销售、原料供应和价格。协作、财政分成，有些仍然可以归地方，免得打乱地方财政计划。有的分公司可以单一领导，有的可以双重领导。有些地方，不能成立分公司的可以成立总厂，由总厂管起来。

调整企业必须统筹安排，不要丢掉小产品，不要打乱协作关系。收了的厂也要担负原来的协作任务。这一条很重要，要特别在意。

托拉斯总不能万事不求人，汽车托拉斯总不能办成钢铁厂吧！托拉斯要实行专业化、标准化、系列化，进行合理调整。但开始不要打乱协作关系，先扎住阵脚，找好代替的再逐步改进。托拉斯不要搞成全能的，与地方要有协作。

托拉斯最大的好处，是解放了厂里的许多业务工作负担，使厂矿干部能够集中力量管生产了。对外的头减少了，人员减少了，技术人员可以集中使用。

总之，托拉斯成立以后，有个原则，托拉斯的管理是统一加分级，厂本身是一级。厂一级要给它一些权利。管，主要是管住它不乱搞，不要搞物质刺激。厂一级要搞核算，要计算成本。托拉斯管销售，就是管批发站。价格要统一，赔钱的厂要总公司补贴。沿海的工厂成本低、赚钱，就可以用来贴补内地。总公司统一核算调剂，这就体现了社会主义托拉斯的优越性。

组织托拉斯要采取过渡的办法，逐步调整。原来归地方财政的，还统统归地方。先组织起来，将来再调整。

标准化总得一起搞。这是汽车和拖拉机托拉斯的共同任务。标准化哪个好，就向哪个靠。仪器仪表，不管搞不搞托拉斯，采取什么办法能快一些发展，总是必要的，现在是大大落后了。你们生产仪表的市，自己先梳梳辫子，这不是比不搞好吗？可否有几个大城市先成立几个分公司？总之，要采取办法，把仪器仪表的生产搞得更快一些。

仪表的技术力量还不够，技术力量的培训要大抓一下，生产要多搞一点。经委要有机构管，同有关部门一起抓一下，搞规划、安排投资、培训技术力量，开“三结合”〔2〕会议。

上海的专业公司与托拉斯有什么区别？看来，专业公司和托拉斯的区别是：它不是经济核算单位。专业公司可以再前进一步，可以抽一部分来试办托拉斯。每个市试几个。办托拉斯以后，税收可能会减少一些，但利润增加了，总的收入不减少，财政部门就可以放心了。这样大家都会赞成。对中央、地方，对企业生产都有利，托拉斯就办通了。

铸锻可以由地方统一办托拉斯，不要中央搞。为什么只搞北京一个地方？上海可以搞一个区域性的，天津、沈阳也可以搞。现在这方面的浪费很大。中央企业就可以浪费吗？这个问题好好抓一下，就可以做到很大的节约。北京先试也可以。供热、供气也要搞。凡是工业城市，企业没有梳辫子的都要按专业梳成辫子，不要等托拉斯。

注 释

〔1〕托拉斯，见本卷第 216 页注〔1〕。

〔2〕“三结合”，见本卷第 1 页注〔2〕。

共青团如何领导青年*

（一九六五年八月九日）

党组织和领导干部的年龄结构是个问题。解放前，党员中青年占多数，现在是一年比一年老。从长远看，要考虑接班人如何接班的问题，要把一些青年人放到领导岗位上，不能老不交班。首先要从团的干部开始更新，县以下团的干部不要超过三十岁，这也算冲破一个缺口嘛！

现在城市的机关、企业的科室、研究单位，有大批超龄团员，很多人不愿意离开共青团。超龄团员到了百分之六十就可以说“团员当中无青年，青年当中无党员”了。所以，团员要发展快一些，党也要多发展些党员。团要考虑究竟发展到一个什么比例比较适当，党也要考虑发展到什么比例比较适当。过去我们总是卡得很紧，有个框框。团员的比例，百分之二十五到百分之三十比较好，在农村可以达到百分之二十五，在城市可以达到百分之三十，工交企业和学校还要高一些。把百分之二十五到百分之三十的青年吸收进来，形成团结青年的核心。要分期发展，逐步做到。不要让有些青年始终入不了团，搞得灰溜溜的。少先队也是这样。少先队

* 这是邓小平主持中共中央书记处会议听取共青团中央书记处和中华全国总工会党组成员汇报工作时讲话的要点。

名称不要改了，还是叫少年先锋队，简称少先队。根本的是改变内容，所谓内容，就是小孩子到了年龄就编进少先队，不要再搞什么手续了。

农村俱乐部现在主要还是由共青团管。工厂的俱乐部由工会搞，不要交出去。你们把俱乐部交出去，还怎么做群众工作？

共青团还要做落后分子和地富子女的工作，对他们实行重在表现的政策。所谓最大限度地把青年团结起来，就是要做这些人的工作。要团结教育他们，为他们的前途着想，这是个政策问题。过去，共青团只搞积极分子的小圈子，对他们很冷淡，把他们隔开了，这不好。一定要做这些人的工作，团结他们，帮助他们，使他们跟着党走，搞社会主义。什么叫阶级政策？把他们争取过来搞社会主义，这就是阶级政策。有一些娃娃，总是要把自己同他们隔开，表示自己很清高，这不是我们的阶级政策。

主要的问题是共青团如何领导青年。现在“苛捐杂税”太多。好像管的事越多，就越起作用。乱抓乱管，问题很多。这不只是学校的问题，机关也是一样。有的机关每天下班后，规定学《毛选》，学文件，有娃娃的也不能回去。其实，效果很差，是在那里搞疲劳战术。《毛选》怎么学法才有益处，要研究一下，总要让人学得有味道才行，统统按一个办法不行。现在有不少学习标兵，各家都搞了，如果统统按学习标兵那样要求也不行。有些文章学过很多遍，像毛主席的四篇文章〔1〕前两三年就学，现在又重复学，年年都学，作用究竟有多大？又比如讨论，今年讨论了，明年又讨论，结果大家是带着任务讨论，而不是带着问题讨论。听报告，一次不到就叫不积极。一个报告，听一次就够了嘛！为什么要让反复听？形式主义害死人。对这种学习方法群众也不满意。毛主席还有哲学著作，还有其他方面的著作。文化水平高的，就可以辅导青年人学习《矛盾论》、《实践论》。为什么不可以读《矛盾论》、《实践论》？大学生还可以读一读《共产党宣言》、《社会主义从空想到科学的发展》、《国家与革命》、《共产主义运动中的“左派”幼稚病》等等。马列经典著作要选读得宽一些，知识面要搞得广一些。青年人也要学一点农业科学、自然科学和其他方面的知识。俱乐部要加强对青年的学习指导。这对于提高思想，发展科学文化都是有好处的。要从多方面去指导青年。

在青年中，对毛主席著作中一些基本的东西，是要提出学习的，但一年四季都搞学习也是不行的。他们有自己的爱好和要求，有喜欢搞无线电的、有喜欢打球的、有喜欢搞科学试验的、有想看点自然科学书的。要懂得青年有不同的爱好和要求，工会、共青团一定要按照自愿的原则去组织青年人，发挥他们的特长，强制一定搞不好。俱乐部在指导青年学习的时候，总是要注意青年的兴趣，要多种多样，提倡自愿，根据需要，多方面组织青年读书。基本知识多了，也就活了。

公社团委配一个专职的，有些配半个专职的，还是需要的。在这方面不能节省。精简机构，主要是在事业、企业、党政系统。团的编制不大，妇联的编制也不大。妇女工作做起来后，人也不够。上边的机关、报社等人多的可减一些，下边不要减了。妇联也一样。团的工作发展了，队伍越来越大，事情越来越多，干部不能减少，连个通风的人都没有还行？同意你们的编制定额。团县委五个人并不多。有的县几十万人口，大的县一百多万人，管那么多青年，几个干部是需要的。过去在江西中央苏区的时候，团县委也不止五个人，总有八九个人，还有儿童局、少先队部。当时，县党委的人并不多，瑞金只有十几个人。现在，又有共青团，又有少先队，大的县，团县委八九个人也是需要的。

注　释

〔1〕这里指毛泽东的《反对自由主义》、《纪念白求恩》、《为人民服务》、《愚公移山》。

要积累农业机械集中使用的经验*

（一九六五年八月十一日）

农业机械要集中使用，东一点，西一点，不行。方针是打歼灭战。如果分散，零零星星，领导的重点摆不到那里，就积累不起经验。要搞整个县领导农业机械化的经验，就是啃住一个县一个县地搞好，创造完整的经验。在华北平原和几个三角洲地区，可以定出若干个县，用几年时间把机械型号慢慢统一起来，逐步实现配套。有了农业机械化以后，生产队的规模也会发生变化，小块地就不行了，核算单位势必要大一点。归根到底在生产这个环节。农业机械的生产过程中要注意质量第一。

农业机械的价格是要通盘研究的问题。要算一个账，包括机械的折旧费、机耕费、油料费，在集中使用的情况下，到底一亩地多少钱？总之，要让使用农业机械的农民能够得利，感到划得来，逐步做到国家不再负担。相应地，农药、化肥这些都算一个账。国家的帮助，无非是从税率、出厂价格或者其他什么环节上减，或者由国家补贴。在灾区，机耕

---

* 这是邓小平在和刘少奇、周恩来等听取全国农业机械经营管理工作会议情况汇报时谈话的要点。

费索性由国家补贴，列入救灾费，交给拖拉机站，免得拖拉机站没有办法经营。可以允许拖拉机站搞运输，无非是降低生产成本和管理费用。国家也可以不直接补贴，改用降价的方法。管理费用、成本等大有文章可做。还可以搞综合利用，把人力节约出来以后，农民可以增加收入。这也是生财之道。

要制定为正确路线服务的具体政策*

（一九六五年九月十日）

你们这次来，我只能介绍一些我们党的经验，这些经验不一定适合你们国家的情况。认识自己国内的政治形势、社会情况、阶级力量的分布，制定正确的路线和政策，解决一个国家的革命问题，不是很容易的。即使路线方向搞对了，没有一套为这个路线方向服务的具体政策，正确的路线也是贯彻不了的。比如农民问题，我们提出反封建的任务是比较容易的，但是在每个革命阶段提出农民工作的具体政策，就不是很容易了。没有深入的调查研究，并且碰一些钉子，这些问题都不会一下子解决好。我们党最早懂得农民问题的是毛泽东同志。大革命时期，他在广东办农民运动讲习所。毛泽东同志常对我们讲，他那时对农民的了解也是皮毛。到他写《湖南农民运动考察报告》时，才深入研究农民问题。他花十年功夫把农民问题弄清楚了，才能够在第二次国内革命战争时期制定出正确的土地纲领，并且提出正确执行土地纲领的政策。日本入侵中国后，民族矛盾成为主要矛盾。因为我们对农村问题有深入的了解，所以在矛盾变化时能提出正

* 这是邓小平会见苏丹共产党（革命领导）代表团时谈话的一部分。

确的解决办法，把没收地主土地的政策改变为减租减息政策。我举农民问题的例子，就是要说明，根据本国的具体情况，制定出正确的路线和政策，要花大功夫才行。同样，搞统一战线、学生运动、工人运动也是如此。

制定正确的纲领和具体政策，外国兄弟党帮不了忙。中国革命斗争的经验，也解决不了你们的问题。中国革命斗争经验具有普遍意义的只有一条，那就是马列主义同本国具体情况相结合的原则。我们跟兄弟党会谈时，都一再说明这一点。每个兄弟党的纲领、政策，都要自己制定，从本国实际情况出发，逐步形成。犯了错误自己改，搞对搞错都可以成为宝贵财富。自己得到经验，我们认为是非常重要的。我们党曾犯过两次右倾错误〔1〕、三次“左”倾错误〔2〕，说得清楚一点，都是受苏共影响，照搬照抄，结果不符合中国的具体情况，使革命受到很大损失。

注　释

〔1〕两次右倾错误，指第一次国内革命战争后期以陈独秀为代表的右倾机会主义错误和抗日战争初期以王明为代表的右倾机会主义错误。

〔2〕三次“左”倾错误，指一九二七年十一月至一九二八年四月以瞿秋白为代表的“左”倾盲动错误、一九三〇年六月至九月以李立三为代表的“左”倾冒险错误和一九三一年一月至一九三五年一月遵义会议前以王明为代表的“左”倾教条主义错误。

三线建设委员会要特别注意布局问题*

（一九六五年十一月十六日——十二月七日）

机械工业的品种数量间存在着矛盾。一般的新产品不够，精密的、先进的产品更不够。机械工业要搞得快一些，特别是精密机床，不然被动得很。贵州的煤炭、云南的木材搞起来后，没有机械工业为其服务是不行的。第三个五年计划期间增加二三亿投资，搞一百万台机床，主要要搞关键机床，使精密机床的比例达到百分之三十。

昆明机床厂制造的精密机床，在全国很有名气，但产量太少，目前我国的精密机床还要靠进口。我这次来，主要想解决生产精密机床的问题，不然天天叫进口，进口几千台还叫不够，日子不好过呀！要解决精密机床的需求必须立足于国内生产。可以把普通机床的生产转让出去，集中力量搞精密的机床。

三线〔1〕建设委员会要特别注意布局问题，像机械工业，可以搞成协作网。除了搞大厂、主厂外，搞些小厂、卫星厂。

四川交通不便，放汽车厂〔2〕不适合，应该放在外边。

---

* 这是邓小平在四川、贵州、云南视察期间谈话要点的一部分。

可以沿川豫铁路〔3〕，在鄂西、襄樊〔4〕一带选址。

煤钢联盟，中心是煤。攀枝花是得天独厚的好地方。在弄弄坪建钢铁厂，是非常理想的。

昆明钢铁厂新增设备要有现代化水平。另外要加大对旧设备改造的力度，提高劳动生产率。生产五十万吨钢几千人就可以了，如果再用一万人，在全国钢铁企业中还是最落后的。

云南的发展重点，从长期看，是有色金属，因为云南这方面条件特别好，“宝”很多。云南要搞成一个有色金属省。

工业还是以钢为纲。“三五”计划末期，西南西北的钢产量要达到五百万吨规模，再加上二线生产的五百万吨，打起仗来就不要紧了。整个工业质的提高，必须有一定的量做基础。

“三五”计划期间，建设电站要考虑钢铁生产，考虑用户的需要。不要搞得点很多，很分散。

注　释

〔1〕三线，见本卷第207页注〔3〕。

〔2〕汽车厂，指正在准备建设的第二汽车制造厂。

〔3〕川豫铁路，指当时正在建设的四川成都经湖北襄樊至河南信阳的铁路。一九六八年调整为重庆至襄樊，即今襄渝铁路。

〔4〕襄樊，旧市名，今湖北省襄阳市。

培养选拔青年干部重在表现*

（一九六五年十一月十九日、二十二日）

一

县以下的干部、公社干部年龄大一点没有关系，但要尽可能由本地人担任，逐步实现本地化。在培养提拔青年干部问题上，讲出身，不符合党的干部路线。如果不重在表现，只讲出身，多数科室人员、技术人员都不行。现在的大学生中，有干部子弟，有知识分子家庭出身的，有无产阶级家庭出身的。干部子弟就一定比知识分子家庭的子弟好？不见得。因此，培养选拔青年干部，不重在表现不行。

（一九六五年十一月十九日听取中共四川省委负责人汇报工作时谈话的节录）

二

要有意识地调些优秀的、实际工作时间比较短的干部到工矿企业、基本建设单位锻炼，搞几年“四清”[1]再上来。他们甚至要到车间直接参加劳动。不然怎样接班？选调的人

---

* 这是邓小平两次谈话的节录。

越年轻越好。要在“四清”中发展党员。可以发展一些四五十岁的人入党，但主要发展青年人。党员也有一个年轻化的问题。干部要能上能下，使多一些人取得领导经验。一个人当权久了，思想意识也会发生变化。但是，生产队长的改选要稳当一点。

（一九六五年十一月二十二日听取中共贵州省委负责人汇报工作时谈话的节录）

注　释

〔1〕“四清”，见本卷第230页注〔2〕。

因地制宜发展生产*

（一九六五年十一月十九日、二十二日）

一

泸州、自贡一带，双季稻产量低，是因为种子没有搞对头。种子问题，全国都没有搞好。种子要经常培育，否则要退化，美国就有专门的种子公司，他们的玉米搞杂交，每年都是杂交新一代，这样产量才能提高。

（一九六五年十一月十九日听取中共四川省委负责人汇报工作时谈话的节录）

二

要多搞副业，让贵州的人民能吃上肉。山上种一点木本作物，如橡子、核桃，当油料；种麻，解决穿的问题。贵州吃盐的问题还未解决，要好好研究一下。有些地方大脖子病解决不了，就是因为吃盐的问题没有解决。自留地是个政策问题，要很好地研究一下，该收的收，该放的放。贵州要遍地开花搞林场，沿铁路、水路造林。贵州不做到比四川富，

* 这是邓小平两次谈话的节录。

工作就算未做好。

贵州汞的开采和生产用土办法不行。要等把藏量摸准了，搞现代化开采。将来贵州一定是大工业区。一个厂就可以带一个公社。工厂要包山头造林。省委除了重点抓农业，解决粮食要自给外，非把乌江水电站搞上去不可。

（一九六五年十一月二十二日听取中共贵州省委负责人汇报工作时谈话的节录）

建立一个有战斗力的党*

（一九六五年十二月二十八日）

既然要搞革命，就要建立一个有战斗力的党，这个战斗力表现在党的组织是最高度的民主和最高度的集中相结合。要有高度的民主，但是没有高度的集中就没有战斗力。如果中央委员会或者中央政治局做了决定，而全党却可以执行，也可以不执行，那还有什么战斗力？一定要照列宁所说的，建立有最严密的组织和纪律的党。一定要有列宁所说的铁的纪律，否则党就没有战斗力。马列主义的党既然要战斗，就一定要是一个战斗性的组织。革命的党一定要有高度的战斗性。有了这么一个党，尽管人数少，也能制定正确的战略和策略，包括不断总结经验、改正缺点和错误。一个党是不可能不犯错误的。毛泽东同志经常说，我们党和他本人也经常犯错误。毛泽东同志最伟大之处，就是善于及时总结经验，看见不对的赶快纠正，看到好的东西赶快推广，抓住事物的本质，不为零零碎碎的现象所迷惑。只要我们这样做，就能够把群众团结起来，即使党员人数少，也能团结广大的群众。

---

* 这是邓小平会见澳大利亚共产党主席希尔和领导机构成员弗·罗素时谈话的一部分。

关于半工半读和高校改革问题*

（一九六六年一月八日）

半工半读方向是肯定的，步子要稳当。在第三个五年计划期间，半工半读学校和业余学校扩大一倍行不行？高教部要在预算中加在一起计算一下。不一定要求在第三个五年计划期间，让半工半读“这一条腿”达到同全日制一样的人数，不要勉强。可能半工半读能搞得快一点，半工半读估计中学可以，高等学校会有一定限制。办半工半读学校，我们的老厂人多好办，新厂人不多，不好办。长春汽车厂现在搞还可以，将来调出一批工人就有问题。业余教育是条道路。

学生毕业后，国家包不包？这个问题要很注意。我们的方向是，将来要走到当普通劳动者的道路上，现在这个问题在思想上还是很大问题，步子不能快。如第三个五年计划，半工半读人数扩大一半，每年要多二十几万人，怎么安排是个问题。业余教育这条道路没有危险，不影响生产。自学也能出批人才，从这条道路出来的人是以工为主，这些人中还不是同样能出发明家？但他们没有变，还是个劳动者。他们

* 这是邓小平主持中共中央书记处会议讨论半工半读经验和全日制高等学校改革问题时讲话的要点。

有了本事，总要提升他们。业余学校可以多发展。

其他的改革，都先搞试点。搞厂校挂钩，不能东一个西一个。应该怎么办，这些都需要研究。

要把这工作看得难一点。学校如何同工厂、公社挂钩？剥削公社是不行的。那么多的学生下去后，通通住社员房子，口粮如何补贴？下去后搞得很分散，如何进行教学？下去劳动期间总不能丢掉教学，不能劳动几年再回来学。这是不行的。在劳动中也要留点时间学习。下去后学些什么？这个问题也没有解决。彭真[1]同志在毛主席那里谈文科先搞上几个系下乡试点，那是一种做法。要改革课程，改造思想，下去后一个星期中能安排几天学习？对这些问题现在还没有很多经验，怕是要在今明两年好好研究研究。究竟有几种方法？学什么？如何学？可能会有多种方法。我不反对选择一两个学校分别试试，或者试一两个系。我们会走出一条道路来的，但是一定要有典型。

工科更要谨慎些。工科的学制应该多数是五年，少数是四年，不搞六年的。医科也不要认为非得学那么长，改四年制要进行试点，在少数学校试试，或在一个学校中选定某些系试试。

总之，一个原则，不能降低教育质量和科学技术水平。步子要走稳点。

教育工作这几年尽管有些错误，但总的说是有成绩的。培养出来的人起了作用。许多工作，多数是学校出来的人搞的。因此，对教育工作的估计也要一分为二。

注　释

〔1〕彭真，当时任中共中央政治局委员、中央书记处书记、北京市委第一书记。

国内形势和军队问题*

（一九六六年一月十七日）

备战的事一天也不要放松。备战这个纲一直到毛主席指出以后，特别是提出搞大小三线[1]的问题以后才提起来。现在提战备，不是当作一般工作来做，而是提到战略指导思想全力以赴来搞。例如我们三线建设的进展，就比平时按部就班做的速度快得多了，许多建设的质量也不同了。我们大小三线一抓，不仅国防上意义大，建设意义也是很大的。整个全民的备战，整个建设的备战，都已贯彻到今年开始的第三个五年计划里面了。

现在看来，我们在建设上，完全可以比过去搞得更好，要比第一个、第二个五年计划的效果大得多，进度也快得多，特别是我们采取打歼灭战的办法，强调质量，搞先进技术，搞得快，搞得省，搞得好。这也是毛泽东思想。新的五年计划，战略方针更明确了，就是抓三线，抓备战，这是个最大的指导思想，不但对战备有益处，而且对改变全国的建设布局意义非常大。过去是在一二线搞，主要是在沿海搞，现在搞三线，一线、二线、三线将来都是我们的工业基地。

我们党要搞好，就要始终坚持党的指导思想——毛泽东

---

* 这是邓小平在全军政治工作会议上报告的一部分。

思想。坚持毛泽东思想的建党原则，坚持毛主席提倡的理论联系实际的作风、联系人民群众的作风、批评与自我批评的作风。我们各级党组织，包括军队的党组织，一定要坚持民主集中制，坚持高度民主和高度集中相结合。要有战斗力，就要坚持这三个作风，坚持高度民主和高度集中相结合，否则还有什么战斗力？还有什么意志？总之，关键是党的问题，万事都是党的领导。军队也一样。军队要把一切放在党的领导之下，放在毛主席、党中央的领导之下。

军队的问题，概括地说，军队任务重，全国在学解放军。

任务重。一旦天下有事，将来仗打得好不好，要靠军队，要靠军队与人民结合。人民战争的骨干是军队。帝国主义怕我们，当然怕我们的全民皆兵，同样的是怕我们这个人民武装的骨干。

我们几百万军队是毛主席一手创建起来的。全国学习解放军，军队工作就必须搞好。在毛主席号召下，军队大批干部参加“四清”〔2〕，这是个锻炼机会。排以上干部分四批参加“四清”，感觉太紧了，有时候妨碍了军队的正常工作。不一定分四批，因为“四清”至少还有两年。可以把步子放长一点，还可以采取一些其他的办法。有些部队靠近工厂和农村，可以找些典型，让干部、战士到现场听听报告，看看真人真事。参加“四清”能够了解到，只要觉悟提高了，只要依靠人民，只要我们干部作风改进了，我们的建设可以搞得更好。

对认识有毛病的同志，只要讲清道理是可以改变的。对那些犯错误的人，我们党有毛主席建立的很好的传统，就是对犯错误的人一看二帮。所谓看就是总希望他改变错误，分配他工作就是帮，看他能改不能改。不能改也是我们党尽了责任，仁至义尽。对王明[3]我们就是仁至义尽。如果能改有什么不好？毛主席经常讲，凡是自己愿意革命的，准许革命。像这类性质的问题都这样处理。至于认识问题，那更应采取党内总结经验、批评和自我批评的方法，把问题谈清楚就行了。世界上没有一个党是这样做的。这是毛主席在建党问题上的一系列的大发展。这样的党能团结绝大多数，包括把犯错误的同志都尽量团结起来，这样的党很有战斗力。

我们军队打的是政治仗，政治第一。战争是政治，战略指导思想本身就是个政治。以弱胜强，以少胜多是什么？是政治。打得赢就打，打不赢就走，是政治，是战略原则。当然，一系列战略原则都是政治原则。军队越现代化，技术部分特别是技术兵种要求更高，但是政治可以带动技术。政治这个环节、思想这个环节解决好了，技术就可以提高。我们过去打仗，打的是政治。个人勇敢，是政治，各个部队组织战役、战斗，其中大部分也是政治。各个野战军、各个地区部队作战，一切都是为了全局。一个部队作战，一个团作战，有时把一个连放到最艰苦的方面，还不是照顾全局？哪一个部队打仗不是为了全局？一个班放到最艰苦的方面，尖刀连呀、请求当爆破手呀，这是什么？这不是政治？一个局部为全局的胜利，宁肯牺牲自己，使自己担负更多的责任，这不是政治？军民关系是不是政治？对敌军的工作是不是政治？基本上来说，我们是打政治仗。我们全民皆兵本身就是政治。解放军的战斗力是建筑在政治思想上面的。为什么能够这样团结？为什么过去能够以少胜多、以弱胜强？为什么我们能够无例外地照顾大局，或者说绝大多数能够照顾大局？还不是在统一的高度集中的党和毛主席领导下发挥了战斗力？还不是毛泽东思想起了作用？不靠毛泽东思想能够打胜仗吗？军队如此，工农业生产如此，地方工作也如此，全国都是如此。军队工作做好很重要，这是个拳头。军队工作做好了，对全国有很大的意义。军队每年有好多万人转业复员到地方。军队政治思想工作做得好，政治理论水平、思想水平高，作风好，这些他们是要带到地方的。这些年来，军队转业复员到地方的起了很好的作用，也有不好的是少数。军队可以带动地方。我们说任务重，道理也就在这里。

今年的元旦社论〔4〕讲了接班人问题、选择干部问题。选择干部第一个条件是政治。提拔干部重才轻德，这个不好，很危险。军队也好，地方也好，如果有这个倾向，应该注意纠正。德是第一，就是政治思想第一、党性第一。军队干部最要有党性，那些犯错误的人都是缺乏党性，无非是“我”字当头。选择干部的标准，政治第一，这是主要的，当然也要有适当的能力。轻德重才是一个错误的选择干部的方法。

现在总结经验，大家思想会更一致，工作会做得更好。当然，我们还是老话，每次都讲这个话，正是因为全国学习解放军，你们一定要防止骄傲。全党特别是军队，要注意加强党的生活，提倡守纪律，防止骄傲。

注　释

〔1〕大小三线，见本卷第207页注〔3〕。

〔2〕“四清”，见本卷第230页注〔2〕。

〔3〕王明，曾任中共中央政治局委员、中共驻共产国际代表，是一九三一年一月至一九三五年一月遵义会议前中国共产党内“左”倾教条主义错误的主要代表。一九三七年十一月回国后任中共中央书记处书记、长江局书记。在抗日战争初期，提出许多右倾错误主张。由于毛泽东为代表的正确路线已经在全党占统治地位，王明的这些错误只在局部地区一度产生过影响。他长期拒绝党的批评和帮助，一九五六年一月赴苏联后长期滞留苏联，并写文章攻击中国共产党。

〔4〕这里指一九六六年一月一日《解放军报》发表的社论《更高地举起毛泽东思想伟大红旗，为继续突出政治、坚决执行五项原则而斗争》。

发动群众是准备武装斗争的中心工作*

（一九六六年二月八日）

我们取得革命胜利，花了二十多年时间。时间长点有好处，可以通过武装斗争更充分地动员和组织群众，党和人民得到的锻炼也会更多，党的战略和策略的经验也会更丰富，胜利后由民主革命阶段转到社会主义革命阶段也比较顺利。

要发动武装斗争，一是要有准备，一是打起来时间比较长。什么叫准备？首先是要有一个以马克思列宁主义思想武装起来的、成熟的、坚定的党的队伍。什么叫成熟的、坚定的、革命的党，标志是什么？标志就是联系群众，最大限度地孤立敌人，最大限度地发动群众，把群众团结在党的周围，还要通过统战形式与民族资产阶级的左翼建立联盟。统一战线的形成是波浪式的，是要经过许多曲折和变化的。斗争本身也是起伏的，有时要受挫折，有时争取到的群众又被敌人夺过去，有的地方群众斗争被软化。总之，这个地方被镇压下去了，另外的地方又起来了，这样反复地较量，群众也通过反复斗争取得教训，党也在反复斗争中取得经验。党

* 这是邓小平会见秘鲁共产党（马）政治委员会委员巴斯托时谈话的一部分。

不可避免要犯些错误，中央不犯错误，地方上、局部也要犯错误。长期斗争是会走许多曲折道路的，有时队伍发展起来后又受到削弱。在受了挫折之后，党内可能会出现各种悲观、埋怨情绪，这时党就要善于总结经验教训。王明“左”倾路线〔1〕统治我党近四年之久，给党带来了极大损失，党员由三十万减为三万，红军由三十万减到二万多人。经过了长征，毛泽东同志取得中央领导地位。当时毛泽东同志就提出，剩下这么少的人究竟是比过去强了，还是弱了？是更强了，而不是弱了，因为人虽少了，但质量不同了。抗战时期，党在毛泽东同志的领导下进行了整风，在正确地总结第一次大革命失败、陈独秀右倾路线〔2〕的经验教训，特别是王明“左”倾路线的经验教训之后，总的来说，党就一直是比较顺利地向前发展的。当然党内并不是就没有问题了，有的地方也受到一些挫折、犯了一些错误，但从整个党来说是更有经验了，绝大多数地区是贯彻了毛泽东同志的路线。经过八年抗战，党就大发展了，有了一百二十万党员和一百二十万军队，解放区人口超过了一亿。解放战争只进行三年就取得了胜利。

任何国家的斗争都是有起伏如波浪似的，有高有低，特别在遇到挫折时，党内的分歧也出来了，如何处理？办法就是毛泽东同志和党中央的办法，就是好好总结经验。斗争是长期的，长期的斗争不会是一帆风顺的。要做各方面群众的工作，包括民族资产阶级左翼的工作，而主要是群众工作。还要做敌军工作。要动员最好的革命青年、有共产主义觉悟的，利用一些亲属关系钻到敌人的军队里去。这部分人应该是完全秘密的，方针是长期埋伏，不要轻易使用。到战争的关键时刻，一个连的行动就关系到整个战役的胜负。敌军工作要长期做，这一工作不要忽略。而群众工作最主要的是农民工作，如果农民工作搞不好，准备不够，要发动游击斗争是有困难的，就是发动起来也难以持久。准备工作的中心，实际上就是发动群众，群众工作的中心是农民。一个是依靠原有的基础，一个是在斗争中不断地发展，一切都准备好了是不可能的。

我们过去搞土地革命时，军队开始叫红军，后来叫八路军，往后又叫人民解放军。军队的作用：一是战斗队；二是工作队；三是生产队，在战斗间隙时自己搞生产或者帮助农民生产，使军队与群众真正是鱼和水的关系。无论战斗队、生产队或工作队都要做群众工作。要通过斗争来教育群众，不是静止地做群众工作。武装斗争开始时可用武装工作队的形式，武装工作队可以是八至十人到二十人，也可以是三至五人，有几条枪就能配合群众进行减轻剥削的斗争，打击群众最痛恨的恶霸，慢慢取得群众的信任，这就是初期的形式。

武装斗争要做准备，但武装斗争是要在武装斗争起来之后才学得会。毛泽东同志经常讲他自己的故事，说他只是在推翻清朝皇帝时当过几天兵，没打过仗，开始也不会领导军队。一打起仗来，有胜仗，也有败仗，慢慢就总结经验，首先总结了十六个字：“敌进我退，敌驻我扰，敌疲我打，敌退我追。”慢慢又找出一个规律，即以少胜多，以弱胜强。毛泽东同志亲自领导粉碎了蒋介石对中央根据地的一、二、三次“围剿”。第一次蒋介石用了十万军队，第二次蒋介石用了二十万军队，第三次敌人用了三十万军队。每次反“围剿”，我们在战略上都是以少胜多，但在战术上采用以多胜少的办法消灭敌人。我们不打消耗战，而是打歼灭战，把敌人消灭了，缴获武器来扩大我们的军队。这是毛泽东同志和我们党许多同志的经验，这个经验是在斗争中学会的。方法就是从实际出发，摸清敌情，判断清楚。群众站在我们一边，我们的眼睛是亮的，敌人的眼睛却是瞎的。我们的干部很少数是在蒋介石的军官学校学过的，很多同志是一字不识的普通农民，是在战争中慢慢打出来的。有的当了三年兵就能当师长，他虽不识字，但是觉悟高，作战勇敢。战争中会有牺牲，但也能锻炼人，能看出哪个是真正的好指挥员。

注　释

〔1〕王明“左”倾路线，见本卷第247页注〔2〕。

〔2〕陈独秀右倾路线，见本卷第247页注〔1〕。

任何时候都要质量第一*

（一九六六年二月十九日）

老城市老企业怎么搞法，还没有解决。

质量问题，反面经验很重要，我们反面、正面经验都有。

发动群众积极性，潜力很大。这一点很重要。上海的产值翻了一番，投资只花了三十四亿元。其他地方比较起来就差得很远。辽宁原来同上海差不多，现在就差得很多。但就是上海内部也很不平衡。

调整是必需的。那时，鞍钢既没有煤，又没有矿石，想上也不行。因为欠了账，所以才提出“八字方针”，调整、巩固、充实，还有提高嘛！没有“八字方针”不行。精神状态不同，对“八字方针”了解不同，结果也不同。“八字方针”包括提高，主要是提高质量。要总结经验，提高认识，找出自己的道路来。一九六四年提出建设三线[1]、加强备战，这是调动所有企业积极性的一个大问题。一提支援三线，没有二话讲，积极得很。这对一九六五年的前进是很重要的。

---

* 这是邓小平在中共中央政治局常委会议听取全国工业交通工作会议和全国工业交通政治工作会议情况汇报时的插话。

对认识问题，考虑不用“飞跃”这个名词，因为解释不清楚。认识是逐步的，有高有低，广大干部还要从实践中检验自己是否认识了。总之，不要使人感到我们已经行了，不得了啦，都认识了。其实还有许多不认识的问题，人的认识也是不齐的。

“四四作风”[2]概括得不错。这个“四四作风”有针对性。可以作为一个意见议一下，这次会议不要定，下边去试试。

推荐七十个大庆式企业好嘛！总是越来越多就好，不能只是一个大庆。主要应由省和市来掌握，回去要好好审查一下，要搞准。部门、地区不要勉强照顾。当然，总会有缺点的，大庆也有缺点，不然为什么大庆还要前进。

一机部要长春汽车厂搞到十万辆汽车。提具体数字要慎重，国家拿得出拿不出这么多材料来，写上就要为此奋斗。讲形成这样的生产能力是可以的，生产多少要按国家计划。

一九六六年工业生产还是要按国家的统一计划。你们说，增长速度可能达到百分之十五，达到这个水平是很好的。但任何时候都要质量第一，不管劲头多大，都要把质量搞好。“三五”计划期间，一、二线企业的生产能力能不能翻一番，这与材料有很大关系。讲生产能力翻一番，没有坏处。一、二线能搞多少，小计委[3]要研究一下。

各大区的同志都在，地方报纸要注意，不要登新技术。有的外行人看不懂，内行人一看就懂了。成绩越大，越要藏一手、留一手，只要内部不封锁就行了，不必登报。

厂社结合也要搞小钢磨、锄草机等这种小东西，不能只搞抽水设备。现在要注意公社不能躺在工厂身上，大寨精神也不要了。过去有过这个经验教训，搞厂社挂钩，不是白菜、猪肉都挂上了吗？要搞试点，路摸清了再走。搞不好，实际上就把全民所有的财产拿出去了。

城市一些工厂搬到农村，也不要搬多了，城市里生产任务也很重。还是先搞大小三线。

注 释

〔1〕三线，见本卷第207页注〔3〕。

〔2〕“四四作风”，指用四句话和四个字概括的大庆作风，即“坚定正确的政治方向，敢超敢创的革命干劲，实事求是的科学态度，艰苦奋斗的优良作风”和“严、细、准、狠”。

〔3〕小计委，是一九六五年一月中共中央根据毛泽东意见决定成立的、由周恩来直接领导的一个工作机构，主要任务是研究经济和社会发展战略问题，拟定第三个五年计划的方针任务等。后来在编制第三个五年计划过程中，小计委实际主持国家计委的工作。

立足国防，搞好三线战略布局*

（一九六六年二月二十六日）

要从立足国防战略布局抓三线[1]建设。不把国防战略布局搞好，心放不下。我们要接受斯大林的教训。他对卫国战争准备不足，仗开始没有打好，犯了错误。现在看，也不完全是那样。那时苏联的钢年产一千八百万吨，有六百万吨在后方乌拉尔地区生产。而我们现在三线的钢七十万吨还不到，三线加上二线，也只有二百多万吨，连当时苏联的三分之一都不到。不是毛主席抓，一旦打起仗来，犯的错误不会比斯大林小。生产钢不容易，苏联在战争期间拼命生产，才由六百万吨增加到九百万吨。我们才开始。其他各行各业，三线也很少。国防工业多一些，但那也是张开嘴巴吃东西的机械工业，工业的“粮食”，还是靠一、二线，主要是靠一线。总之，立足于国防的战略布局，是个很大的问题，现在才开始抓，只要全国努力，是有希望搞好的。

有了五年计划，还要有长远规划。打歼灭战要选定突击方向，不能乱打一阵。哪些方面快些，哪些方面慢些，没有长远规划，方向就把握不准，要点就抓不准。有了长远规

* 这是邓小平在全国工业交通工作会议和全国工业交通政治工作会议上报告的节录。

划，就可以纵观全局，目标明确，实现多快好省。第三个五年计划，纲提起来了，就是建设大小三线。建设大小三线这个纲，贯穿着整个第三个五年计划。不只是第三个五年计划，至少第四个五年计划，还是这条纲。过去说，以钢为纲，以粮为纲。看来，工业的代表还是钢。钢是工业的主要“粮食”，当然，还联系到煤、电、路等等。没有“粮”，工业怎么能上去！设想第三个五年计划全国搞到二千万吨钢，三线搞到三百五十万吨到四百万吨，加上二线一共达到一千万吨，或者九百万吨也好，打起仗来，我们就比较放心了。不然，三线都是搞一些张开嘴巴吃的机械工业，一打起仗来，一线运不去，没有“粮”吃怎么办？不要到那时再检讨，现在努力搞嘛！要力争第三个五年计划二、三线搞到一千万吨。第四个五年计划全国搞到三千万吨，每年增加二百万吨。以后再上去，就比现在容易多了。那时一、二、三线各搞到一千万吨，二、三线共二千万吨钢，我们就立于不败之地了。这是以钢为代表，相应地，各行各业都要在三线搞成一套。特别是国防工业，更要放在安全地区，更要在三线成套。这就要靠一、二线帮忙。去年一提三线任务，一、二线没有二话讲，够风格嘛！就是要讲风格。

就全国的战略布局说，第三个五年计划要以建设大小三线为纲。各省把自己的小三线搞起来，也很重要。从长远来说，对工农结合、城乡结合，消灭三个差别都有好处。小三线，比如，赣西、湘西、闽西、皖西等，这些地方搞起来，会使工业布局更加合理。到处都有点底子了，空白点少了，发展就会更快。

长远规划以三线建设为纲，重点搞什么？过去有个提法，叫两个“拳头”，毛主席加了一个“屁股”。什么叫两个“拳头”呢？一是国防，一是农业。拿什么为这两个“拳头”服务呢？一个“屁股”，就是基础工业。基础工业搞不好，其他都上不去。基础工业，主要是原材料工业，其中最费力的是采掘工业。我们过去被迫后退，还不是因为采掘工业上不去！煤上不去，黑色、有色金属上不去。石油也是采掘工业，也是原料，没有它上不去，少了也上不去。现在石油已经有一千一百万吨，可以吹点牛，自己搞出来的嘛！但牛皮不可吹大。苏联有二亿四千多万吨，我们就这么一点，不能吹大了。我同秋里〔2〕同志说，你不在三线搞到石油，不算数。李四光〔3〕同志，你也想点办法。油田大都在一线，大庆也是一线。化学工业的原材料，也要靠采掘工业。刘少奇同志说，要把最好的干部派到矿山去。因为这方面上不去，其他方面到时候非停下来不可。在最困难时期，国防工业也没有放松，原子弹搞出来了，导弹也搞出来了，其他方面也都有所前进。所谓现代化，首先要基础工业现代化，要搞技术革命。要做到有富余，煤炭，黑色、有色金属都要如此。石油也要有能力储备。长春汽车厂要达到年生产十万辆的能力，是很好的，但是不是生产十万辆，国家计划要综合平衡。这家伙吃钢最厉害，一身都是钢。国家对原材料的使用是有重点的。各方面都要支持采掘工业。采掘工业要技术革新、技术革命，提高生产能力，不但要保证计划内的生产，还要有储备，拼命提高生产能力，没有坏处。机械工业，只要不妨碍计划，提高生产能力，也没坏处。能力提高了，一分为二，搬到大小三线去，不是很好嘛！既完成了计划，又支援了三线。把能力储备起来很好，国防工业也要注意储备能力。总之，要有长远规划。现在轮廓有了，纲提起来了，两个“拳头”，一个“屁股”，要搞得更好一些。

注　释

〔1〕三线，见本卷第207页注〔3〕。

〔2〕秋里，即余秋里，当时任国家计划委员会第一副主任、石油工业部部长。

〔3〕李四光，当时任地质部部长、中国科学院副院长。

总结经验就会有生气*

（一九六六年二月二十六日）

毛主席经常讲要总结经验，这很重要。一项工作，往往因为不能及时总结经验，走了弯路。及时总结经验，就可以不走弯路或者少走弯路。总结工作，无非是好的方面、不好的方面。成绩要总结，缺点也要总结。认识正确的东西重要，认识错误的东西也很重要。这是毛主席提倡的方法。这几年，有更多的部门、地区学会了用这种方法总结经验。我们要提倡这种方法。哪怕是一个小单位，总结经验就会有生气，就会有所前进，不总结经验就不会有生气勃勃的气象。

---

* 这是邓小平在全国工业交通工作会议和全国工业交通政治工作会议上报告的节录。

经过调整，我们由被动转为主动*

（一九六六年二月二十六日）

三年调整对不对？调整、巩固、充实、提高的“八字方针”对不对？这次会议有争论。我认为，应该肯定“八字方针”是正确的，不调整想上去也上不了。调整的时候，我们就说，调整本身是后退，什么指标都下来了，钢从一千八百万吨一下退到六百万吨，煤由四亿吨退到两亿多吨。那时又减人，材料又少，上不去，“欠账”。如果不后退，就站不稳，后退才能站稳，站稳了才能继续前进。因此，“八字方针”是积极的方针，而不是消极的方针。

同时，调整不只是后退，调整时期也是有所前进的。有些方面上得很快，如石油上去了，化学肥料上去了，国防工业上去了。各部门、各地方都有所前进，都有上去的，有些单位搞得好，上得更快些。调整是很费劲的，也需要政治工作。大家吃了很多苦头，做了很多工作，提前完成了调整任务，比我们预想的时间更早，这是很大的成绩。但是，也要一分为二。在调整中，还有些该前进的没有前进，有些可以后退少一些的退得多了一些。如果力量更集中一点，调整工

* 这是邓小平在全国工业交通工作会议和全国工业交通政治工作会议上报告的节录。

作搞得更好一些，一九六四年、一九六五年的成绩会更大。当时，确实也有干劲不足的毛病，精神状态处于被动，有些消极因素，从积极方面考虑得少了些。三年的调整是一年一年搞的，总想搞个五年计划、长远规划，每年都在考虑，结果始终没有搞出来。从大的方面，从战略布局上考虑得少，大的方面没有注意，有些该上的没有上。当然，反过来说，当时财力、物力只有那么多。但是，如果我们看远一点、看大一点，把主要方面抓住了，会带动各方面，就可以减少一些被动。三线〔1〕建设问题，应该说，我们迟搞了两三年。如果以此为纲，调整会更好一些，大家的劲头会更大一些，成绩也会更大一些。毛主席提出三线建设，批评我们忽略了。这个问题，书记处要负责，计委也要负责，这是个错误。去年为什么比一九六四年搞得更好？因为三线建设这个“纲”提起来了，这很重要。一提搞三线，各行各业都很努力，奋发图强，没有二话讲，接受任务感到很光荣。

经过调整，我们由被动转为主动。一九六四年形势好，一九六五年更好，这同三年调整是分不开的。没有三年大跃进、三年调整的经验，没有三年调整的基础，就不会出现这样好的形势。

注　释

〔1〕三线，见本卷第207页注〔3〕。

实行群众路线是很扎实的工作*

（一九六六年二月二十六日）

群众路线，有的学会了，有的还没有学会。过去我们有些同志，对群众运动的概念不清楚，往往只从形式上去理解，以为大轰大嗡搞得热热闹闹才叫“运动”。这个问题要注意。群众路线是很扎实的工作。做人的思想工作很不容易。过去在晋冀鲁豫有两种典型，一种工作很细致，一种热闹得很，开万人大会等等。一打仗，还是工作细致的地方、表面不热闹的地方，能出兵出粮。这个经验，前几年也有。三年大跃进轰轰烈烈，但也有消极面、有浮夸。讲群众路线，是讲的经常工作，要扎扎实实地、细致地做工作，当然必要的大会是要开的，这些东西汇集起来就叫群众运动。过去两年，群众运动的规模很大，同时工作也很扎实，做了许多细致的工作，调动了各方面的积极性。当然并不等于说所有人的积极性都鼓足了，要调动所有人的积极性，还要做更多的扎实的细致的工作。管理部门、政治机关是如此，工会、共青团是如此，党的领导也是如此。这样做看起来慢一些，但是基础更深、效果更大。我过去讲过，要多做些“笨”事情。

---

* 这是邓小平在全国工业交通工作会议和全国工业交通政治工作会议上报告的节录。

领导干部要当冷静的促进派*

（一九六六年二月二十六日）

首先要当促进派。如果说，过去还有些不够，比如三年调整中间有些消极因素，就是促进派当得不够。我们要永远当促进派，要当冷静的促进派，特别在形势好的时候，领导干部要当冷静的促进派。冷热要结合，干劲与科学态度要结合，工作要做得扎实一些。

多快好省，要“好”字当头，质量第一，这是最大的节约，也是更好地多快省。这几年我们有经验了。开始调整时，灯泡生产四亿只还不够，现在质量一提高，不到两亿只就够了，这不是很大的节约吗？过去灯泡寿命八百小时，实际上二百小时。质量不好，是大浪费。钢，过去的一千八百万吨，不如现在的一千二百万吨。低合金高强度钢，效用可以提高百分之三十，一吨可以顶普通碳素钢一点三吨，这就是“好”字当头，是最大的节约。去年干劲鼓起来了，不是又发生过质量事故吗？后来一提，大家就注意了。大家的劲头鼓起来了，要搞得快些，质量上就容易出毛病，所以质量第一要经常提。不管哪个企业，上缴多少利润，产量增长了

---

* 这是邓小平在全国工业交通工作会议和全国工业交通政治工作会议上报告的节录。

多少倍，如果不是质量第一，“好”字当头，就算不了什么。

现在新的问题很多，新的主意也很多。许多事情，从长远来说，方向肯定是对头的，比如厂社结合、半工半读、缩小三大差别、办托拉斯[1]等等，但是都很没有经验，还是要用毛主席倡导的方法，一切经过试验，成功了再逐步推广，逐步实现。不要只有一个好典型就普遍推广，而要逐步推广，逐步实现。比如消灭三大差别这件事，至少要一百年，可能要更长时间，要到共产主义社会才能实现。方向对，我们必须走，但是要一步一步地走，不要一哄而起。要及时总结经验，态度要积极，但步子不要急，因为我们经验还不够。

学习与独创。我们一定要有独创精神，要闯出自己的道路。有些必须由我们独创。在科学技术上也要独创，比如石油地质理论，外国人说我们没有石油，我们非独创不行。但是，还要学习外国的成果，学习前人的成果，学习先进企业、先进人物的成果。比学赶帮超，就有一个“学”字。在七千人大会[2]上，毛主席劝同志们还要学苏联，学外国，学先进。这不是说要学坏的东西。凡是一切好的东西，能学到的都要学。在科学技术上，有好多东西，帝国主义、修正主义还走在我们前面。“帝”字、“修”字不能用，但科学技术拿来还是有用的。

最后，要藏一手。一方面，说得太多了、太好了，不符合事实。我们才开始有点东西，还不多，还落后于发达的资本主义、修正主义国家许多年。另一方面，即使有了很多东西，藏一手也有好处。第一个五年计划，我们把数字公布了，那时是学洋教条，说公布数字可以鼓士气。不公布，就不能鼓士气了？还是可以鼓的。科学技术，发明创造，也要藏一手，注意保密。为什么一定要登报？过去搞运动，有的就没有登报。社会主义改造，公私合营，也有缺点，登了报，一哄而起，太快了，一两个月就搞成了，遗留的问题很多。最近外国人已经在注意我们了，帝国主义已经开始警惕，原来准备卖给我们的设备不给了，可以签订的合同不签了。我们脑子不可发热。一是说多了不合事实，二是引起敌人注意。

这次会议以后，大家的劲头会更大，成绩会更大，发明创造会更多。成绩越大，发明创造越多，越要藏一手。当然，不要封锁自己，可以用内部交流经验的方法。这也是当冷静的促进派的一个重要问题。

注 释

〔**1**〕托拉斯，见本卷第216页注〔1〕。

〔**2**〕七千人大会，即一九六二年一月十一日至二月七日中共中央在北京举行的扩大的工作会议。参加会议的有中央，各中央局，各省、自治区、直辖市党委及地委、县委、重要厂矿企业党委和部队的负责干部，共七千多人。

听取西北局负责人汇报工作时的插话

（一九六六年三月十日）

全国平均每人粮食占有量六百斤，这个概念怎么样？够不够？不够，就非进口不可。要努力奋斗达到每人六百五十斤，西北就要有三百五十亿斤，全国就是五千二百亿斤。以陕西、甘肃作标准，先达到六百五十斤，西北的粮食就算基本过关。第二步是七百斤，陕、甘达到七百斤，就赶上江南了。

西南一九六五年棉花总产量二百多万担，西北三百八十万担。西南、西北共有一亿五千万人口，以每人每年用布十六尺计算，西南、西北本身的棉花是够用的。你们的牧业同内蒙古比较，载畜量潜力还大得很。

我看过陕西米脂县高西沟治理水土流失的电影，就是筑坝田、梯田，那里搞得很好，真是水平梯田，有水平。搞水土保持，就是要一条沟、一条沟地治。高西沟很好，是艰苦奋斗、大寨精神。水土保持，主要就是走高西沟的道路。高西沟再种点树就更好了。大寨的缺点之一，就是没有树，陈永贵[1]到豫北林县[2]访问，学到在石头缝里种树。他们能在石头缝里种树，何况你们这里都是土，还能种不成树？水土保持，黄土高原种树，要搞一百年才行。

所谓提供商品粮，是要给国家调粮出去。要按毛主席说的那样，搞粮食基地。所谓基地，就是全国的基地，要为全国调出商品粮。三门峡水库把水顶上来了，可以把不利变为有利，地下水多了，可以搞台田。西北每年要增加储备粮五亿斤，准备打仗。五年储备二十五亿斤，打仗就不怕了。增加储备，是指放在国家粮库里。藏粮于民，是指生产队和群众增加粮食储备，群众手里有了储备粮就好办了。甘肃等地贮藏粮食很容易，因为干燥，挖地窖放起来，一百年也坏不了。

要解决北方八个省、市的农业问题。全国农业问题的关键是解决北方的问题，根本的办法还是大寨精神、高西沟精神，这最靠得住。西北要在五年内争取有百分之二三十的生产队、大队成为大寨式的队，不容易，恐怕达不到，接近就差不多了。

西安搞了很多弄堂工厂，很好。西安的地方小型工业办得不错，这是个道路、方向。就是要走这条道路，全国都要这样搞。

西北和西南加起来拥有的机床同上海差不多，三线[3]的机床制造能力太小了。要在三线建立机床生产能力。军工厂能不能搞点机床生产？总得要研究这个问题。军工厂要向专业化发展，造点机床的零部件特别是精密的零部件，还要做些民用的东西，如生产风钻等。这个办法好，有销路。

你们的小三线主要是满足新疆的需要。小三线也要为全国服务。一是要在三线建设飞机厂；二是做好计划，在形势紧张的时候，把飞机厂搬到三线来，全部摆在三线，现在一下子搞不起来。搬迁，有的整个车间搬，有的只搬机器。无线电、仪表工业总的是要西南、西北两个地区搞成一套。

再搞重型机械厂的时候，可不可以一分为二或一分为几？不搞德阳那样大的重机厂。三线的重机厂不够。机械工业成套，“三五”计划期间搞不成，在“四五”计划期间也要把西南、西北的机械工业搞成一套。你们要打武钢那套进口轧机设备的主意，那怎么行？要搞就自己搞，自己现在也可以搞嘛！

卫星不放怎么行？要放，一放就会像爆炸原子弹那样，震动世界。

你们这里我看最好的地区是汉中，是全国最理想的地方，敌人进不来，既隐蔽又机动。第二汽车制造厂就放在汉水流域。郧县条件很好，容易打出去。

全国铁路干线按六万公里这个规模，西北已经差不多了，就差一条由太原经绥德到中卫的铁路，解决不少问题。还有一条就是南疆的铁路，西藏这条路不算你们的，不过修起来你们先沾光。全国要为六万公里干线而奋斗。有了干线，再接支线就容易了。你们要把阳平关至汉中的铁路延长到安康，与川豫路〔4〕连接，就要像修西南的铁路一样挖洞子，不要像修宝成路那样不挖洞子。洞子挖得那么少，现在看是最大的浪费，挖了洞子，就不怕塌方了。

我知道柯柯盐池〔5〕，那是个宝。一旦天下有事，吃盐就要靠四川的井盐、云南的岩盐、青海的湖盐了。京广路以西二亿五千万人口吃的盐，全靠这些地方。缺盐的苦头我们是吃够了。

要扎扎实实地搞科学研究。

注　释

〔1〕陈永贵，当时任山西省昔阳县大寨大队党支部书记。

〔2〕林县，旧县名，今河南省林州市。

〔3〕三线，见本卷第 207 页注〔3〕。

〔4〕川豫路，见本卷第 249 页注〔3〕。

〔5〕柯柯盐池，即柯柯盐湖，位于青海省乌兰县柯柯镇。

听取陕西省委负责人汇报工作后的讲话要点

（一九六六年三月十四日）

总的来说，你们的形势很好，特别是机关革命化，这个路子走得对。

工业，就是配套问题。小工业多搞一些，这是个方向性的问题。走专业化、协作化的道路，这样可以更经济。把城市的剩余劳动力组织起来，人人都参加劳动，小偷小摸就少了，向市人民委员会闹事的人就少了，大厂的生产也可以成倍地提高。全国都要走这条道路。

“四清”[1]，你们计划再用三年搞完，搞扎实一些，这样好。对漏划的地主、富农，解放十多年来，老实劳动、接受改造、不搞鬼的，可以不再给戴帽子。要体现这个政策，这是一个鼓励性质的很重要的政策。

调换的干部占百分之四十，这个问题可以研究一下。在四清运动中，要对犯错误的干部做工作，要鼓励他们的积极性。对犯错误的干部要一分为二，说明他们现在不好，过去好，现在忘了本，可以把“本”再记起来，鼓励他们改正错误，过一定时期改得好的，还可以重新选他当干部。“二十三条”[2]有严格的界限，经济退赔要合理，处理干部比重不要多，就是百分之一、二、三、四，打击面不要宽。这样，工作队走了以后，基层干部（包括新选的干部，也包括原有干部）可以团结起来搞工作。“四清”中就要注意做这个工作，不要搞过来又搞过去，闹对立，那样工作要受损失。这方面，我们有多年的经验。这不是陕西一个地方的问题，也不是西北的问题，全国都有这个问题。就是我们注意了，也还会有对立。我不相信“四清”完了就没有工作做了，还有工作做。对犯错误的干部，既要看，也要帮。要教育新起来的干部去团结他们，帮助他们。

工业方面，三线[3]建设你们的任务不轻，一年投资八亿元，五年就是四十亿元。过去我就说过兰州太挤了，就那么一长条，摆那么多工厂！秦岭、两当、徽县那里有的是地方，可以摆些进去，那里就是人太少了。陕北也可以搞，就是交通有问题。

粮食产量，到一九七〇年每人达到六百五十斤到七百斤，这个任务不简单。农业有灾年，有平年，有丰年。一九七〇年每人达到六百五十斤，这就是伟大的成绩。陕西条件比甘肃条件好，要把干劲鼓起来，把干劲同科学态度结合起来。三年大跃进出了一些毛病，就是因为科学态度不够，但干劲要肯定。现在我们就是要干劲加科学态度。

搞农业，西北要搞“两沟精神”，就是陕西的高西沟、甘肃的火烧沟精神，就是西北的大寨精神。各专区、各县都要搞自己的红旗，总有比较好的，一个公社也有好的。高陵县亩产六百六十斤，在关中就是比较好的，不要自己有好的看不见。一定要树立自己的标兵。西安市一个区，也要找自己的标兵。工、农、商、学、兵，都要有自己的标兵，把标兵树立起来，再慢慢提高它。这对鼓干劲也很有作用。

注　释

〔1〕“四清”，见本卷第230页注〔2〕。

〔2〕“二十三条”，见本卷第230页注〔3〕。

〔3〕三线，见本卷第207页注〔3〕。

听取西北冶金地质勘探公司负责人汇报工作时的谈话要点

（一九六六年三月十七日）

略阳肯定是一个大钢铁基地，搞二百万吨钢不成问题。现在要做好地质工作，“三五”计划末期开始建设矿山，准备“四五”计划期间大搞。“三五”还是集中力量搞攀枝花、酒钢等几个点，战线拉长了不行。将来三线[1]搞一千万吨钢，其中西昌地区六百万吨，酒钢二百万吨，略阳二百万吨。从长远来说，三线要搞到两千万吨，就是个硬三线了。

在钢里加点稀土，搞低合金钢，效能提高百分之三十。这样，有两千万吨钢，就顶两千六百万吨用，有五千万吨就顶六千五百万吨。我们的稀土元素藏量那么多，很值得研究。我们有了五千万吨品种多、质量好的钢，就行了。略阳钢铁基地将来用煤可以从乡宁经洛阳修一条铁路，和川豫路[2]接轨，运乡宁的煤。川豫路要按一千三百万吨运量的标准去修建。宝成路运量小，再改造运量也不过七百万吨。

现在了解的地质情况，满足年产四千万吨钢的铁矿石是肯定够用了。焦煤的问题也解决了，分布情况也好。从全国说，焦煤基地第一是贵州，第二是山西。将来找铁矿，还是在三线找。我们搞钢铁，要注意中国的铁矿特点，充分利用贫矿，为了抢时间可以先吃点富矿。

煤矿除大矿技术革新以外，要为开采民用煤的“鸡窝矿”设计一套机械。煤矿设计院要做这个工作。现在小煤矿效率低，煤价贵，老百姓烧不起，结果把禾草烧了，把树烧了，搞得草少了，树长不起来，搞多种经营也有困难。这是和农业有关的问题。小煤矿要充分利用水作动力，运输也不要靠铁路。

现在要大力提倡节约用煤，改用蜂窝煤，可大量节约好煤，大蜂窝煤改小蜂窝煤，节约的更多。锅炉也要改造，要“革命”。

注　释

〔**1**〕三线，见本卷第 207 页注〔3〕。

〔**2**〕川豫路，见本卷第 249 页注〔3〕。

听取甘肃省委负责人汇报工作时的讲话要点

（一九六六年三月二十日）

一

军工厂的产品价格，太贵了不行。要用低工资等办法来降低成本。要搞点民用产品，不然要背上个大包袱。

小企业从一开始就要注意产品质量，不要粗制滥造，不然根本站不住。小企业的优越性表现在：工资低，专业化，因而成本低，质量好。勇于技术革命，还要因陋就简，这是方向，这是道路。不然像一九五八年办的小工厂那样，出的产品没有人要，结果一哄而散。总之，从大工厂分出去的专业化的小工厂，产品质量应当好，因为专业化了嘛！最低要保持原来的质量。要坚决防止小厂躺在国家身上。要讲安全生产。

迁厂，把老厂一分为二，这是个好办法；要从一线[1]分一些技术力量到三线来。我们现在的一线有一千万吨钢，是一个体系，将来有了三千万吨钢，三个体系就打不烂了。西北的煤炭生产要算总账，算大账，一起算。

甘肃工资类别高。我们一解放西南，就碰上了工资高这个问题。国民党跑的时候，提高工资，收买工人。当时，刘伯承[2]元帅第一次与老工人见面，就是谈减工资问题，没有遇到多大困难，就把国民党收买工人的高工资减了下来，保持了西南的低工资。我上一次来西北，就发现了甘肃工资高这个问题。回到中央就讲过，我不主张在兰州再摆工厂，因为：第一，兰州工厂已经太挤了；第二，兰州工资高。还是要把物价降下来，调整工资。现在要趁此机会解决这个问题，因为将来还要在甘肃摆工厂，兰州不能摆，天水、陇东等地方还能摆嘛。总之，第一必须解决，第二要有步骤地解决，先降低粮、布、盐、燃料和房租等基本生活资料的价格。至于菜贵，那是本地商业部门的问题。商业部门要减少商品流通环节，降低商品价格。

西北局已经成立了三线建设委员会，西北的三线建设好办了。西北有煤、有油、有铁、有镍、有铜，你这个三线是相当硬的。你们想让刘家峡水电站的施工力量捎带搞个八盘峡水电站，八盘峡离盐锅峡才十七公里，太近了，不要搞了。要搞就搞黑山峡。你们讲，再搞个像刘家峡那么大的水电站，要花三亿五千万元，我看至少要花五亿五千万元，节约点也要五亿元。刘家峡水电站就花了五亿五千万元，只是因为上上下下，就多花了五千万元。西北的电力需要多少，要算个大账，搞多了还得摆用电多的工业。

二

甘肃一九七〇年争取达到粮食总产一百一十亿斤，要过三关。第一关，平均每人占有粮食六百五十斤；第二关，七百斤；第三关，七百五十斤。按这个标准计算，甘肃粮食总产达到一百亿斤，就算过了第一关，那时候，每年还可以储备五亿斤。要多种点粗粮，还要种土豆。德国、法国每顿饭都有土豆，而且是主食。你们种了粗粮、土豆，粮食总产可以超过一百一十亿斤。慢慢做到三亩产量达到一千斤，一个人顶多三亩地就够了。这样劳力跟得上，能精耕细作。其余的地可以种树，种草，种苜蓿，搞轮作，放羊。做工作不能搞浮夸，不能乱报一通。毛主席讲，打点埋伏最好。我看宁肯打点埋伏，有百分之一二十的埋伏，不算什么问题。

“八字宪法”〔3〕第一是土。任何种子都会退化的。一定要有自己的好种子，并且要经常换。美国有种子公司，专门培育种子，所以它的种子经常保持优良状态。我们全国统一搞种子是不行的，主要由省搞。省也大了，各专区、各县也要搞，经常调换种子。种绿肥、种草木樨既可以作肥料，又可以作饲料，这是个道路。种绿肥在全国各地效果很明显。全国十六亿亩耕地，每亩有三十多斤化肥，又有绿肥、粪肥，那就很好了。

全国缺食油，你们食油多。商业部门应该从你们这里调出食油，调进你们还比较少的日用工业品，如袜子等等。榆中县是个富县，可是有的大队农民劳动一年，除了分粮食以外，连一块钱也分不到，买不起盐，买不起任何东西。这个问题就大了。这在全国是带有普遍性的问题。集体有点收入，有的队是靠种西瓜。可是农民为了把西瓜运到城里，要给司机羊、猪肉、油，这又联系到了城市“四清”〔4〕。供销社干什么去了？供销社要组织农民搞副业生产。农村要搞电力排灌，要用化肥，可是集体又没有多少收入，还不是要由国家包！

种树，宜林地越多越好。兰州周围的宜林地要分配给各个工厂，让他们种树，而且要保证成活。抓人的思想革命化要有点干劲。西北要提倡“两沟精神”，就是火烧沟、高西沟精神。火烧沟生产队苦干压砂，提高了产量，了不起。高西沟已经拍了电影，火烧沟也要拍成电影，以火烧沟压砂为主，搞半个小时的新闻片，让大家看看。要扎扎实实地工作，无非是搞压砂，搞水平梯田。有二十年就搞成了，树也长起来了。

三

对社教运动中提出的一些干部存在的问题，搞到百分之八十就可以了，主要看是不是承认错误、改正错误，检讨得好不好。对问题还是要一分为二，要做点思想工作才行。有的问题可以保留，不可能搞得太彻底。乱斗一顿，后患无穷。甘肃在这方面是有教训的。过去农村里没有民主。现在社教工作队如果也乱斗一阵，就又留下了坏影响。还是要说服教育，树立民主集中制的榜样。打人，斗争，吐口水，这是农民从封建地主阶级那里学来的。在这次社教运动中，要解决这个问题，重要的是工作队有个好作风，做出榜样。

对干部的认识，要体现政策。社教的目的是教育人。有些基层干部是有民愤，但是你把这些人搞过分了，群众也有意见。犯大大小小错误的干部多得很。他们过去犯错误，领导上也是有责任的，就没有管他们嘛！这些人，绝大多数是可以教育过来的，教育过来以后还是要用。不要把他们都树立成对立面，那样一来，农村工作就长期不好办。工作组一走，纠纷无穷。

注 释

〔1〕一线，见本卷第207页注〔3〕。

〔2〕刘伯承，一九四九年至一九五二年任中共中央西南局第二书记、西南军政委员会主席。

〔3〕“八字宪法”，指毛泽东一九五八年提出的促进农作物增产的八项措施，即土、肥、水、种（推广良种）、密（合理密植）、保（植物保护，防治病虫害）、管（田间管理）、工（工具改革）。

〔4〕“四清”，见本卷第230页注〔2〕。

听取宁夏回族自治区委负责人汇报工作时的插话

（一九六六年三月二十二日）

这次社会主义教育运动中，工作队一定要坚持贯彻民主集中制，树立执行民主集中制的榜样。如果社教工作队不这样做，工作队走了以后，农村还是老一套。所有的工作队员都应该学习毛主席在七千人大会[1]上的讲话，那个讲话的中心是讲民主集中制。新企业一建立，你们就要抓紧搞社教，这样可以快一些结束。

宁夏粮食总产达到二十三亿斤，全区每个人占有粮食就八百斤了。那时候，要调出两三亿斤，自己还可以每年积蓄一亿斤。西北解决粮食问题比西南容易，因为你们土地多，稍加技术措施，就能长庄稼。

宁夏机床产量比甘肃强。搬来几个机床厂，机床产量一下子就多了，而且还能生产高级机床。宁夏石油矿点的储量都不大。石油勘探的大仗，现在还打不到你们那个地方去。宁夏能摆工厂的地方不多，主要是搞煤矿、机械工业。

宁夏要坚决不搞大城市。“干打垒”是个代名词，无非是房子造价低。各地都有自己的“干打垒”，你们也要有自己的“干打垒”。土好的地方，挖窑洞比盖“干打垒”的房子还好。

煤矿工人要坚决搞轮换工，干七八年就换，老子回去，儿子可以来，矿工要经常保持是年轻力壮的。煤矿工作有职业病，不这样做不行。

亦工亦农的，工资制度与一般职工的工资制度不一样，这种工人要把工资交生产队，由生产队记工，他们与农民的收入差距不能大。如果实行半工半读，就要算职工人数，要规定毕业后怎么安排。业余教育这个道路是肯定了，但要一步一步地走，摸稳石头过河。

你们的好条件是，工业是新搞的。不好的条件是，工厂是搬来的，带来了旧的一套。即使是搬来的，也要做充分的工作，照新章程办事。大庆的工人还不是其他地方调去的吗？宁夏是新工业区，在工资问题上不要向高看齐。解决工资问题，要先从干部开始，统一全国干部的工资标准。全国干部工资是一个标准，到哪里工作加发哪里的地方补贴，这个办法好。现在全国职工大调动，不实行这个办法，三山五岳的人合在一起工作，工资问题就没有办法处理了。按这个办法，干部不管到哪里工作，工资横直是一样的。

注　释

〔1〕七千人大会，见本卷第 280 页注〔2〕。

听取青海省委负责人汇报工作时的谈话要点

（一九六六年三月三十日）

开发柴达木盆地，要修铁路。这个地方一公里铁路造价多少，第四个五年计划要考虑。路基要按重轨搞，路轨要铺轻轨，十七公斤的、二十公斤的，列车用内燃机车牵引，站台要搞简易的。车站不要距离太近。这样投资少，建设快，比较容易下决心。搞轻轨可以起个过渡作用，先搞上去，用上十年再说，总比汽车顶用得多，将来需要铺重轨时再换。要算一算账，看看轻重轨各要多少钱，搞个过渡是合理的。至于由于轻重轨不同转换货物，可以搞点机械设备解决。搞柴达木的铁路，由海晏修到格尔木，铺重轨，可能还不到五亿元。

青海工作关键是两个问题：一是农业问题，一是民族问题。民族问题又是干部问题，要想建设稳定的后方，要有民族干部，要培养出群众领袖，一个大队有一个大队的领袖，一个公社有一个公社的领袖。要有意识地选送一些优秀分子到工厂学习，到军队学习，学汉文也学藏文，学习三年文化。要给工厂指定完成培养少数民族干部的任务。这样，民族感情接近，在少数民族中出些无产阶级，出些工人阶级思想、共产主义思想。改变面貌，就是要改变这个。这是基本。是不是稳定的后方，这是一个标志。

新疆大有可为*

（一九六六年三月三十一日）

一万亩地要七个标准台拖拉机，一亿亩就要七万台，十亿亩就要七十万台。过去讲全国有七十万标准台拖拉机，就可以实现机耕化，是按一个标准台负担两千亩地计算的。这是一个概念。你们的机耕水平全国第一，黑龙江也没有你们的拖拉机多。实现农业机械化要算钢铁、油、电消耗账。

新疆的粮食，要用于国家储备，现在在粮食问题上最担心的还是国家储备问题。按你们的计划计算，“三五”计划期间可以调出四十亿斤，不用说调出四十亿斤，调出三十亿斤也好。算粮食账，首先要算工业人口的增长。陕西、甘肃、宁夏、青海都要注意这个问题。新疆农业上去了，工业也会上去。全国大三线[1]布置好了，就可以在新疆搞工业了，因为那里有宝贝，总是要去搞的。其实有的地下资源，现在就用上了，兰州炼油厂就是用的新疆的原油，新疆的煤也开始用上了。

工农业有个交换的问题。兵团是全民所有制，产品上交。人民公社就有个交换问题。农牧民每个人收入一二百块

---

* 这是邓小平听取中共新疆维吾尔自治区委负责人汇报工作时插话和讲话的要点。

钱，还要买生产资料、生活资料，如奶油分离器、剪毛机等等，平均收入达到二百块钱这个问题就很突出了。

现在国家的拖拉机、汽车的生产能力有，但是钢上不去，没有那么多原料，还生产不出那么多拖拉机、汽车来。新疆要扩建拖拉机厂，搞成了，年产五千台。这要与全国钢的生产水平统一考虑。新疆有那么一点小钢厂好。地方小钢铁厂的钢铁只算入国家总产量，但是不列入中央分配计划，这样做无非是中央的钢少了，但是中央给地方分的钢也少了，地方也会精打细算。我们非走这条道路不可。你们搞拖拉机，靠国家调钢材那是空的，自己有了钢就好办了。你们已经有了生产四万吨钢的基础，要搞成二十万吨的钢铁厂就容易了。要搞成二十万吨的钢铁厂，上海给你们那么一点机器就不够用了，你们用什么，要列入国家计划，由上海包建。

新疆交通还不够方便，路将来总是要修的。修铁路的次序，首先考虑的是独山子，其次才是库尔勒。

到一九七二年左右，全国每亩耕地用上三十斤化肥不成问题，全国哪儿都有份。整个西北化肥厂已经不少了。新疆可以把棉花运出来。上海要搬一个五万锭的纱厂给新疆，这个问题好处理，你们自己出搬迁费就是了。将来三线布置好了，可以从上海、天津、青岛搬一些纺织厂到棉花产地。

这次来西北主要的印象：第一，是对西北地区一、二、三线的界线弄清楚了，这对今后的建设很重要。第二，西北的关键问题是农业，不是工业。西南也是这个问题。这些地方不怕工业上不去，这里是大三线，又有这么多宝，工业怎么能不上去？关键是农业能不能上去。西北的农业应该比西南好办。西南水多，但是缺土。你们这里有的是土，只是有些地方缺水，但可以解决。第三，新厂的布局不能太集中。兰州、西安不能再大了。银川、乌鲁木齐也不要搞大了。宁肯把工厂搞得远一点。工厂分散一点，便于工农结合，对备战也有好处。

新疆大有可为。经济上搞好了，就是军事上的准备。军事上的准备，除了搞几个地方军工厂以外，还要搞民兵。新疆生产建设兵团要搞民兵师。这等于正规军。你们要把北部边界一块一块地经营起来。

西北要注意培养民族干部。西北几个省区都有这个问题。新疆民族干部占百分之五十，很好；青海占百分之十多一点，甘肃占百分之六，少了；宁夏占百分之二十，比较好点，但还不够。没有一批少数民族的群众领袖，民族问题就得不到解决。一定要培养共产主义的民族干部，有的放在农垦师培养，有的放在工厂培养，有的放在部队培养，将来当干部。要给农垦师、工厂、部队培养民族干部的任务。民族干部要学点汉语。由于语言不通，学习毛主席著作就差一点。各民族当中有的是积极分子。培养民族干部，这就是走群众路线。西北是一个各民族集中的地区，西南也是一个各民族集中的地区，都有民族问题。

注　释

〔1〕大三线，见本卷第207页注〔3〕。

保持延安艰苦奋斗的本色*

（一九六六年四月四日）

延安各生产队一年储备两千多万斤粮食，五年就是一亿多斤，这好。

社员平均口粮在四百斤以上，现金收入二十五元，包括粮食折价在内，平均收入近六十块钱，比关中地区还多。你们“三五”计划粮食指标不下达，由专区掌握，另由大队从下而上报告粮食生产计划，这个办法好。

你们的农业情况很好，搞了几件扎扎实实的事情，这就好。搞工业要根据农业的情况。搞工业是好事，可搞多了也是负担。内蒙古以前每年调出十亿斤粮食，搞了工业，包钢上去以后，粮食不够吃了。不要以为工业搞多了就是好事，如果农业顶不住，要调入粮食，搞了工业也是个很大的负担。现在延安专区每个人平均才五百来斤粮食，这样的农业水平，搞不了好多东西。如果你们的粮食上来了，平均每个人一千斤粮食，树也长起来了，不愁没有工业搞，大的工厂也可以搞。这里地方这么好，是后方，是山沟，隐蔽，特别是延安以南地区，可以搞工厂。

陕西省委、西北局决定在这里搞一些工厂是可以的，但

* 这是邓小平听取中共延安地委负责人汇报工作时谈话的要点。

不要勉强搞。搞工厂，要搞为农业服务的小型的加工工业，如丝织厂是可以搞的。

我看了一部关于延安的电影，这部电影把延安拍得很漂亮，实际情况并不是那样。延安地区城市人口占总人口的百分之十七，这是全国现有的水平，不算低了。人家来延安参观并不是要看你工业上的东西，主要是看你的艰苦奋斗，看你的窑洞。要保持延安的艰苦奋斗的本色。

关于工交企业等基层单位如何开展文化大革命运动给毛泽东的信*

（一九六六年六月三十日）

毛主席：

目前文化教育方面的文化大革命运动正在展开，中央和省市领导必须用很大力量领导这个方面的运动。如果工矿企业、基本建设等基层单位一齐动起来，领导上顾不过来，容易出差错。最近工业交通和基本建设的计划完成得不算好，特别是钢、钢材、煤的产量开始下降，质量下降的情况尤为突出，事故增多，基建任务原计划上半年完成百分之四十到四十五，现在只能完成百分之三十五六。因此，在京同志讨论之后，认为在文化革命运动的部署方面，重点放在文化教育部门、党政机关。对于工业交通、基建、商业、医院等基层单位，仍按原定的“四清”〔1〕部署和“二十三条”〔2〕结合文化大革命进行（上海正在进行“四清”的四十万职工的企业，决定用以文化革命运动为中心的方法进行，我们已答复

---

* 这是邓小平起草的和刘少奇联名的信。七月二日，毛泽东阅信后批：“少奇、小平同志：六月三十日给我的信和通知，已经收到看过。同意你们的意见，应当迅速将此通知发下去。”同日，该通知下发。

同意，看看他们的经验如何，再行推广）。这是一个重要决定，请主席考虑决定。拟了一个通知稿〔3〕，请审核。

刘少奇　邓小平

六月三十日

注　释

〔1〕“四清”，见本卷第230页注〔2〕。

〔2〕“二十三条”，见本卷第230页注〔3〕。

〔3〕通知稿，这里指《中共中央、国务院关于工业交通企业和基本建设单位如何开展文化大革命运动的通知（草稿）》，一九六六年七月二日经毛泽东审定后下发。

对红八军和左江革命斗争的回忆*

（一九七二年六月二十日）

我对一九二九年至一九三〇年时期红八军和左江革命斗争的情形，简述如下：

（一）一九二九年，广西俞作柏、李明瑞[1]领导的反李、白[2]斗争，于当年七月失败。失败时，我党同志领导的武装警备第四大队和第五大队于南宁起义[3]。第四大队由张云逸[4]（大队长）同志率领到广西右江百色地区，于十一月[5]在百色揭起红旗，成立了中国工农红军第七军。第五大队由大队长、党员俞作豫[6]同志率领到广西左江龙州地区。李明瑞当时不是党员，亦随到龙州。于一九三〇年四五月间[7]揭起红旗，成立了红军第八军，俞作豫同志任军长，我兼任政治委员。其时，李明瑞同志被中央批准加入了我党，并被任命为红军第七、八两军总指挥，我兼任政治委员。

（二）红八军成立的时候，约两千多人不到三千人，其时，我正在上海向中央报告工作。当我一九三〇年七月底[8]由上海经越南回到龙州时，敌情开始比较紧急了。我同李明瑞、俞作豫等同志商量，由于当时左江群众基础很薄

---

* 这是邓小平为答复有关单位的询问写的书面材料。

弱，红八军也比较孤单，人数也不多，乃决定靠向右江红七军。我在龙州只住了几天，即由红八军派一个连护送，先到右江与红七军取得联络。我到右江后，十月〔9〕才与红七军会合，其时第八军已在左江失败，失败的时间大约在八九月间〔10〕。由于警惕性不高，被李、白部队突然袭击，大部分被打散了，俞作豫同志去香港，由香港当局引渡到广州，被国民党杀害了。由李明瑞、袁也烈（当时名袁振武〔11〕）等同志收集了八九百人，于十月辗转到达右江与红七军会合。这些人被编成为红七军的一个团，由袁振武同志任团长，李明瑞同志仍任红七、八两军总指挥，随红七军到了江西，后在江西中央苏区牺牲。

（三）红八军失败的原因，主要是警惕性太差，特别是由于迷恋于龙州的税收，没有按照决定迅速向右江红七军靠拢。

（四）如上所述，当时左江的群众基础和党的组织都是非常薄弱的。我对当时龙州革命委员会的具体情形和负责人都不熟悉，也没见过面。来件所问王逸、林礼〔12〕等人的情形，我不了解。

（五）何世昌〔13〕同志我认识，是红八军的干部，后来牺牲了，何时何地牺牲的，我记不得了。严敏〔14〕，我记不得了。

（六）红八军的老人，现存的有袁也烈（即袁振武）同志，袁几年前在北京某部任副部长，现在何处不知道。

我了解的红八军片断，就是这些。

邓小平

一九七二年六月二十日

注 释

〔1〕俞作柏，广西国民党左派军人。一九二九年任国民党广西省主席。李明瑞，广西国民党左派军人。一九二九年任国民党军广西编遣特派员、第四编遣分区主任。

〔2〕李、白，指桂系军阀首领李宗仁和白崇禧。

〔3〕南宁起义，一九二九年蒋桂战争后，俞作柏、李明瑞掌握了广西军政大权。邓小平、张云逸等受中共中央和广东省委派遣先后到达广西，开展革命工作。邓小平为中共中央代表。一九二九年十月，根据邓小平的决定，受中国共产党影响和掌握的国民党广西省警备第四、第五大队和广西教导总队在南宁发动兵变，随后分别挺进左右江地区。

〔4〕张云逸，一九二九年任国民党广西省警备第四大队大队长。同年十二月，和邓小平领导百色起义，任红军第七军军长。

〔5〕应为十二月。

〔6〕俞作豫，一九二九年任国民党广西省警备第五大队大队长。一九三〇年二月参加领导龙州起义，任红军第八军军长。

〔7〕应为二月。

〔8〕应为三月。

〔9〕应为七八月。

〔10〕应为六七月间。

〔11〕袁振武，先后任红军第七军第二十师第五十九团团长和红军第八军第一纵队党委书记、参谋长、纵队长。

〔12〕王逸，一九二九年后，任中共龙州县委书记、左江特委书记、左江革命委员会主席，参加领导龙州起义。林礼，一九三〇年时任中共左江特委委员。

〔13〕何世昌，一九二九年至一九三〇年任中共广西前敌委员会委员、红军第七军前敌委员会委员、红军第八军政治部主任，参加领导龙州起义。

〔14〕严敏，一九二九年至一九三〇年任广西临时军政委员会负责人、中共广西东兰县委书记、红军第八军军委委员，参加领导龙州起义。

中国永远不称霸*

（一九七三年七月十七日）

中国这样大，但也可以说不大。大，是说我们的地方大，人口多；不大，就是很不发达。

中国有一点成绩，但还要当好多年的发展中国家，七亿多近八亿人口的国家不容易，人家有点怕我们，其实，用不着怕。我们有一百多年被侵略的历史，被那些称霸的帝国主义国家欺负，我们知道被欺负、被奴役、被压迫的味道。既然知道那个味道，为什么我们发展起来了还要欺负人家呢？

称霸这个事情干不得，凡是称霸的最后总是要倒的。那些向我们称霸的，我们不是把它们赶出去了吗？称霸最终是要垮台的。我们永远不称霸，其道理就是不希望自己垮台。

我们的原子弹只有几个，经济上不发达。今后经济上会发达起来的，问题是发达起来以后称不称霸。毛主席教导我们全国人民永远不称霸，子子孙孙如此。所以，我们同你们永远是好朋友。

---

* 这是邓小平会见尼泊尔公主肖芭·沙希和驸马莫汉·巴哈杜尔·沙希时谈话的一部分。

用和平共处五项原则指导我们的国际关系*

（一九七三年八月十三日）

我们永远不要去侵略人家，从我们的信念、从我们自己的历史经验，我们相信一条，凡是侵略人家的人，最后总是要倒霉的。中国一百多年来被帝国主义踩在脚下，一直到一九四九年才翻身。这一百多年教育了我们自己。历史经验就是，凡是爱压迫别人的人，最后总是要失败的。所以，我们要坚持和平共处五项原则[1]，同不同社会制度的国家友好相处，这是我们世世代代都要进行下去的。我们要拿这样的原则来教育我们的娃娃。我们要用和平共处的原则来指导我们的国际关系，把“不称霸”作为我们的国策。我们相信同世界各国，特别是我们的邻国，一定能够友好相处。希望所有第三世界的发展中国家都发展起来，不发展起来是要受欺侮的。

我们一直说，我们还是一个发展中的国家，还很落后，这不是谦虚，这是实际。要解决这么多人的吃饭问题，确实是第一位的大事。这是很不容易的事情。你不要忘记我们的缺点还很多，人民的生活水平还很低，科学技术水平还很

---

* 这是邓小平会见泰国羽毛球代表团时谈话的一部分。

低，与世界科技水平相比，还有相当大的差距。不过人民是团结努力的，这点我们是有信心的。就现在这样发展下去，大体上还要再作五十年的努力看能不能发展起来。

注　释

〔1〕和平共处五项原则，即互相尊重主权和领土完整、互不侵犯、互不干涉内政、平等互利、和平共处。

中国的立国原则*

（一九七三年九月四日）

我们国家属于第三世界。我们在国际上的原则，就是同不同社会制度的国家和平共处，支持世界上一切被压迫人民和民族的斗争。过去一百多年中国受帝国主义的侵略、奴役、压迫和剥削，所以我们对自己国家的安全是经常保持警惕的。

你们知道，美国在台湾的问题还没有解决，对我们来说，这是一个老问题。自从斯大林死后，如何面对苏联又成了我们面临的一个新问题。现在对我们威胁最大的来自北方，这个历史很长。苏联把百万大军放到我们的边界上，我们对这个问题并不怕，问题是要保持警惕，要有准备。不准备，不警惕，那危险性就更大。我们绝不相信苏联入侵中国它会胜利，我们会失败。苏联同美国争夺世界的重点还是在欧洲，苏联现在做的实际上带有声东击西的性质。这不是我们独家的看法，欧洲就有不少人有这种看法。这主要根据苏联力量的部署和它的行动，以及根据一个地方在世界上的重要性。现在所谓争夺，最突出的是两霸争夺。争夺哪里？一般都是从表面现象上看，以为中苏关系紧张，就说争夺重点

---

* 这是邓小平会见英国工党议员、前内阁大臣詹金斯时谈话的一部分。

在东方。但历史事实证明，世界最重要的地方还是欧洲，两次世界大战都先在欧洲爆发的。

我们说它的重点在西方，但决不会因为这个论点而使我们自己疏忽起来，如果那样就非常危险。两霸总是向弱处开刀。我们不排除苏联先向中国开刀这种情况。关键问题就是我们是不是有准备。所以，我们的方针是建立在苏联要向我们进攻上的，这是我们的立足点。这是毛泽东主席一贯的战略思想，从最坏的情况做准备。我们现在就是为它核进攻做准备。我们宣布“人不犯我，我不犯人；人若犯我，我必犯人”。中国有的是人，要一口吞下中国不是那么容易的事情。

尽管我们说原子弹是纸老虎，但又看到它是真老虎的一面。毛泽东主席号召我们全国人民要“深挖洞，广积粮，不称霸”。“深挖洞”就是挖地洞。挖洞总不是进攻，总是防御吧！原子弹会造成很大伤亡那是真的，但我们始终不相信原子弹可以毁灭人类这种说法。“广积粮”，有没有敌人进攻，积了粮食可以作为储备。假使社会帝国主义或其他帝国主义要进攻我们，有粮食就好办。至于“不称霸”，这是很重要的一条原则。毛泽东主席教导我们全国人民，不但今天不能称霸，二十一世纪、二十二世纪，永远都不能称霸，这是从研究历史规律得出的结论。我们要同世界上一切反对霸权的国家联合起来反对霸权主义。

以上讲的这些就是我们的立国原则。我们对外政策就是根据这个原则制定的。

改善中苏关系，我们的条件很简单，就是意识形态的争论不妨碍两国关系正常化。边界问题我们的立场也很简单，就是维持现状，然后解决两边的争议。不同社会制度、不同意识形态国家之间完全可以在五项原则[1]的基础上和平共处。意识形态的争论就是打笔仗，耍笔杆子，不是动真刀真枪。事实上，中国同西欧关系的发展比中美关系发展快一些，因为台湾问题没有解决，我们和美国关系没有正常化。

我们对第三世界的援助力量有限，我们希望自己发达起来，对世界能有更多的贡献。我们援助的虽然不多，但所有援助，如坦赞铁路，是没有任何条件的，而且大量是无偿的，还有的没有利息。我们不反对发达国家对穷国、对发展中国家进行援助。我说的是不附带任何政治条件，即不能通过援助来控制这些国家。发展中国家会根据自己的情况采取自己的立场，我们从来没有干预过这样的问题。

注　释

〔1〕五项原则，见本卷第311页注〔1〕。

我们总的经验是自力更生，量力而行*

（一九七三年九月十九日）

我们是一个发展中的国家，经济面貌是比较落后的，与西方发达国家相比，还有相当大的距离，还要几十年的时间才能比较好。我们很希望能得到西方的一些先进的技术来进行我们的建设。我们愿在平等互利、互通有无的原则下发展同世界各国的贸易。贷款这种方式我们一般不采取。建国后，我们只向一家借过款，就是向苏联借过款，效果并不好。赫鲁晓夫〔1〕让我们得到一个经验，就是自力更生，我们总的经验是自力更生，量力而行。我们建设我们的国家，发展我们的国家，这一条道路是最可靠的。有人说什么“输出”，革命是输出不了的。任何一个国家采取什么制度，以什么方式生活，要由这个国家的人民自己来决定，我们不相信“输出”有什么效果。

总之，要把自己的意志强加于人的人，没有不失败的。我们是信仰马列主义的。马克思也好，列宁也好，并没有说过要把他们的东西向中国输出，但为什么马列主义在中国生了根呢？因为中国自己产生了接受马列主义的条件，如果没

---

* 这是邓小平会见奥地利中国研究会理事会代表团时谈话的一部分。

有这样的条件，那么马列主义在中国就生不了根。

我们的原则是不同社会制度的国家可以和平共处，进行各方面的友好往来。我们的共同愿望是发展两国之间的文化、科学、技术、经济的关系。继续发展这种友好往来，不仅是代表团朋友的愿望，也是中国人民的愿望。

注 释

〔1〕赫鲁晓夫，曾任苏共中央第一书记、苏联部长会议主席。一九六四年十月被解除领导职务。

不发达起来是要受人欺侮的*

（一九七三年十月四日）

我们两国过去的处境相似，都是长期受帝国主义压迫的，现在又都是发展中国家，都还比较落后，都是前进的、有希望的国家。我们有一点工业，农业也有一些进步，但落后的东西还很多。

援助是相互的，你们对我们也有不少援助，特别在政治上、在国际斗争中支持我们。给你们某些项目的帮助是应该的。我们常讲我国人口很多，地方也大，应当对世界有更多的贡献，现在贡献还很少，国力有限。希望随着我国的发展和前进，在今后做出更多的贡献。

我们之间没有什么争论，没有别的问题，只有友谊。朋友应当相互支持，永远相互支持。这几年来相互都做得很好。我们的专家在你们那里总不是都好，总还有缺点。有缺点希望你们提出来，我们好注意。

我国医疗方面有一点成绩，技术方面也有一点好的东西，人民的健康状况一般是好的。但我们国家很大，医生总还是不够。为什么要有赤脚医生呢？就是医生不够的一种表现。中国人多、地方大，特别是偏僻地区、山区的卫生状况

---

* 这是邓小平会见坦桑尼亚卫生代表团时谈话的一部分。

也并不是很好。所以，毛主席提出要“下乡上山”。我们要做的事还多得很。

中国是一个古老的国家，但被封建主义束缚二千多年，一百多年来被帝国主义欺侮。我们祖宗遗留下的是一大块地方，几亿人口，还有一点古迹，现代化东西少。一九四九年新中国建国时，钢只有几万吨，现代化工业除了轻纺工业外什么也没有，完全是白手起家。这二十四年做了一点事情。过去西方人说我们是有色人种，是低人一等的民族。但是，我们自己站起来时，可以做一点事情。我相信我们彼此都有信心。彼此努力，不发达不行啊！不发达起来，日子不好过的，人家要欺侮的。我相信我们都是有希望的。

生产要狠抓才能搞上去*

（一九七三年十月二十一日）

钢铁工业要搞大兵团作战，但是一定要科学组织，合理施工，希望你们再打一个团结协作的漂亮仗。搞建设，就是要有速度。生产要狠抓才能搞上去。武钢是新中国兴建的大钢都，地理条件优越，很有发展前途，现在搞四百万吨，我看将来可以搞一千万吨！

* 这是邓小平视察武汉钢铁公司时谈话的节录。

只有在人民中间，游击战争才能够发展起来*

（一九七三年十二月十八日）

中国人民对于来自反对帝国主义、殖民主义，争取民族解放斗争前线的战士，都是很尊敬的。因为我们过去同你们的命运是一样的。从一百多年前的鸦片战争起，中国人民就一直为自己的民族解放而努力奋斗。一九三一年日本帝国主义开始入侵，首先占领了我国东北。一九三七年后就把中国大部分地区占去了。中国人民进行了八年抗日战争。我们搞反对帝国主义、封建主义、官僚资本主义的武装斗争，搞了二十二年。你们现在面临的斗争跟我们过去进行的斗争有共同性。所以，我们彼此之间是容易了解的。

抗日战争开始时，我们武装很少，多在山区，而敌人占据着我国广大的平原地区。我们的军队那时叫八路军，后来叫人民解放军，会打山地仗。这就提出一个问题：山地能够进行游击战，平原能不能进行游击战？湖泊地区能不能进行游击战？毛主席说，只要有中国人的地方就能够进行游击战。问题是这种战争必须是真正的人民战争。开始时，在最困难的情况下，游击队员穿便衣，白天种地，晚上出来活

* 这是邓小平会见安哥拉民族解放阵线代表团时谈话的一部分。

动。后来队伍扩大了，群众工作做得更好了，白天也可以活动了。人民拥护了，队伍就可以扩大，武器弹药就可以得到解决，伪军工作也可以做了。对伪军，一方面打击他们，一方面做瓦解工作。瓦解工作开始时效果往往不大，等到我们的力量大起来了，瓦解工作就起作用了。

我们过去打仗也是没有后方的呀！慢慢建立一种流动后方。这种后方，山区比较容易建立，平原就困难一点。以后在平原上敌人的堡垒群中也可以搞后方，如医院、被服厂等也可以搞。只有在人民中间，游击战争才能够发展起来。人口多的地方，往往是敌人比较集中的地方。而那些地方，如果我们不去，就接触不了人民。我们的兵源即战士是从那里来的，吃的粮食、穿的衣服、各种供给都是从那里来的。到那里是很艰苦的，但你不去有什么办法？不去，粮食、供给来源没有，兵源没有，也不可能打敌人。要是不去敌人集结的地方，离开人口最多的地方，革命的源泉就没有了。因此，凡是敌人去的地方我们都要去，而且必须去。抗日战争开始时，我们只有三万人的军队，通过这个办法，就是敌人到哪里，我们就到哪里进行人民战争。打了八年，我们的军队发展到一百二十万人，解放区发展到一亿人口。

根据我们的经验，只有在战场上才能学会打仗；只有在战斗中才能得到发展，才能壮大自己，消灭敌人，或者赶走敌人。当然也会受一些挫折，甚至有一些局部失败，但广大干部战士成长起来了。总之，不在实战中锻炼就锻炼不出来。

我们不是一般的朋友，而是战友。这不仅因为我们有着共同的遭遇和处境，而且因为我们现在面临着共同的斗争。

你们正在进行直接反对帝国主义、殖民主义的斗争，而我们进行社会主义革命和社会主义建设，也同样面临着帝国主义的威胁。所以我们的斗争是共同的，是相互支持的。中国人民是你们的可靠朋友。对世界各国人民、各被压迫民族争取解放的斗争，只要我们的能力能够办到，我们一定尽力。随着我们国家力量的增长，我们愿意做出更多的贡献。是真朋友还是假朋友，在斗争中可以辨别出来。

我们理解你们的斗争是长期的。你们面对的不只是一个葡萄牙帝国主义，而是面对国际垄断资本。但我们坚信，你们的斗争总是会取得最后胜利的。世界在大变嘛！现在不是过去的世界了。所以，我们希望并祝贺你们在斗争中不断取得胜利。

我们希望你们反对敌人的各个部分能够很好地团结起来，团结起来的力量总比不团结大。当然团结是有原则的，谁在谋求民族的利益、争取民族解放、反对敌人的斗争中最坚决，人民就会相信谁。人民总是选择既讲团结又讲斗争的人。

任何一个国家都有自己的具体情况，我们的经验只能供你们参考。

体育要从娃娃抓起*

（一九七四年一月四日）

要加强学校的体育，要把学校的体育工作搞好。你们对我国运动技术水平的估计是符合实际的，我们还落后嘛。现有专业队全国才一万多人，太少了。军队可以培养一批少年运动员。你们分给他们一批队员，由他们自己训练，出了成绩也是中国的嘛。钱、名额，军队都没有困难，好解决。业余队太少也不行，水平提高了，都是中国的。业余队培养出来的运动员，军队、地方各一半，或者地方三分之二，军队三分之一。可以把军队变成一个“屯兵”的地方。国内比赛的劲头都不小，要到国际上为祖国争光，将来他们训练出来了，就把他们作为国家队嘛！国家队要分散，现在恐怕还不行。要有几个强队，你追我赶，才进步得快。我们还是要走这个发展道路，要有几个强队。球类运动也得走这个道路。

增加娃娃的事，要专门写个报告，包括军队在内。足球不从娃娃搞起，是上不去的。专业队的补充问题，要专门写报告，讲点道理，介绍一些外国的情况，不要长。专业队只万把人太少了。体育专业队目前需要补充，得从娃娃选起。

---

* 这是邓小平听取国家体委、中华全国体育总会、中国足球协会负责人汇报工作时谈话的一部分。

三千人太少。要提一个大、中、小的方案。选人要慎重。围棋要从小搞起，有的八九岁、十一二岁就成名手了。吴清源[1]十二岁就比较有名了。运动员的生活要搞好。

注 释

〔1〕吴清源，日籍华人，围棋名家。

中日两国没有理由不友好*

（一九七四年一月十一日）

中日友好总不是十年、二十年的事情吧！继承老一辈开拓的中日友好的前景，要靠年轻朋友，日本如此，中国也如此。这好比台湾问题。台湾总要回到祖国的怀抱。这件事情，像我这样年龄的，也包括廖承志[1]同志，也许看得到，也许看不到，但年轻人总看得到。

至于日本的情况，石油带来的新问题，恐怕是事实。在这个新问题面前，究竟怎么办，这是一个大课题。各种各样的倾向都会有的，比如说，复活军国主义这个倾向是有的。往往一种倾向开始时都是少数人，不注意它就会扩大开来。

发展我们的友好关系，这件事情要世世代代继续下去，发展下去。应该说，建交以后恐怕有些事情搞得慢了一点。我们理解田中[2]首相、大平[3]外相遇到了一些困难，相信通过大家的努力，特别是靠在座各位的努力，总可以克服嘛！航空协定总可以说有希望吧！当然要做工作了。需要做的事情还很多，如和平友好条约和其他几项业务性协定都还没有解决嘛！现在已是一九七四年了，一九七四年是不是可以搞得快一点呢？我想，我们在座的都希望搞得快一点吧！

---

* 这是邓小平会见日本自民党政党政治研究会访华团时谈话的一部分。

总之，我们两国的友好是非常重要的，我们没有理由不友好。过去有过那么一段不幸的时期，那过去了嘛。多数人总是向好的方面看，当然也要看到还存在着那么一小股势力是妨碍我们两国友好发展的，需要我们彼此努力的事情还很多。现在我们彼此之间没有什么冲突，台湾问题是两国建交声明[4]里面原则确定了的。本着这样的原则克服困难，事情就好办。总之，要彼此努力呀！

注　释

〔1〕廖承志，当时任中日友好协会会长。

〔2〕田中，指日本首相田中角荣。

〔3〕大平，指日本外相大平正芳。

〔4〕建交声明，这里指一九七二年九月二十九日中日两国政府在北京签署的《中华人民共和国政府日本国政府联合声明》。

祖国不实现统一不行*

（一九七四年一月十二日）

不管用什么方式，台湾总是要解放的，也许早一点，也许晚一点。我们跟美国人也是这样讲的，要抱住台湾不放，那靠不住，抱不住。我们甚至告诉美国人，即使蒋介石那一堆人反对祖国统一，台湾还是要解放的。怎么能够设想，中国自己的领土会长期不回到祖国的怀抱里来呢？祖国不实现统一行吗？

复活军国主义这股势力，总想着过去军国主义的甜头，心没有死。所以，我们始终没有放弃反对复活日本军国主义的斗争。岸信介〔1〕这种人死了还会有代表人物出来。三岛由纪夫〔2〕是一种什么思潮！当然，日本人民反对这种思潮的力量大大超过他们。但如果不警惕，他们还会慢慢发展起来。

像钓鱼岛这样的问题，就是要采取公正客观的态度。有历史资料。处理这样的问题，总应该有办法嘛！这个问题还有时间研究。

注　释

〔1〕岸信介，第二次世界大战期间，任日本商工相、国务相兼军需省次官。

---

* 这是邓小平会见日本社会党友好访华团时谈话的一部分。

日本投降后，被定为甲级战犯关进监狱。一九四八年获释，先后任日本民主党、自由民主党干事长。一九五七年二月至一九六〇年六月任日本首相。

〔2〕三岛由纪夫，日本作家，右翼法西斯分子，日本军国主义团体“盾会”创建人。一九七〇年十一月二十五日，在东京日本陆上自卫队东部方面军总监部发表要求修改日本宪法使自卫队成为日本真正的“国家军队”的演讲后剖腹自杀。

军工科研和生产要适应战备的需要[*]

（一九七四年二月十三日）

战争如果现在发生，我们可以打人民战争。我们现有武器比过去小米加步枪好多了。现在打仗，就是要保障弹药。若没有弹药，与苏联卫国战争初期一样，历史要与我们算账的。备战讲了那么多的时间，真正打仗没有东西。军工的问题很多，要排个队，不可能所有问题统统解决。有些问题，计委帮忙，国务院帮忙，就可以解决。现在有几个定型委员会，开个会就解决得快些，要争取时间。

军工备战不适应战争要求，生产能力小，生产出来的东西，数量不多，质量问题多。希望把问题排个队，哪些属于第一批解决，哪一种要花时间解决，特别是科研花时间的。科研也要赶上。有些问题不是今年解决，是要几年才能解决的。还有布局问题。边沿工厂搬家，要搬战备的东西，搬主要东西。选厂址，布点要布开些。有些地方虽然敌人到不了，但敌人的飞机可能飞到。有些产品布点不能离战场太

---

* 这是邓小平听取第五机械工业部生产建设情况汇报后的讲话。

远。要搞规划，首先是边沿厂要有一个规划。时间可贵，再不能浪费时间，再浪费是犯罪，到那时杀头也不行。

关于体育工作的谈话和批示

（一九七四年三月——八月）

一

我认为李、金两同志的意见[1]是正确的，应予重视，请国家体委研究处理。

（一九七四年三月三日对北京体育学院国家击剑集训队李秋诚、金龙根来信的批示）

二

现在国际上各个方面都要反对霸权主义，反对霸权主义主要是第三世界的事。联合国也是在反对霸权主义，那是在经济方面的，政治方面的事天天都有。体育界也是一些霸王在那里把持着。过去第三世界各方面都没有发言权，体育界也一样，现在开始有发言权了。

（一九七四年四月二十七日接见伊朗国家男女排球队领队伊勃拉辛·奈玛蒂和伊朗驻中国大使馆临时代办拉加布萨德等时谈话的节录）

三

现在主要是两件事：一个是队伍准备，一个是国际斗争。体育来往是政治，人家说“乒乓外交”、“篮球外交”、“羽毛球外交”。亚运会〔2〕这么大的一个活动，要配一个强的班子去。一切以“友谊第一”，但还要争取好成绩。

比赛才能提高，不比怎么能提高？不要怕输，输了也没有关系，好好训练，主要是鼓足劲。打球越怕输越输，从信心上就输了。心理状态不好，越怕输越输。

（一九七四年五月七日听取中国参加第七届亚运会准备工作情况汇报时讲话的节录）

四

亚运会是很重要的事情，打开我国在国际体育组织中的局面，也是要看亚运会。涉外的事要守信用，别的地方的工作停下来也要把这个事情搞好。本来我们国家的声誉比较好，现在相当多的事情不大守信用了。一定要解决这个问题。

（一九七四年六月三十日听取中国参加第七届亚运会准备工作情况汇报时讲话的节录）

五

当篮球裁判，我们要按照国际标准吹哨。总要符合国际标准才行。如果按照自己这样吹法，那首先就宣布我是第一好了。裁判也要总结一下经验，恐怕教练也有问题啊！不光是篮球，足球也是一样的问题。凡是球类都有这个问题。总之，我们自己要从严，不符合国际规则怎么行？

观看足球比赛不文明，以后足球场要做点工作，要讲讲，先预定讲一年、二年。这个讲话要带点批评性质，因为你完全离开了“友谊第一”的方针，离开了团结友好的方针。这实际上是个民族主义，不是无产阶级国际主义的态度，这怎么行呢？

（一九七四年七月三日同国家体委负责人谈话的节录）

六

我们的水平不高，总要在国际上打出点成绩，人家就会对我们尊重些。国际比赛少了，对提高成绩也差一些。足球这个东西我们同国际上比赛少了，提高成绩就困难。同强队的交锋太少了不行。

（一九七四年七月三日接见朝鲜田径代表团、举重队和自行车队时谈话的节录）

七

要贯彻“友谊第一，比赛第二”的方针，运动员在接触中是平等的、谦虚的、不强加于人的，这样就扩大了影响。要尊重裁判。要尊重主办国家的安排。对错误不能隐讳，要谈心。打了败仗，不能骂。没有常胜将军，没有不打败仗的队伍。运动员有个身体、竞技状态的问题，打不好就不高兴，责备是不对的，对鼓励士气也不利，成绩是逼不出的。

（一九七四年七月二十二日接见参加第七届亚运会中国体育代表团负责人时谈话的节录）

八

这是应该迅速办理的事情，可由李达[3]副总长召集空军、体委等有关部门讨论一次，解决复校问题，例如体制、归属、校址、经费等等，向军委提出报告。

（一九七四年八月十四日对中国人民解放军空军党委《建议恢复业余滑翔学校》报告的批示）

九

你们查一查我国加入过亚洲游泳联合会没有，我们目前即使不能参加亚游联组织，也要争取能参加游泳比赛。

（一九七四年八月十七日同国家体委负责人等谈话的节录）

注　释

〔1〕北京体育学院国家击剑集训队李秋诚、金龙根给邓小平写信说，“文化大革命”前，上海曾生产过整套击剑器材，产品质量超过苏联，赶上匈牙利，并曾出口。但是国家体委对此项工作抓得不得力，现在还准备从伊朗进口联邦德国的击剑器材。该信要求国家体委和轻工业部委托上海工交组自己生产击剑

器材。

〔2〕亚运会，这里指一九七四年九月一日至十六日在伊朗首都德黑兰举行的第七届亚洲运动会。这是一九七三年中华人民共和国恢复亚运会联合会合法席位后，首次派出体育代表团参加的亚运会。

〔3〕李达，当时任中国人民解放军副总参谋长。

革命斗争的规律总是弱的战胜强的*

（一九七四年三月十四日）

毛泽东主席讲“星星之火，可以燎原”。这个革命斗争的规律是不变的，总是弱的战胜强的。从远的说，在井冈山的时候，国民党蒋介石有一二百万军队，我们几千人，我们很弱。拿近的说，越南人民碰到的敌人很强大，美国派去了五十多万军队，还有美国扶植起来的傀儡，越南南方的伪军成百万。可以说除了原子弹外，美国把现代化的武器都用上了。越南自己的坦克很少，开始的时候几乎没有什么东西，根本没有飞机，大炮也很少，武器是绝对的劣势，军队的人数也不如敌人多，最后还是打败了敌人。美国被迫提出停战，最后不得不撤走。这是弱的战胜强的最近的一个例子。革命斗争的规律总是弱的战胜强的。所以，最有希望的是革命人民。只要我们采取正确的路线、方针和政策，藐视敌人，坚持斗争，时间可能有的地方长一些，有的地方短一些，但最后胜利总是属于革命方面的。

革命斗争能不能胜利，决定于这么几个条件：

第一，有没有一个革命的党。在我们国家就是有没有一

---

* 这是邓小平会见津巴布韦非洲民族联盟代表团时谈话的一部分。

个马列主义的党。马列主义的普遍真理是放之四海而皆准的。但马列主义能不能胜利，在于我们能否把马列主义同中国的具体实际结合起来，根据中国的具体条件，制定我们的战略，规定我们的策略。在军事上根据我们自己的条件来决定怎样进行军事斗争、武装斗争。列宁把马克思主义运用到俄国，跟我们把马列主义运用到中国不同。俄国是十月革命，首先夺取城市，是城市武装起义。毛泽东主席把马列主义运用到中国是农村包围城市。如果我们采取列宁在俄国的方式，我们的革命战争不可能胜利。

第二，革命斗争一定要逐步形成一个有战斗力的解放军。形成的过程有长有短。但是，这样的军队一定要在战斗中才能形成。开始总是不大会打仗，但打仗是学得会的。只要真正地同人民结合起来，进行人民战争，就可以不断从作战中提高战斗力。开始不可能大量消灭敌人。开始消灭敌人无非是几个人的一个小组，慢慢学会消灭敌人一个班。总之，根据我们的经验，部队逐渐形成战斗力，就要学会打歼灭战。你看到的井冈山革命根据地，是很大的山。解放前我们全国有很多革命根据地，也有的山没有那么大，比那个小得多，也有没有山的，如湖北地区。但任何一个革命根据地都要经过几次敌人的“围剿”和我们的反“围剿”，经过反复的斗争，才能形成起来。比如说我们先在江西的井冈山革命根据地，后来发展了赣南根据地。在江西南部，毛泽东主席领导的赣南革命根据地经过敌人的三次大“围剿”。我们的军队当时只有三万人左右。对付我们三万人，敌人第一次用了十万军队，我们打破了这次“围剿”，消灭了一万多敌人。接着，敌人搞第二次“围剿”，用了二十万军队，我们的军队还是三万人左右。我们选择了敌人的一二路，把它消灭了，打破了这次“围剿”。紧接着，敌人搞第三次“围剿”，用了三十万军队，也被我们打破了。这样，经过反复的斗争，我们在赣南的大块革命根据地才巩固起来。以后，我们党内出现了机会主义，背离了毛泽东主席的领导，赣南革命根据地才失败了。因此，不管井冈山还是赣南革命根据地，都要同敌人搞几个回合，才能把革命根据地形成和巩固起来。也就是在“围剿”和反“围剿”的斗争中，形成和巩固革命根据地的过程中，我们的军队壮大了起来，战斗力提高了。毛泽东主席领导打破这三次“围剿”之后，我们的革命根据地发展了，军队发展到八万人。

抗日战争的时候，我们红军改编的革命军队只有数万人，散布在华北两亿多人口的地区。面对的日本军队和伪军开始是几十万人，后来到上百万人。同土地革命战争时期一样，我们也搞抗日根据地。抗日根据地有山地，有平原，我们的人也很少。比如，河北南部有四百万人口，我们只派一个连去，一百多人。这个连去了，和当地人民结合起来。在八年的斗争中，日本侵略军常来围攻。我们就在围攻和反围攻的斗争中，壮大了自己。经过八年抗战，我们的军队发展到一百二十多万。我们总是搞歼灭战，先搞小股敌人，先打敌人的薄弱点，那时候日本搞了很多伪军。消灭敌人一百人，就可以得到几十条枪，来武装我们。我们过去打蒋介石，打日本，打伪军，都是把敌人当作我们的运输队。

日本投降以后，我们又同蒋介石打了三年。我们运用毛泽东主席打歼灭战的原则，消灭了蒋介石差不多八百万军队。我们就是在消灭敌人中来扩大自己，武装自己，用敌人的枪、炮、弹药甚至于敌人的兵来补充我们自己。最后，我们有些连队，百分之七八十的兵是俘虏兵。总的就是要打歼灭战。

培养军事干部，学校训练是一个方法，但不是主要的方法。军事干部要在战场上去学。我们的经验是，农民很容易学会打仗，在实践中、在战斗中发挥他们的才能。我们有很多将军开始时是农民，加入军队的时候，还不认识字，在军队里面学文化，打几仗就会打了。我们不少人打上三年仗就当了师长，指挥万把人。我们现在的指挥官绝大多数都是这样出来的。军队发展起来，干部也在这当中解决了。

第三，紧密联系群众。这是最紧要的一点。首先要有正确的政策。毛泽东主席领导革命开始的时候，就是搞土地革命。恐怕土地问题是一个根本的问题。土地问题同民族问题是不可分割的。比如说，我们同日本作战，民族解放问题是第一个问题。但是，如果不适当满足农民的要求，这个仗打不起来，根据地建立不起来。群众为什么打仗呢？群众只有认识到这个斗争符合自己的利益，才会坚决起来战斗。在井冈山时期，就是打土豪、分田地，解决了农民提出来的这方面的要求，农民的积极性就起来了，出兵出粮，同军队一块战斗，男女老幼都动员起来。根据地有农民组织、妇女组织，儿童也组织了起来放哨。

主要这么三条：一个真正革命的党；逐步形成一个革命的有战斗力的军队；这个党、这个军队同人民，特别是同农民是一家。开始总是游击战争，形成游击区，由游击区发展到半巩固的革命根据地。经过这样反复的斗争，根据地就一块一块地慢慢形成起来了，开始由几万群众的地方形成小根据地，然后一块一块地连起来。

斗争要经过反复，经过敌人“围剿”和我们的反“围剿”，要取得反“围剿”的胜利，要实行人民战争，要把群众真正动员起来。一定要有一个骨干，比如说一千人的有战斗力的军队，两个营，逐步发展到一个团。因为敌人“围剿”总是分很多路来，如果打它最弱的一路，把它消灭，或使敌人受到重大伤亡，那么，敌人的“围剿”就容易打破了。

打仗总有伤亡，有战斗力的军队，往往是伤亡重的。我们的经验，有战斗力的一个连，一百个人中牺牲了九十个人，剩下十个人，补充起来，这个连战斗力还是一样好。当然，如果只有伤亡，不能消灭敌人，就不可能出战斗力。只要消灭了敌人，取得了战斗的胜利，虽然伤亡多一点，但更加有战斗力，这样的连、营出干部。

革命根据地有很多好处，也可培养我们治理国家的干部。根据地要管政治，要管经济，要把生产搞好，要使粮食多打一点，要解决物资供应，总要有一套政策来发展经济吧，所以，这就有各项政策了，甚至于贸易政策、商业政策。根据地还要有医疗卫生、文化教育，麻雀虽小，肝胆俱全。全国解放以后，帝国主义都说我们没有办法管理这么大一个中国，说我们共产党打仗可以，治理国家不行。为什么我们管起来了？就是根据我们搞了二十年根据地的经验。讲自力更生，是很有好处的，根据地就非自力更生不行。

斗争是会有挫折的，甚至于会有失败。我们就经过不少挫折。我们最大的挫折就是一九三四年我们党内出现机会主义，不让毛泽东主席领导，结果我们三十万军队缩小成几万，根据地损失了百分之九十。在蒋介石统治区，我们党差不多百分之百损失了。比这个小的挫折各个地区都有。问题是要善于总结经验。经验是两个方面的，第一是胜利的经验；第二是失败的经验，或者说是挫折的经验。革命党这两方面的经验很重要，只依靠一方面的经验靠不住。只要不断地总结经验，前进的步伐就会更快一些，更好一些。

出国比赛也有政治任务*

（一九七四年三月二十三日）

今天，我主要是跟同志们见一见。出国，我们向来都认为是重要的事。希望以后凡是出去的人，都要打招呼。乒乓球队出国最多，名誉还好，好名誉要保持。我们的运动员应该有国际主义的觉悟，起码应该有爱国主义觉悟，应该有自尊心嘛！我建议体委以后对出国团队的审查要加强，特别是领导人要配强的。

我们的体育队伍需要加强政治思想领导，需要加强政治思想工作。去参加比赛，这是一个政治工作，你们有政治任务，不要只看到那么一个小球，这个打球中体现很大的政治任务。现在不单有“乒乓外交”，还有“杂技外交”。我们的国际交往也有一个路线问题。比如比赛方针，叫作“友谊第一，比赛第二”，这就是一个纲，是一个路线问题。我们对队员的教育、训练，都要抓这样的纲。

实际上所有出国的人都代表一个国家。打乒乓球、踢足球也是政治活动。我们所有出国的队伍，都要体现社会主义的中华人民共和国的精神面貌。总的来说，我们多数出国队

---

* 这是邓小平接见即将赴日本参加第二届亚洲乒乓球锦标赛的中国乒乓球代表团、体育友好代表团和亚洲乒乓球联盟秘书处工作人员时讲话的节录。

伍是好的，他们以自己的实际行动扩大了我们社会主义国家的影响。应该说，我们这个传统是好的。球一定要打出水平，但是，一定要把友谊放在第一。不把友谊放在第一，你球打赢了也等于是输了。重要的是我们要采取正确的态度，正确的方针。

采取一切必要的方式解放台湾*

（一九七四年三月二十六日）

关于台湾问题，我们的立场很清楚。台湾是中国不可分割的领土。我们总要解放台湾，实现祖国的最后统一。采取一切必要的方式解放台湾是我们的责任。当然，我们希望能够和平解放。但，不能和平解放怎么办呢？至于什么时候解放，用什么方式，根据情况决定。

---

* 这是邓小平会见奥地利中国研究会理事会代表团时谈话的节录。

在联合国大会第六届特别会议上的发言*

（一九七四年四月十日）

主席先生：

联合国大会关于原料和发展问题的特别会议，在阿尔及利亚民主人民共和国革命委员会布迈丁主席的倡议下，在全世界绝大多数国家的支持下，顺利召开了。联合国成立二十九年来，举行专门会议讨论反对帝国主义剥削和掠夺、改造国际经济关系的重大问题，还是第一次。这反映了国际局势的深刻变化。中国政府热烈祝贺这次会议的召开。中国政府希望会议将为加强发展中国家的团结、维护民族经济权益，为促进各国人民反对帝国主义、特别是霸权主义的斗争，做出积极的贡献。

当前国际形势对发展中国家和世界各国人民非常有利。建立在殖民主义、帝国主义、霸权主义基础上的旧秩序，遭到了日益深刻的破坏和冲击。国际关系激烈变化。整个世界动荡不安。这种状况用中国的话说，就是“天下大乱”。这个“乱”是当代世界各种基本矛盾日益激化的表现。它加剧了腐朽的反动势力的瓦解和没落，促进了新生的人民力量的

* 这是邓小平发言的主要部分。

觉醒和壮大。

在“天下大乱”的形势下，世界上各种政治力量经过长期的较量和斗争，发生了急剧的分化和改组。一系列亚非拉国家纷纷取得独立，在国际事务中起着愈来愈大的作用。在战后一个时期内曾经存在的社会主义阵营，因为出现了社会帝国主义，现已不复存在。由于资本主义发展不平衡的规律，西方帝国主义集团，也已四分五裂。从国际关系的变化看，现在的世界实际上存在着互相联系又互相矛盾着的三个方面，三个世界。美国、苏联是第一世界。亚非拉发展中国家和其他地区的发展中国家，是第三世界。处于这两者之间的发达国家是第二世界。

美国和苏联两个超级大国，妄图称霸世界。它们用不同的方式都想把亚非拉的发展中国家置于它们各自的控制之下，同时还要欺负那些实力不如它们的发达国家。

两个超级大国是当代最大的国际剥削者和压迫者，是新的世界战争的策源地。它们两家都拥有大量核武器。它们进行激烈的军备竞赛，在国外派驻重兵，到处搞军事基地，威胁着所有国家的独立和安全。它们都不断对其他国家进行控制、颠覆、干涉和侵略。它们都对别国进行经济剥削，掠夺别国的财富，攫取别国的资源。在欺负人方面，打着社会主义旗号的超级大国尤为恶劣。它出兵占领自己的“盟国”捷克斯洛伐克，它策动战争，肢解巴基斯坦；它说了话不算，毫无信义，唯利是图，不择手段。

处于超级大国和发展中国家之间的发达国家的情况是复杂的。它们当中的一些国家，至今还对第三世界国家保持着各种不同形态的殖民主义的关系；像葡萄牙这样的国家，甚至还在继续野蛮的殖民统治。这种情况应当结束。同时，所有这些发达国家，都在不同程度上受着这个或那个超级大国的控制、威胁或欺负，其中有些国家在所谓“大家庭”的幌子下，实际上被超级大国置于附庸的地位。这些国家都在不同程度上具有摆脱超级大国的奴役或控制，维护国家独立和主权完整的要求。

广大的发展中国家，长期遭受殖民主义、帝国主义的压迫和剥削。它们取得了政治上的独立，但都还面临着肃清殖民主义残余势力，发展民族经济，巩固民族独立的历史任务。这些国家地域辽阔，人口众多，资源丰富。这些国家受的压迫最深，反对压迫、谋求解放和发展的要求最为强烈。它们在争取民族解放和国家独立的斗争中，显示了无比巨大的威力，不断地取得了辉煌的胜利。它们是推动世界历史车轮前进的革命动力，是反对殖民主义、帝国主义、特别是超级大国的主要力量。

两个超级大国既然要争夺世界的霸权，就存在着不可调和的矛盾，不是你压倒我，就是我压倒你。它们之间的妥协和勾结，只能是局部的、暂时的、相对的，而它们之间的争夺则是全面的、长期的、绝对的。什么“均衡裁军”，什么“限制战略核武器”，到头来都是一句空话，实际上，既没有“均衡”，也不可能“限制”。它们可能达成某些协议，但是这种协议只不过是表面的和骗人的东西，骨子里是为了进行更大、更剧烈的争夺。超级大国的争夺遍及全球。欧洲是它们争夺的战略重点，处在长期紧张对峙之中。它们在中东、地中海、波斯湾、印度洋、太平洋地区的角逐正在加剧。它们天天讲裁军，实际上天天在扩军。它们天天讲“缓和”，实际上天天在搞紧张。它们争夺到哪里，哪里就出现动乱。只要帝国主义和社会帝国主义存在一天，这个世界就决不会安宁，就决不会有什么持久和平，不是它们相互之间打起来，就是人民起来革命。正如毛泽东主席所阐明的那样，新的世界大战的危险依然存在，各国人民必须有所准备。但是，当前世界的主要倾向是革命。

两个超级大国为自己设置了对立面。它们以大欺小、以强凌弱、以富压贫，激起了第三世界和全世界人民的强烈反抗。亚非拉人民反对殖民主义、帝国主义、特别是霸权主义的斗争不断取得新的胜利。印度支那各国人民反对美帝国主义侵略、争取民族解放的斗争继续前进。阿拉伯各国人民和巴勒斯坦人民，在第四次中东战争〔1〕中，冲破了两个超级大国的控制和“不战不和”的局面，取得了反对以色列侵略者的巨大胜利。非洲人民反对帝国主义、殖民主义、种族歧视的斗争深入发展。几内亚（比绍）共和国在武装斗争的烈火中光荣诞生。莫三鼻给〔2〕、安哥拉、津巴布韦、纳米比亚和阿扎尼亚〔3〕人民反对葡萄牙殖民统治和南非、南罗〔4〕白人种族主义的武装斗争和群众运动蓬勃发展。拉丁美洲国家带头兴起的维护海洋权的斗争，已发展成为世界规模的反对两个超级大国海洋霸权的斗争。第十届非洲国家首脑会议〔5〕、第四次不结盟国家首脑会议〔6〕、阿拉伯国家首脑会议〔7〕和伊斯兰国家首脑会议〔8〕，一次又一次地强烈谴责帝国主义、新老殖民主义、霸权主义、犹太复国主义和种族主义，表达了发展中国家加强团结、相互支援、同仇敌忾的坚强意志和决心。亚非拉国家和人民前赴后继的斗争，戳穿了帝国主义、特别是超级大国外强中干的虚弱本质，沉重地打击了它们妄图统治世界的野心。

两个超级大国的霸权主义和强权政治，也激起了第二世界发达国家的强烈不满。这些国家反对超级大国的控制、干涉、威胁、剥削和转嫁经济危机的斗争，日益发展。它们的斗争，也对国际形势的发展产生重要的影响。

无数事实说明，一切过高估计两霸力量，过低估计人民力量的观点，都是没有根据的。真正有力量的不是一两个超级大国，而是团结起来敢于斗争、敢于胜利的第三世界和各国人民。广大的第三世界国家和人民，既然能够通过长期斗争取得自己的政治独立，就一定也能够在这个基础上，加强团结，联合受到超级大国欺负的国家，联合包含美国人民和苏联人民在内的全世界人民，通过持续不断的斗争，彻底改变建立在不平等、控制和剥削的基础上的国际经济关系，为独立自主地发展民族经济创造必不可少的条件。

主席先生：

原料和发展问题的实质，就是发展中国家维护国家主权，发展民族经济，反对帝国主义、特别是超级大国的掠夺和控制的问题。这是当前第三世界国家和人民反殖、反帝、反霸斗争的一个极其重要的方面。

大家知道，在过去几个世纪里，殖民主义和帝国主义对亚非拉人民进行了肆无忌惮的奴役和掠夺。它们利用当地人民的廉价劳动力和丰富的自然资源，推行畸形的单一经济，攫取廉价的农矿产品，倾销自己的工业产品，扼杀民族工业，进行不等价交换，榨取超额利润。发达国家的富和发展中国家的穷，是殖民主义、帝国主义掠夺政策造成的结果。

许多亚非拉国家在取得政治上的独立之后，殖民主义、帝国主义依然在不同程度上控制着这些国家的经济命脉，旧的经济结构并没有根本改变。帝国主义、特别是超级大国采用了新殖民主义形式，变本加厉地继续对发展中国家进行剥削和掠夺。它们向发展中国家输出资本，通过“跨国公司”这样的国际垄断组织，建立“国中之国”，在经济上进行掠夺，在政治上进行干涉。它们利用在国际市场上的垄断地位，提高它们自己的产品的出口价格，压低发展中国家原料价格，牟取暴利。随着资本主义政治经济危机的加深和它们相互间竞争的激化，它们还用转嫁经济、货币危机的办法，加剧对发展中国家的掠夺。

应该指出的是，一个号称社会主义的超级大国在进行新殖民主义的经济掠夺方面，并不逊色。它在自己那个“大家庭”中以所谓“经济合作”和“国际分工”的名义，采用高压手段，榨取超额利润，其损人利己的程度，在其他帝国主义国家中也不常见。它打着“援助”、“支持”的旗号，在一些国家中搞的联合企业，实质上就是“跨国公司”的翻版。它惯于利用陈旧设备和报废武器，标高价格，换取发展中国家的战略原料和农产品。它大做军火买卖，成了世界军火商。它经常乘人之危，进行逼债。在这次中东战争中，它用贩卖军火赚取大量外汇，用低价买进阿拉伯石油，再用高价出售，转瞬之间大发横财。它还鼓吹什么“有限主权论”，什么发展中国家的资源是国际财产，它竟然说，“发展中国家对自然资源的主权，很大程度上取决于其工业对这些资源的利用能力”。这是赤裸裸的帝国主义理论。它比另一个超级大国所标榜的名为“相互依存”，实则维持剥削与被剥削关系的论调，更加露骨。一个真正的社会主义国家，理应遵循国际主义的原则，真诚地支援被压迫的国家和民族，帮助人家发展民族经济，而这个超级大国却反其道而行之。这就更加证明它是口头上的社会主义，实际上的帝国主义。

殖民主义、帝国主义、特别是超级大国的掠夺和剥削，使得贫国愈贫，富国愈富，贫国和富国的差距越来越大。帝国主义是发展中国家解放和进步的最大障碍。发展中国家打破它们在经济上的垄断和掠夺，扫除这些障碍，采取一切必要的措施来保护国家的经济资源和其他权益，这是完全正当的。

帝国主义、特别是超级大国的所作所为，阻止不了发展中国家在争取经济解放的道路上胜利前进。最近在中东战争中，阿拉伯国家团结一致，用石油作为武器，狠狠地打击了犹太复国主义及其支持者。这件事做得好，做得对。这是发展中国家在反帝斗争中的一个创举。它大长了第三世界人民的志气，大灭了帝国主义的威风。它冲破了帝国主义长期以来垄断国际经济的局面，也充分显示了发展中国家团结起来进行战斗的巨大威力。既然帝国主义垄断资本可以勾结在一起，任意操纵市场，严重地危害发展中国家的切身利益，那么发展中国家又为什么不可以团结起来，冲破帝国主义的垄断，维护自己的经济权益呢？石油斗争打开了人们的眼界。在石油斗争上已经做到的事情，在其他原料问题上也应该而且能够做到。

还应当指出：发展中国家捍卫自己的自然资源的意义，绝不仅限于经济方面。超级大国为了扩军备战、争霸世界，必然要疯狂地掠夺第三世界的资源。发展中国家掌握和保护自己的资源，不仅对于巩固政治独立、发展民族经济是必要的，而且对于反对超级大国扩军备战、制止它们发动侵略战争，也是必要的。

主席先生：

我们认为，第三世界的国家要发展自己的经济，首要的前提是维护政治独立。一个国家的人民取得政治独立，还只是走了第一步，还必须巩固这个独立，因为在国内还存在殖民主义的残余势力，还存在着帝国主义、霸权主义进行颠覆和侵略的危险。巩固政治独立必须经历一个反复斗争的过程。归根结底，政治独立和经济独立是不可分的。没有政治独立，就不可能获得经济独立；而没有经济独立，一个国家的独立就是不完全、不巩固的。

发展中国家在独立发展经济方面拥有巨大的潜力。只要各国根据自己的特点和条件，沿着独立自主、自力更生的道路进行坚持不懈的努力，完全有可能在工农业现代化方面逐步地达到我们的前人所没有达到的高度生产水平。帝国主义对发展中国家发展问题所散布的一切悲观失望、无所作为的论调，都是毫无根据的，别有用心的。

我们说的自力更生，就是主要依靠本国人民的力量和智慧，掌握本国的经济命脉，充分利用本国的资源，努力增加粮食生产，有计划地、逐步地发展本国的民族经济。独立自主、自力更生，绝不是脱离本国实际，而是要根据各国的具体条件，区别不同情况，确定各国自己的自力更生的途径。在现阶段，发展中国家要发展民族经济，首先必须掌握自己的自然资源，并且逐步地摆脱外国资本的控制。原料生产在许多发展中国家的国民经济中，占较大的比重。如果这些国家能够把原料的生产、使用、销售、储存、运输都掌握在自己的手中，通过平等的贸易关系，以合理的价格出售原料，换取较多的为它们发展工农业生产所必需的产品，它们就有可能逐步解决面临的困难，为早日摆脱贫穷落后状态，铺平道路。

自力更生绝不是“闭关自守”，拒绝外援。我们一向认为，各国在尊重国家主权、平等互利、互通有无的条件下，开展经济技术交流，取长补短，对于发展民族经济，是有利的和必要的。

这里，我们要着重指出，发展中国家之间的经济合作具有特别重要的意义。第三世界国家过去有着共同的遭遇，今天都面临着反对新老殖民主义和大国霸权主义，发展民族经济，建设各自国家的共同任务。我们有一切理由进一步团结起来，而没有任何理由互相疏远。帝国主义特别是超级大国，正在利用我们发展中国家之间的某些暂时分歧，进行挑拨分化，破坏团结，以达到它们继续操纵、控制和掠夺的目的。我们应当保持充分警惕。我们发展中国家之间的某些分歧，完全可以而且应当在有关发展中国家内部，通过协商，求得解决。在石油问题上，有关的发展中国家，正在做出积极努力，寻求适当途径，谋求问题的合理解决，对此我们感到高兴。我们发展中国家不仅在政治上应该互相支持，在经济上也应该互相帮助。我们之间的合作是真正平等的合作，是具有广阔的前景的。

主席先生：

第三世界国家强烈要求改变目前这种极不平等的国际经济关系，并且提出了许多合理的改革建议。中国政府和中国人民热烈赞同并坚决支持第三世界国家提出的一切正义主张。

我们主张，国家之间的政治和经济关系都应当建立在互相尊重主权和领土完整、互不侵犯、互不干涉内政、平等互利、和平共处五项原则的基础上。我们反对任何国家违背这些原则，在任何地区建立霸权和势力范围。

我们主张，各国的事务应当由各国人民自己来管。发展中国家人民有权自行选择和决定他们自己的社会、经济制度。我们支持发展中国家对自己的自然资源享有和行使永久主权。我们支持发展中国家对一切外国资本特别是“跨国公司”进行控制和管理，直到把它们收归国有。我们支持发展中国家“各别地或集体地自力更生”发展民族经济的主张。

我们主张，国家不论大小，不论贫富，应该一律平等，国际经济事务应该由世界各国共同来管，而不应当由一两个超级大国来垄断。我们支持占世界人口绝大多数的发展中国家享有参与有关国际贸易、货币、航运等一切决定的充分权利。

我们主张，国际贸易应当建立在平等互利、互通有无的原则基础上。我们支持发展中国家改善它们的原料、初级产品、半制成品和制成品的贸易条件，扩大销售市场，确定公正有利的价格等迫切要求。我们支持发展中国家建立各种原料输出国组织，进行反殖、反帝、反霸的联合斗争。

我们主张，对发展中国家的经济援助，应当严格尊重受援国的主权，不附带任何政治、军事条件，不要求任何特权或借机牟取暴利。对发展中国家提供的贷款应当是无息或低息的，必要时可以延期还本付息，甚至减免债务负担。我们反对假借援助对发展中国家进行高利盘剥和敲诈勒索。

我们主张，对发展中国家的技术转让必须实用、有效、廉价、方便。派往受援国的专家和人员有责任向受援国人民认真传授技术，尊重受援国的法令和民族习惯，而不应当要求特殊待遇，更不得进行非法活动。

主席先生：

中国是一个社会主义国家，也是一个发展中的国家。中国属于第三世界。中国政府和中国人民，一贯遵循毛主席的教导，坚决支持一切被压迫人民和被压迫民族争取和维护民族独立，发展民族经济，反对殖民主义、帝国主义、霸权主义的斗争，这是我们应尽的国际主义义务。中国现在不是，将来也不做超级大国。什么叫超级大国？超级大国就是到处对别国进行侵略、干涉、控制、颠覆和掠夺，谋求世界霸权的帝国主义国家。一个社会主义大国如果出现资本主义复辟，必然会变成超级大国。如果中国有朝一日变了颜色，变成一个超级大国，也在世界上称王称霸，到处欺负人家，侵略人家，剥削人家，那么，世界人民就应当给中国戴上一顶社会帝国主义的帽子，就应当揭露它，反对它，并且同中国人民一道，打倒它。

主席先生：

历史在斗争中发展，世界在动荡中前进。帝国主义、特别是超级大国困难重重，日益衰败没落。国家要独立，民族要解放，人民要革命，这是不可抗拒的历史潮流。我们相信，只要第三世界国家和人民加强团结，并且联合一切可以联合的力量，坚持长期斗争，就一定能够不断地取得新的胜利。

注 释

〔1〕第四次中东战争，亦称十月战争。一九七三年十月六日，埃及、叙利亚为收复失地和摆脱美、苏造成的“不战不和”局面，向以色列突然开战。伊拉克、约旦、阿尔及利亚、利比亚、摩洛哥、沙特阿拉伯、苏丹、科威特、突尼斯和巴勒斯坦解放组织也参加了对以战斗。埃、叙两线夹击，首战告捷。以军在极端被动的情况下，于十一日转入进攻，并逐步取得了战场的主动权。二十四日，双方按照联合国安理会决议停战，埃及、叙利亚同以色列分别于次年一月和五月签署第一阶段脱离军事接触协议。

〔2〕莫三鼻给，今译莫桑比克。

〔3〕阿扎尼亚，即南非。

〔4〕南罗，指南罗得西亚，即今津巴布韦。

〔5〕第十届非洲国家首脑会议，指一九七三年五月二十七日至二十九日在埃塞俄比亚首都亚的斯亚贝巴举行的非洲统一组织第十届国家和政府首脑会议。

〔6〕第四次不结盟国家首脑会议，于一九七三年九月五日至九日在阿尔及利亚首都阿尔及尔举行。

〔7〕阿拉伯国家首脑会议，这里指一九七三年十一月二十六日至二十八日在阿尔及利亚首都阿尔及尔举行的第六次阿拉伯国家首脑会议。

〔8〕伊斯兰国家首脑会议，这里指一九七四年二月二十二日至二十四日在巴基斯坦拉合尔举行的第二次伊斯兰国家首脑会议。

我们有许多制度是在实验阶段*

（一九七四年四月二十五日）

中国总的面貌还是算正在发展中的不发达国家。我们解放才二十五年，有许多制度方面的问题，如教育、人民公社、工业建设方面，都在积累经验阶段，可以说是实验阶段。经过了二十几年，我们感到我们的一些制度是符合中国实际情况的。毛主席向来提倡各国人民根据自己国家的特点来进行建设，凡是脱离自己国家实际的，总是行不通。

---

* 这是邓小平会见巴基斯坦文官学院代表团时谈话的一部分。

国家的命运归根到底决定在青年身上*

（一九七四年四月二十八日）

对青年进行正面引导是一个很重要的问题。我们社会主义革命和社会主义建设才搞了二十五年。过去世界上不少人有这样一种看法，认为对中国老一代是没有办法的，要把希望寄托在第二代、第三代，看他们有没有什么变化。有些人说，中国老一代大概是花岗石脑袋。比如我这个人，七十岁了，打了二十多年仗，像我这一类型的人大概是花岗石脑袋。第二代会不会变？第三代会不会变？所以，对青年进行教育，引导青年坚持社会主义道路是很重要的一件事。青年的特点是容易接受新事物，但另一方面，资产阶级的影响甚至于封建阶级的影响也不断地侵入青年的思想。当然，不只是对青年，对中年、老年也一样。问题是，我们社会主义国家的命运，归根到底决定在青年的身上，因为根据自然规律，我们这些人总有一天要见上帝，你们叫见上帝，我们叫见马克思。事情要由青年来接班，接班接得好不好就是问题了。所以，我们很重视对青年的教育。

---

* 这是邓小平会见德意志联邦共和国青年理事会代表团时谈话的一部分。

我们永远站在被压迫民族和人民一边*

（一九七四年五月十九日）

世界上许多人说我们是一个大国，在某种意义上也可以说是个大国。但从工业、农业生产水平和科学技术水平来说，我们还是一个小国。所谓大，就是地大人多。按国民收入来说，我们还不如你们。所以说，我们属于第三世界，是一个发展中的国家，这是讲真话。现在，我国不仅说不上是一个超级大国，连个真正的大国也说不上。我们还有一个根本观点，就是我们永远不做超级大国。毫无疑问，我们的工业、农业、科学技术会发展，而且我们有信心赶上西方发达国家的水平。对于这一点我们还是有希望的，比如说，再有三十年、五十年的时间我们可能赶上。问题是到那时候，当不当超级大国？我们说，到那时也不能当超级大国。

我们认为现在世界上只有两个超级大国：一个是美国，一个是苏联。西方还有一些经济上很发达的国家，如像欧洲的法国、西德，东方的日本，它们是不是超级大国？我们的看法，不是。有的过去可以说是超级大国，但现在的情况变

---

* 这是邓小平同塞浦路斯总统马卡里奥斯会谈时谈话的一部分。

了，它们已不是超级大国。这里涉及什么叫超级大国的问题，在这次联大特别会议[1]上，我们回答了这个问题。超级大国，不仅经济上是很发达的，而且在政治上、军事上一定是控制、掠夺、剥削和欺负别的国家，在世界范围内称王称霸，争夺世界霸权。这样的国家才能叫超级大国。用简单的语言说，超级大国是世界上最大的剥削者、最大的侵略者。所以，我们说现在够资格的就是这两家：苏联和美国。它们有大量的原子弹和氢弹。它们的势力、它们的争夺遍于全世界每一个角落。它们是新的世界大战的策源地。所以，我们认为现在有三个世界：第一世界是两个超级大国，就是它们两家。我们设想几十年以后，我国经济发达以后，比如说现在我国有二千几百万吨钢，到我们生产一亿吨钢的时候，我们做不做超级大国？毛泽东主席教导全国人民，永远不要当超级大国。我们要永远站在被压迫人民和被压迫民族的一边。如果我们变成超级大国，那我们本身也就成为帝国主义，或者叫社会帝国主义，那就是同现在的苏联、美国一样，到处称王称霸，到处侵略、剥削和掠夺人家。超级大国的前途是要灭亡的，它们是立于全世界人民的对立面。如果那时我们变成超级大国，也就是我们把自己放在世界被压迫人民、被压迫民族的对立面，成为打倒对象。如果我们不希望被世界人民打倒的话，就不当超级大国。这是我们的一个根本原则，不仅我们这一代，我们的下一代、再下一代，永远要坚持这个原则。

注　释

〔1〕联大特别会议，指一九七四年四月九日至五月二日在纽约举行的联合国大会第六届特别会议。

中国愿意同东南亚国家发展友好关系*

（一九七四年六月三日）

中国和马来西亚建立外交关系是一件好事。多年来我们一直想同东南亚国家建立关系或改善关系。东南亚五国[1]也都存在这样的强烈愿望。它们过去怕我们，有两大问题：第一，华侨问题；第二，我们支持被压迫民族和被压迫人民的革命斗争问题。当然，它们还怕我们吞了它们。中国并不想吞任何国家。我们自己这么多的事都难得管理好，还去管别人的事？不仅过去、现在，还是将来，中国永远不会当超级大国。所谓超级大国就是到处寻求世界霸权，剥削、侵略、欺负、控制人家。这一点它们慢慢了解了。现实的问题就是华侨问题和支持革命斗争问题。

华侨问题，在谈判过程中我们阐明了一贯的立场。我们在十多年前就确定了对华侨的方针，就是不赞成双重国籍，鼓励华侨加入所在国国籍。马来西亚三百多万华人，未加入马来西亚国籍的只有二十多万人。这二十多万人如果愿意加入马来西亚国籍，我们赞成。愿意保留中国国籍的华侨，我们要保护他们的正当权益，同时劝告他们遵守所在国家的法

---

* 这是邓小平会见日本记者友好访华代表团时谈话的一部分。

律。这个问题谈清楚了。东南亚几个国家都有这个问题。

支持世界上一切被压迫民族、被压迫人民的革命斗争，这是我们历来的国际主义原则，这个立场我们不会变。如果哪一个国家同我们建交拿这个作条件，那是不行的。我们同马来西亚总理也讲明白了这个立场。所谓支持，无非是道义上、政治上支持，放点“空炮”，怕什么呢？至于它们国内人民要搞武装斗争，或者造反，那是它们的内政。任何一个国家采取什么制度，那是各国人民自己的事。

我们同东南亚其他四国都有接触。同泰国、菲律宾一直有来往，贸易也在发展。它们认为什么时候解决建交问题好就什么时候解决，如果觉得时机还不到，我们可以等待。

注　释

〔1〕这里指泰国、菲律宾、新加坡、马来西亚、印度尼西亚。

中国主张全面禁止和彻底销毁核武器*

（一九七四年六月十日）

中国的根本立场是主张全面禁止和彻底销毁核武器。

我们不赞成核保护伞这种做法，因其本质是核大国主要是两霸用来控制别国的手段。所谓五个核国家，实际上有资格提供核保护伞的只有美苏两家，英国、法国和我们都没有这个资格。中国也不具有提供核保护的能力，如果赞成此做法，就使两霸有借口更加猖狂地进行核讹诈、核威胁。从战略上长远考虑，这将不利于第三世界及反两霸的斗争，而且对世界无核国家、不发达国家也很不利。

我们历来不赞成部分禁止核试验条约，因为那是靠不住的，而且实际上是保证核大国的核垄断。如果承认这点，将使两霸有足够的核武器来控制世界，威胁世界，而且我们把自己的手脚捆起来，没有力量来同它们对抗。这个对抗的目的是要达到全面禁止和彻底销毁核武器。

就我们来说，现在掌握的核技术也还是初步阶段。

从总的战略考虑，我们可以坦率地告诉你们，我们不准备大规模地搞氢弹、导弹。如果我们想在经济上有比较好的

---

* 这是邓小平会见巴基斯坦外交部秘书阿迦·夏希时谈话的一部分。

发展，就不能放手去发展核武器。我们不能在这方面陷进去。我们要同它们比高低，会把自己搞垮的。我们有那么一点，无非说明我们也是一个核国家，你有，我也有，就起这么个作用。我们主张彻底销毁核武器，这就是我们发展核武器的政治目的。

至于你说的要求有核国家的集体保证问题，恐怕很难。我们还是主张全面禁止、彻底销毁核武器。第一步，有核国家宣布承担义务，不首先使用核武器，特别是不对无核国使用核武器。这个办法在政治上更站得住，更有利，也更现实。

人民解放军有自己的传统*

（一九七四年六月二十九日）

我们的人民解放军是国防的基本力量。它本身有自己的传统。它有三方面的任务，这在我们过去打仗时也是一样的。第一是战斗队，是防御侵略的；第二是生产队，也参加一些生产；第三又是工作队，向人民群众做工作，同人民是密切结合的。在过去的战争年代，我们把军队叫作人民子弟兵，这是我们的名词。我们的民兵是群众性的武装组织。在我们国家有成亿民兵，有男有女，是正规部队的补充、助手。我们的人民解放军官兵一退伍就是民兵的骨干。人民解放军和民兵之间没有从属关系。我们的民兵是很重要的。

---

* 这是邓小平会见挪威议会外交与宪法委员会代表团时谈话的一部分。

缩小城乡差距要一步一步地走*

（一九七四年六月二十九日）

我们国家建设的次序首先是农业，其次是轻工业，然后是重工业，也就是农、轻、重。这是我们建设的一个方针。不能设想我们七亿多人口的国家靠进口粮食过活。我们很注意农村，因为百分之八十左右的人口在农村。我们农业发展的潜力很大。我们只要注意发展农业和工业，人口即使增加一倍也是能够对付的。我们农业机械化程度不高，化肥用得很少，如果工业的发展能给农业提供更多的机械装备和更多的化肥，粮食产量就会大大增加。所以，随着工业的发展，帮助农业，我们农业还是很有希望的。

在人口方面，我们还是提倡节制生育，人口增长过快总是一个负担。人口在城市比较容易控制，在农村不容易控制，因为农村的传统是喜欢孩子多。

缩小农村与城市的差距要一步一步地走。要大大缩小这个差距或者最终消灭这个差距，像马克思所说的共产主义那样，需要多少年呀！一百年行不行？我看一百年也不行，要经过一二十代人的努力看看怎么样。不过我们的政策方针是向这个方向走的。

---

* 这是邓小平会见挪威议会外交与宪法委员会代表团时谈话的一部分。

我国现在还是低工资制，工资差距不大，原因就是我们还是发展中国家，工资太高，国家就没有积累，就不能扩大再生产，就不能发展经济了。但物价稳定，东西比较便宜，房租很低，国家税收很少。生活困难者，国家给予补助。我们人口这么多，只能想一些适合我们条件的办法，可以说是我们穷国的穷办法。

关于自留地，这也是相关的一个问题。农村有一些自留地，不多，量不大，占集体耕地的三十分之一或二十分之一，可以作为集体经济的一种补充，比如自己种一点菜。我们提倡个人、集体养猪，个人养猪时种一点饲料粮，就可以节省集体的饲料粮了。同时，农民有一点自留地，可以利用集体劳动之余的时间经营，能增加一点收入。这种少量的自留地制度，只有好处，没有坏处。

中国要赶上发达国家还要几十年的努力*

（一九七四年七月十八日）

我们这个国家过去虽没有变成完全的殖民地，我们叫半殖民地半封建社会，但一百多年来遭受帝国主义的侵略和欺负。我们同你们一样对于帝国主义、殖民主义有深切的体会。解放前，中国人民整天处于饥饿之中，遇到灾年便有成百万人饿死。可以说没有什么工业。到解放时，钢的实际产量只有几万吨，几乎等于没有。至于机械工业，只有一些修配厂，如修理汽车的工厂。石油、化工等一点也没有。有一点轻工业，如纺织厂。解放后二十五年来我们做了一些工作。在农业方面，现在可以说粮食够自己吃了。不光钢、煤炭工业有了一点基础，各行各业也都有了一点基础。所有这些成绩，是依靠人民的觉悟和智慧取得的。当然，这和在毛主席领导下我们采取了正确的方针是分不开的。

毛主席根据我国农业人口占百分之八十以上的情况，采取了按农、轻、重发展经济的方针。首先是农业，第一要解决的是吃饭问题。农业还可以解决工业原料、工业资金问题。比如说，轻工业需要的棉花、烟草都是农业生产的。轻

---

* 这是邓小平同尼日尔政府代表团会谈时谈话的一部分。

工业是最能积累资金的，靠轻工业积累的资金来逐步发展重工业。由于我们采取了正确的方针，现在重工业也有了一个初步的基础。

除农、轻、重发展的方针外，我们采取的另一个很重要的方针就是自力更生。自力更生这个方针是逼出来的。我国解放后，甚至整个西方世界都反对我们，不给我们任何支持和援助，对我们采取完全封锁的政策。那时能够给我们一点帮助的只有当时还是社会主义国家的苏联。但它给的所有工业设备我们统统都要付钱。一九五三年斯大林去世以后，赫鲁晓夫[1]上台。他上台后要控制中国，我们反对他的控制。结果一九六〇年他把同我们签订的几百个合同和协定统统撕毁，把专家统统撤走。那时我们很困难。但有什么办法呢?只有自力更生，就是依靠人民的力量，自己动手。我们的切身经验是，依靠自力更生，基础会更加稳固，更加可靠。只要人民动员起来了，任何困难也能克服。

但是，无论工业和农业，现在我们还只能说有了一个初步的基础。农业方面，粮食只是够吃，如果要积蓄更多，还要做更多的努力。工业方面，经过二十几年我们才搞到二千五百万吨钢。如果按照西方的水平，我们至少应有一亿至两亿吨钢。所以，说我国现在还是一个发展中国家是合乎实际的，这不是谦虚。我们要赶上世界发达国家的水平还要几十年的努力，所以我们需要做的事情还很多。

许多外国朋友都说我们是一个大国，就土地面积、人口来说，可以说我们是一个大国。但是就工农业水平和科学技术水平来说，我们还是一个穷国、小国。我们对第三世界的朋友给过一些帮助，这是我们应尽的国际主义义务，但这种帮助是很有限的。我们现在只能在力所能及的范围内帮助他们。我们希望自己能够更好地发展，以便有更多的力量帮助他们。我们帮助朋友的原则，就是周恩来总理一九六四年在马里宣布的八项原则〔2〕。这八项原则主要的就是援助不附带任何政治条件，完全是平等互利的。我们被人家剥削够了，自己有这个体会，我们作为真正的社会主义国家就不应当用帝国主义、殖民主义，包括社会帝国主义对待我们的方法来对待朋友。我们能办到的就一定办到，不能办到的也要向朋友们解释清楚。

注 释

〔1〕赫鲁晓夫，曾任苏共中央第一书记、苏联部长会议主席。一九六四年十月被解除领导职务。

〔2〕八项原则，指一九六四年一月周恩来在访问马里时宣布的中国政府对外提供经济技术援助的八项原则，主要内容是：一、根据平等互利的原则对外提供援助，不看作是单方面的赐予，而认为援助是相互的；二、严格尊重受援国的主权，绝不附带任何条件和要求任何特权；三、以无息或者低息贷款的方式提供经济援助，在需要时延长还款期限，以减少受援国的负担；四、提供援助的目的是帮助受援国逐步走上自力更生、经济上独立发展的道路；五、帮助建设的项目，力求投资少、收效快，使受援国政府能够增加收入、积累资金；六、提供自己所能生产的、质量最好的设备和物资；七、提供技术援助时，保证做到使受援国的人员充分掌握这种技术；八、派到受援国帮助进行建设的专家，同受援国自己的专家享受同样的物质待遇，不容许有任何特殊要求和享受。

体育比赛要讲风格*

（一九七四年八月八日）

亚运会[1]是我们参加的第一个最大的体育活动。要把毛泽东思想体现在具体行动中。参加亚运会的多数国家是对我们友好的，但是里头政治情况很复杂。要加强请示报告，有些重要的问题，要报告中央，由中央来考虑。参加比赛的运动员同志一定要服从党委的决定。这是很重要的。这是个政治问题，不是分数问题。你们要做好思想准备。有些事情恐怕要由党委来决定，由前线指挥官来决定，由他们来掌握。前线指挥官就是党委会。总之，要看到这是一种政治活动，要体现出我们是社会主义国家，体现出我们的国际主义。在这些问题上，我们要从政治角度考虑，要站得高一些。

同样重要的，就是还要认真地比赛。仗要打好，要打出风格，打出水平，最主要的是要轻装上阵。输了也不要紧，赢是输出来的。要解除思想包袱，开朗一点，精神状态要好一些，这样，成绩就可能会更好一些。所谓风格，我们需要的就是共产主义风格，就是国际主义风格。具体体现，就是

---

* 这是邓小平在参加第七届亚运会中国体育代表团全体成员大会上讲话的一部分。

“友谊第一，比赛第二”。不要因为一点小利益，丢掉了我们的风格。我们要求所有运动员同志都要遵守纪律，像打仗一样。毛主席说过，“加强纪律性，革命无不胜”。这样的活动同打仗一样。特别是这样大的体育队伍，这么多项目的比赛，需要有周密的考虑。这不是某些运动员同志能够解决的问题。要遵守纪律，要更多地强调集中。尊重主人，尊重裁判，这也是我们的风格。有时候，裁判可能有偏心，那没有关系，无非是吃一点亏嘛！当裁判也不容易，有些错误也是难免的。当然，裁判有缺点、有错误，甚至有些还是裁判负主要责任。但我们的运动员不尊重裁判，甚至有时候自己没有道理也不尊重，这个风气不好，结果吃亏的还是自己。自己没有真本事，靠裁判帮一手，结果自己倒霉，不能进步。我们裁判的问题很大，因为怕运动员，哨吹不好，结果是害了我们自己。所以，首先要教育我们的裁判。裁判不好，是降低自己水平，而不是提高我们水平。运动员不尊重裁判，也是降低我们的水平，这是使自己落后的办法。尊重裁判，遵守纪律，这也是我们的风格，也是体现“友谊第一，比赛第二”这个方针、这个原则的。这次去，首先是党委会要特别注意这个问题。要尊重主人，不要去伤害人家。有时主人安排方面总要有利于自己的，可能会把一些强队放在我们组，没有关系。

体育方面确实有不少问题。毛主席向来主张“发展体育运动，增强人民体质”，就是发展广泛的群众体育运动。体委应该主要搞好这方面工作。这也是毛主席在延安文艺座谈会讲话中所阐明的思想，在普及基础上提高，在提高指导下普及。体育也是这个方针嘛，没有广泛的群众体育活动，就没有雄厚的基础，好的选手就选不出来。当然，整个国家水平要提高，这也是不可缺少的。提高和普及是对立统一的关系。

注　释

〔1〕亚运会，见本卷第335页注〔2〕。

对第三世界国家的援助力所能及的一定办*

（一九七四年八月十日、十二日）

对第三世界国家，我们提供了一些力所能及的援助，这是我们应尽的国际主义义务。因为我们也是一个发展中国家，是不发达国家，需要帮助的朋友又比较多，更加显得我们的力量有限，所以我们现在的帮助还不多。凡是力所能及的，一定提供；办不到的，也要向朋友们说清楚。

对于你们的困难我们是理解的。我们原来有点为数不大的援助：造一条船，改建一条公路，搞一个广播电台，试种棉花和水稻，还有对建水电站进行了考察。听说已经确定的项目大约使用了我们贷款（五千万元人民币）的一半，还有一半可以安排其他项目。副总统阁下谈到自来水、水电站项目，我们可以商量。水电站经过考察，没有很大的困难。其他项目，请你们提意见。

其他方面，我们还不了解情况，需要了解情况以后才能确定，主要看原料和其他条件是否合适。比如晒盐场，中国的海岸线很长，但只有少数地方可以建盐场，多数沿海地区

---

* 这是邓小平同赤道几内亚副总统、总统代表米格尔·埃耶格·思图图穆两次会谈时谈话的一部分。

不能建。这要了解海水的含盐量，特别要看阳光和雨水情况如何，气候条件很重要。阁下这次到天津去，可以了解我们盐场的情况。我们的盐场主要在北方，因为北方雨水比较少。南方虽然海岸线很长，但很少有合适的盐场，因为雨水太多，不容易晒。我们晒盐主要靠人力，投资并不很大。如果你们那里符合条件的话，可以搞盐场，我们可先派人去考察。

关于肥皂厂，主要是需要碱和油料。我们现在用油脂，将来要逐步改变为用石油化工的副产品。植物油、动物油也可以，但是成本高。小型肥皂厂投资量不大，技术并不复杂，很容易学会。主要是原料问题，需要了解情况。我们生产肥皂的技术落后。如果条件具备，你们又确有需要，落后的技术我们也给，可以搞小型的肥皂厂。我们了解原料来源以后，如果可能，我们派人去教，或你们派人来学都可以。

砖厂问题，主要是燃料和土质问题。你们搞小型工厂比较好，这并不需要很多机械，是半手工业，技术上也不难学会。搞大的投资太多，不合算。可以了解一下原料来源。

我们帮助你们搞水电站，你们应该过问，不要客气。你们有权督促我们的工作人员，有权批评他们，有权要求他们快一点搞成。

我们援助的一个重要原则是，我们的工作人员有责任帮助受援国掌握相关方面的技术，项目建成后，由你们自己管理。我们的人不能总在那里。所以，最好能够帮助你们培养一些技术人员，以后你们自己能够建设一些水电站。如果他们没有做到这一点，起码要做到他们走了后，你们自己能管理。他们应该教会你们，否则他们就没有完成任务。你们最好选一些比较适当的人跟他们学习某一方面的技术，比如修公路，你们自己掌握技术以后，将来自己能够修，这是很重要的一个问题。

我们给你们的贷款，还有一半你们没有使用，先使用这一部分，如果不够以后可以补充。水电站可以比较快地建成，没有什么问题。我们还要帮你们搞二十公里的输电线，一定帮你们学会这项技术。你们不培养自己的人才不行。

你提出的项目，比较复杂的恐怕是建晒盐场，等了解以后才能确定。

我们现在在你们那里有二十四名医生，与其他国家比，比例是比较大的。扎伊尔[1]有二千多万人，我们派去的医生和去你们国家的数目大致相同。他们希望我们增派，我们办不到。我国医生技术上也还需要培养。我们国内医生不够用，对你们希望我们增派医生的这个要求，恐怕这次一下满足比较困难。但是，我们可以积极考虑这个问题。向你们提个建议，最好你们选一些年轻人，在我们医生的帮助下，培养你们自己的医生，有三年左右的时间就可以使你们自己有一些能治一般病的医生。我们派往其他国家的医生，也有这个任务，这是可以办得到的。帮助你们培养自己的人才，这是很重要的。我们对朋友讲老实话。

注　释

〔1〕扎伊尔，今刚果民主共和国。

要从政治态度和政策角度考虑中日关系*

（一九七四年八月十五日）

我们很珍视田中[1]首相、大平[2]藏相访问中国时签订的两国政府的《联合声明》[3]，它开辟了我们两国新的、正常的关系。我们还注意到田中首相、大平藏相多次表达了要在《联合声明》的基础上发展中日两国友好关系的愿望。就这方面来说，我们愿意同田中首相、大平藏相共同努力，实现这个目标。我们也注意到了木村[4]外相就任以后关于发展中日两国友好关系的讲话。

我们希望两国的业务协定能比较早地签订。当然，在谈判中面临一些问题，我们希望双方努力，找出彼此都能接受的解决办法。我们希望在中日飞机通航以后，能很快恢复海运协定的谈判。在这方面，对你们的考虑我们要重视，希望田中首相、大平藏相、木村外相也考虑一下我们的意见。在恢复谈判后，希望双方都提出一些彼此比较容易接近的方案。我们相信，经过双方的努力，是能够找到解决办法的。

关于中日和平友好条约问题，我们希望能比较快地谈判。我们注意到木村外相说过，这个问题也可以在两国签订

---

* 这是邓小平会见日本公明党第四次访华团时谈话的一部分。

业务协定以后开始，也可以同时进行。至于这个条约体现什么内容，从原则上说，我们认为可以主要体现中日两国友好的愿望。当然，也不可避免要体现两国《联合声明》签订以后两国关系的发展和形势的新变化。那些难于解决的问题，可以搁一搁，不妨碍签订这样一个条约。具体步骤总是要通过预备性会谈，先接触，问题在谈的过程中来解决。

请转达田中首相注意一下，日本内阁成员、政府主要官员不要有一些损害两国《联合声明》原则的行动，或者说在尽可能范围内注意这个问题。

我们真诚地希望田中首相能够稳定。水门事件〔5〕闹得那么凶，尼克松下台了。你们大概注意到，对水门事件我们从来没有讲过话。不管怎样，绝不是杜鲁门、艾森豪威尔、肯尼迪、约翰逊〔6〕，而是尼克松到中国来访问，同我们发表《联合公报》〔7〕。这一点我们是珍视的。尼克松下台了，不当总统了，我们还可以欢迎他来。在英国，也不是别人，而是希思〔8〕同我们建立了完全的外交关系。他下台了，我们还邀请他来，而且当作一个首相来接待。朋友间总要够朋友，不能搞落井下石。

政治问题不能搞小动作，不能为一时一事所牵动。外交语言这些东西没有多大的用处，真正体现的是政治态度和政策。在中日两国关系上，我希望我们两国领导人都从这个角度去考虑。

现在中日两国间的问题，焦点还是在台湾问题上。就我们来说，这个问题不只涉及日本，也涉及国际关系中一个比较重要的问题。为什么同你们的声明里强调这个问题？为什么在中美上海公报里也强调这个问题？问题就在这里。我告诉朋友们，你们办外交的人有一种说法，美国退步了，日本方面没有理由前进。说美国退步了，就是指它在台湾增加了“领事馆”，派了一个“大使”。当然，我们跟美国人很严肃地讲了这个问题。

我们希望能用和平谈判的方式解决台湾问题，如果不行只能采取其他方式。原则是台湾必须回到祖国怀抱。我们跟美国人讲清楚了，你们有机会也可以跟“台湾帮”讲一下，这不是什么外交语言，是政治语言。

注　释

〔1〕田中，指日本首相田中角荣。

〔2〕大平，指日本大藏相大平正芳，一九七二年时任日本外相。

〔3〕《联合声明》，见本卷第326页注〔4〕。

〔4〕木村，指日本外相木村俊夫。

〔5〕水门事件，指一九七二年六月十七日美国共和党内为尼克松筹划竞选连任总统的一些人，潜入华盛顿水门大厦民主党总部安置窃听器。此事在尼克松连任总统后被揭发。一九七四年七月美国众议院司法委员会根据收集到的证据通过弹劾尼克松的条款，八月尼克松被迫辞职。

〔6〕杜鲁门，一九四五年至一九五三年任美国总统。艾森豪威尔，一九五三年至一九六一年任美国总统。肯尼迪，一九六一年至一九六三年任美国总统。约翰逊，一九六三年至一九六九年任美国总统。

〔7〕《联合公报》，指美国总统尼克松首次访问中国期间，中美双方于一九七二年二月二十八日在上海发表的《联合公报》，又称上海公报。

〔8〕希思，一九七〇年至一九七四年任英国首相。

污染问题必须解决*

（一九七四年八月二十六日）

去年我陪加拿大总理特鲁多去看漓江的时候，河水污染得不像样，都黑了。这表明污染问题是必须解决的。那里过去就是两个小厂，一个电厂，一个化肥厂，两个小厂的废水影响了整个漓江的水。我去的时候，告诉当地干部，只这么两个小厂，要很好地处理一下。他们采取一些措施，几个月环境就改善了。桂林风景一个是山，一个是水，只有山没有水就不好了。我们国家的污染问题没有欧洲、日本和美国那么严重，但也还是一个很大的问题。污染问题是一个世界性的问题。

我们现在进行建设就要考虑处理废水、废气、废渣这三废。这个问题我们注意得晚了一点，不过处理起来比资本主义发达国家容易一些就是了。上海现在正在建一个很大的石油化工厂，设备是从日本进口的。我们充分考虑到了大化工厂的污染问题，因为石油不管用到哪方面都有污染问题。

---

* 这是邓小平会见刚果友好代表团时谈话的一部分。

我们希望用和平方式解决台湾问题*

（一九七四年十月二日）

我们从建国开始，就一再声明台湾是中国不可分割的领土，我们的任务是一定要解放台湾。这是我们坚定不移的立场。

解放台湾，我们希望通过和平谈判的方式。但如果和平解决根本不可能怎么办？我们历来也没有放弃这样一种方式，即和平方式不可能，也要考虑非和平方式，不排除这个方式。当然我们尽量做工作。在座的所有同胞和朋友，过去做了很多工作，出了很多力。这些工作不会白费，还要继续做。就解放台湾的前途来说，和平方式和非和平方式，两种都应该考虑进去。首先我们做工作，希望在一个阶段内能够用和平方式解决。我们希望工作有效果。蒋介石现在讲反攻大陆，连他自己也不相信。但目前有人搞“两个中国”是确确实实的。我们希望通过一段比较长时间的工作，使台湾人民了解我们祖国的面貌，了解祖国的情况，了解我们的政策。我想台湾爱国力量是会发展起来的。这个力量发展起

---

* 这是邓小平会见来北京参加国庆活动的台湾同胞、海外侨胞和正在北京探亲旅行的华裔人士时谈话的一部分。

来，有助于和平方式解决台湾问题。如不可能，也会在非和平方式中发挥他们的力量。现在，不管采取什么方式，我们欢迎台湾同胞、各方面人士多做工作，多做工作总是有效果的。看起来慢一些不要紧，事情开始是慢一点，效果不会大，要靠积累。积累起来就会发挥作用，就可能成功。

有人提解放台湾以后的政策问题。这个问题以后还要考虑，特别是要同台湾人民商量。不过可以说，解放台湾以后，不可能把大陆上的一套马上搬过去。我们对西藏就是这样。西藏解放以后，我们连土改都不实行，并且与达赖喇嘛〔1〕、班禅〔2〕谈好，他们不同意的时候就不搞。一九五一年西藏解放后，在一段比较长的时间内，我们没有在西藏搞土改。大喇嘛都没有动他。喇嘛庙还照常，不生产的喇嘛差不多占三分之一。西藏实际上是一种奴隶制度。一九五九年达赖搞叛变，自己否定了原来的协定。我们平叛后才开始搞土改。这个例子说明，即使台湾解放以后，我们也不会马上把大陆的政策搬过去。这个问题到那个时候再商量。社会主义制度劳动人民容易接受，其他的人就不容易接受。这个问题还要研究一下。

有些朋友反映，在国外各行各业中，有一些人很热心，学了这个专业、那个专业，想回到祖国来工作。这个问题周总理一九七一年跟大家讲过的，包括两方面：一方面，是国内生活水平还是比较低的，要考虑到马上回来不一定习惯；另一方面，更大的问题是，这些同胞和朋友在国外工作可能效果更大。对台湾人民的工作，在那里更便利，回来以后反而不便利了。现在做这方面工作的人并不多，需要通过更多的人的工作，使对台湾工作的人员能够成倍地增加，特别是能够多争取台湾上层人物，工作效果会更好一些。所以我们希望大家安心留在居住国现在的工作岗位上，更便于做对台工作，更便于做宣传祖国的工作和对居住国人民做友好工作。

关于双重国籍问题。在和马来西亚建交时，我们说，不赞成双重国籍，他们也欢迎。双重国籍许多事情难办。加入居住国国籍，不管做什么事都是他们国籍的人。如果是双重国籍，有了事情就影响两国的关系。我们鼓励侨胞加入居住国国籍，加入进去更便于增加两国人民友好。我们希望侨胞与居住国人民友好，这一条是非常重要的。至于不愿意加入居住国国籍，还是愿意保留中国籍的华侨和同胞，我们的政策是希望他们遵守居住国的法律，包括生活习惯，同居住国人民友好。当然，他们的合法权益会受到祖国政府的保护。

对于国内的华侨要去澳大利亚访问和会亲，这个问题可以研究一下。对于美国在台湾的私人投资增加，日本把有公害的工厂搬到台湾，这些问题我们现在无能为力。关于何时收回香港问题，根据国家需要来解决。

注 释

〔1〕达赖喇嘛，指达赖喇嘛·丹增嘉措，曾任全国人大常委会副委员长、西藏自治区筹备委员会主任委员。一九五九年三月西藏上层反动集团发动武装叛乱时出逃印度。

〔2〕班禅，指班禅额尔德尼·确吉坚赞，曾任全国人大常委会副委员长、全国政协副主席、西藏自治区筹备委员会代理主任委员。

钓鱼岛问题先搁一下不等于问题不存在*

（一九七四年十月二日）

钓鱼岛，日本叫“尖阁列岛”，这是中国的领土，我们不可能放弃。诸位在“保钓”方面做了大量的积极的工作，很有意义。这个斗争看来是长期的。我们同日本建交，双方都避免谈钓鱼岛这个问题，把这个问题留下来了。要不然，就谈不上建交。可能不久的将来要与日本缔结和平友好条约，也可能把这个问题留下来。把这个问题先搁一下，不等于问题不存在，不等于保钓运动可以结束。这个运动还要继续下去，不过以后可能高一阵、低一阵。前一个时候日本提出要霸占这块地方，“保钓”就高一阵；现在暂时不谈这个问题，“保钓”就低一阵，这个运动是长期的波浪式的。

---

* 这是邓小平会见来北京参加国庆活动的台湾同胞、海外侨胞和正在北京探亲旅行的华裔人士时谈话的一部分。

缔结中日友好和平条约必须有人民推动*

（一九七四年十月三日）

现在两国剩下的还有两个业务协定和一个中日和平友好条约没有签订。大概海运协定快了，原来的民间渔业协定顺延了一年，还有时间讨论。只要我们两国从政治角度考虑，这些问题都不难解决。业务协定达成以后，马上就可以搞和平友好条约，可能也不会有什么大困难。有的问题现在谈也谈不拢，比如钓鱼岛问题，日本叫"尖阁列岛"，一时解决不了，可以摆一下嘛！否则，谈十年，和平友好条约也谈不拢。我们双方都要尊重《联合声明》[1]，在这个基础上解决问题。中日和平友好条约可以在业务协定签订以后谈，也可以并行谈。至于渔业协定可以不等。比较起来，最重要的还是和平友好条约。

日本掀起的要求尽快签订中日和平友好条约的国民运动很重要。回顾一下，我们两国的建交就是这样来的，还不是主要靠国民运动！桥是谁搭的呢？还不是在座的你们这两个主要组织的努力，在日本人民中进行了广泛的活动，推动了

---

* 这是邓小平会见日中友协（正统）代表团、日中文化交流协会代表团时谈话的一部分。

政府采取行动，达成了两国《联合声明》，正式建交了嘛。没有这个运动，中日建交是不可能的。和平友好条约也是一样，没有人民方面的推动也不行。

非常赞同你们希望早日缔结和平友好条约的想法，这是非常好的事。反对的人在日本毕竟是少数。当然，我们也不低估少数人的作用。这样的运动是符合日本最大多数人的愿望的。只靠政府方面赞成两国友好的那部分人士的努力还不够，必须有人民推动。据我们了解，在日本政府中，对发展两国和平友好关系，有积极的，也有不赞成的。田中〔2〕首相、大平〔3〕藏相是热心的，但他们遇到了障碍，反对的力量也不小。这样，就影响到他们不敢迈大步。有一个比较广泛的国民运动来推动他们，对他们也是一个帮助。不是签订了和平友好条约就什么事情都解决了，就是和平友好条约签订以后，两国也还要发展友好关系，还有新课题。解决新问题、新课题，同样需要人民运动作基础，也还要致力于两国人民友好的朋友们做更多的工作。因为我们两国友好是长期的、永久的、世世代代的，所以，工作也是长期的、永久的。

注　释

〔1〕《联合声明》，见本卷第326页注〔4〕。

〔2〕田中，指日本首相田中角荣。

〔3〕大平，指日本大藏相大平正芳。

第二世界同第三世界对话解决石油问题是明智的*

（一九七四年十月十五日）

什么叫第三世界？就是被帝国主义、殖民主义掠夺、压迫和欺负的国家。它们要摆脱自己被剥削、被压迫、被欺负的状态，要控制自己的资源，不但要争取政治上的独立，而且要争取经济上的独立。现在，在石油问题上，它们找到了一条斗争的道路，我们是支持它们的石油斗争的。现在最害怕的还是两霸。联合国大会特别会议[1]表明，美苏最怕产油国拿石油作武器。美国和苏联两家都有石油，为什么那么怕呢？就是因为用石油作武器的意义不止在石油上，它还连带着一系列的问题。比如美元问题，产油国手上拿到这么多的美元，美国是害怕的。也不能设想石油在世界上引起的问题不会影响到苏联。

石油涨价，也会冲击到一些第二世界的国家，使国家经济受到严重影响。拿日本来说，它战后发展得这么快，当然有很多因素，但很重要的因素就是利用第三世界产油国的廉价石油。对这一点我们无能为力。石油问题不是我们提出的，我们也不是石油输出国组织的成员。对这样的问题，我

---

* 这是邓小平会见德意志联邦共和国联邦议院代表团时谈话的一部分。

赞成第二世界同第三世界对话。第二世界采取同第三世界对话来解决这个问题是一种明智的政策。至于第三世界无油国受影响问题，是可以找到办法解决的。

根本的问题是，只要第三世界站起来，对两霸都不利，对苏联最不利。我出席了联合国大会特别会议，了解这一点。在这次会议上，我听到当时法国外长若贝尔讲了一句话，他赞成三个世界的划分。他说，第二世界总比第一世界更接近第三世界。我认为，这句话讲得很有道理。

注 释

〔1〕联合国大会特别会议，见本卷第 361 页注〔1〕。

我国经济建设的两条经验*

（一九七四年十一月十三日）

我们搞经济建设有两条经验。一个深刻的经验是，在制订计划时要留有余地。过去我们制订计划往往向高处定，结果难以完成。计划宁肯定低一点，超额完成，群众高兴，对调动人民的积极性更有利。这比定高了难以完成好，因为完不成，群众就会灰溜溜的，搞不好还可能导致经济失调。这牵涉到各种比例关系的问题，牵涉到原材料的来源和劳动力的调配问题，总之牵涉的面比较多。

我们的另一个经验，就是人民生活只能逐步改善。我们第三世界国家，多数都还是穷国，我们可能比你们好一点，但也属于穷国。因为我们的建设资金主要靠自己积累，当然，我们不排除必要的外国援助。如果人民生活提高得过快，就势必影响到积累。像我们这样的国家搞建设，一定要在自力更生、勤俭建国的基础上进行。提倡勤俭建国的方针，更能够调动群众的积极性。我们全国的先进单位，比如大寨、大庆，都是掌握了“勤俭”两字建设起来的。他们搞建设首先确定一条，不依靠国家。可以说，国家几乎没有给

---

* 这是邓小平同也门民主人民共和国总统委员会主席鲁巴伊会谈时谈话的一部分。

什么补贴，完全是靠他们的双手建设起来的。如果只靠国家，就搞不起来。我们国家现在还是实行低工资制，如果统统发了工资，用了，吃了，就没有积累。勤俭不仅在经济上积累资金建设了自己的国家，而且在政治思想上对群众的影响也是好的。

怎样看待粮食和石油问题*

（一九七四年十一月十四日）

世界是不安宁的，存在着多方面的危险，包括存在着新的战争危险。超级大国不是我们讲出来的，而是客观存在，你们自己也是这样称呼的。苏联向来不称自己是超级大国，但它没有办法否认。至于我们，大概你们也了解，我们多次声明：第一，我们没有资格当超级大国；第二，即使我们发展到一亿吨钢或者还多些，经济比现在发达，我们也永远不做超级大国。超级大国不能当啊！当了超级大国，就把自己置于世界绝大多数国家和人民的对立面。现在世界上有些人说，超级大国除美苏外，还有中国。我们只好说，不敢当。就那么二千几百万吨钢的穷国，有什么资格当超级大国啊？所以我们老老实实承认自己是处于第三世界一员的地位。

刚才有位先生提到，好像现在世界上的问题都是石油问题、粮食问题引起的。我们的看法不同。比如，过去经历了两次世界大战，那时并没有粮食问题，也没有石油问题；以后世界上发生了一些其他的事，如朝鲜战争、印支战争、苏联军队侵占捷克、苏联和印度肢解巴基斯坦，那时也没有粮食问题和石油问题。

＊ 这是邓小平会见美国大学校长代表团时谈话的一部分。

拿粮食问题来说，要研究一下世界上为什么这样缺粮。这恐怕跟过去殖民主义长期搞单一经济有关，也有社会制度方面的原因，这是根本的。比如非洲，除了西非有几块干旱地区外，其他地区自然条件都比较好，我们从同非洲朋友的接触中了解到，非洲有相当一些国家连最落后的农具都没有。我们总是劝他们要注意农业，只要真正注意了，有十年时间，粮食完全有可能达到自给。现在只靠几个产粮国来解决粮食问题是不行的，一定要着眼于缺粮国自己解决粮食生产，这样人口增长了也不可怕。

至于石油问题，坦率地说，那是美苏的政策逼出来的。阿拉伯世界面对以色列这个问题，总要有一点办法才行，它们的办法就是找到了石油武器。世界性的通货膨胀是否只是由石油问题引起的？确实石油涨价是其中一个因素。实际上拿美国来说，朝鲜战争、越南战争时就开始出现了通货膨胀。世界物价，以粮食为例，中东十月战争〔1〕前增长了一倍多，由过去长期以来每吨六七十美元增加到一百七八十美元。石油涨价前，所有工业品的价格也都已成倍地增长。世界出现了经济危机，有人把罪状都加在石油涨价问题上。我们认为这不太公道。我想在座的不少人可能专门研究过这个问题，经济危机包括世界各国的内在因素。第二次世界大战后到石油涨价前，出现了多次经济衰退，都没有石油涨价的问题。当然这次比较厉害，但至少以前那些经济衰退不是石油的原因。所以单从石油问题这个角度来解决经济危机是不行的。

注 释

〔1〕中东十月战争，见本卷第356页注〔1〕。

解决台湾问题和实现中美关系正常化的三个原则*

（一九七四年十一月二十六日）

从本质上讲，美方这些方案不是“日本方式”〔1〕，实际上还是“一中一台”的方式，无非是一个倒联络处的方案：目前中美在北京和华盛顿互设联络处，台湾同你们设有大使馆，这本身说明，中美两国关系正常化的条件尚不具备。反过来，倒联络处同样不是解决正常化的途径。不论怎么样解释，人们一看就认为仍然是“一中一台”的变种。所以，这个方案，我们难以接受。另一个问题是解决台湾问题的方式问题。在美与台湾断绝外交关系并废除防御条约后，台湾问题应由中国人去解决。

关于台湾问题和中美关系正常化，我们有三个原则，不能有别的考虑：（一）坚持上海公报〔2〕的原则，不能考虑“两个中国”或“一中一台”或变相的“一中一台”。如我们所理解的倒联络处，实际上也是“一中一台”，中方不能考虑。（二）台湾问题只能在中国人之间作为内政自己来解决。至于用什么方式，和平的还是非和平的，如何解决，那是中

---

* 这是邓小平同美国国务卿兼总统国家安全事务助理基辛格会谈时谈话的一部分。

国人自己的事，是中国的内政问题。（三）作为一个原则问题，我们不能承认在解决这个问题的过程中，其他国家参与什么保证，包括美国的保证。

注 释

〔1〕“日本方式”，指在一九七二年中国和日本关系正常化的谈判中，日本接受中国提出的中华人民共和国政府是中国唯一合法政府、台湾是中国的一部分、“日台条约”应予废除的三个原则。

〔2〕上海公报，见本卷第380页注〔7〕。

图书在版编目(CIP)数据

邓小平文集:一九四九~一九七四年.下卷/中共中央文献研究室 编.
-北京:人民出版社,2014.8
ISBN 978-7-01-013824-4

Ⅰ.①邓…　Ⅱ.①中…　Ⅲ.①邓小平著作-文集　Ⅳ.①A491

中国版本图书馆 CIP 数据核字(2014)第 176850 号

邓小平文集
DENG XIAOPING WENJI
(一九四九——一九七四年)
下　卷

中共中央文献研究室　编

人民出版社 出版发行
(100706　北京市东城区隆福寺街 99 号)

北京汇林印务有限公司印刷　新华书店经销

2014 年 8 月第 1 版　2014 年 8 月北京第 1 次印刷
开本:680 毫米×960 毫米 1/16　印张:25.75
字数:291 千字　印数:00,001—30,000 册

ISBN 978-7-01-013824-4　定价:48.00 元

邮购地址 100706　北京市东城区隆福寺街 99 号
人民东方图书销售中心　电话 (010)65250042　65289539